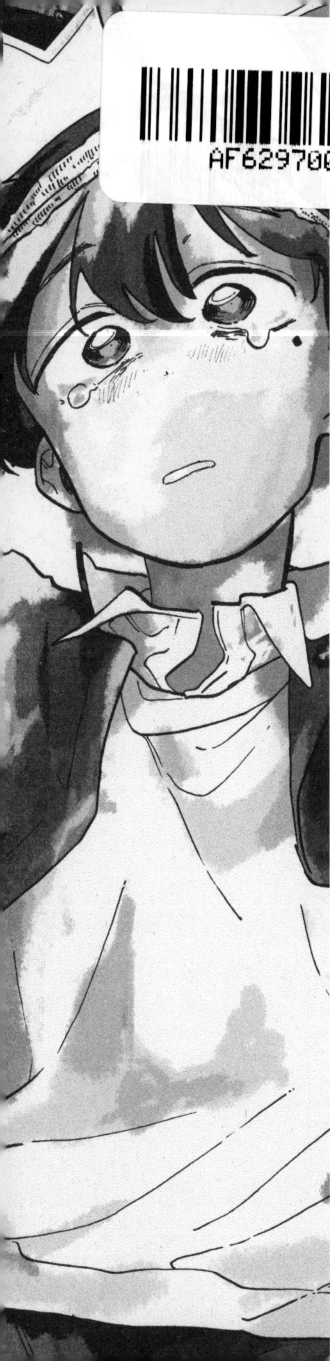

THE ICHINOSE FAMILY'S DEADLY SINS

3

Tsubasas
>>Guter Morgen<<

taizan5

Die Charaktere

Tsubasa Ichinose

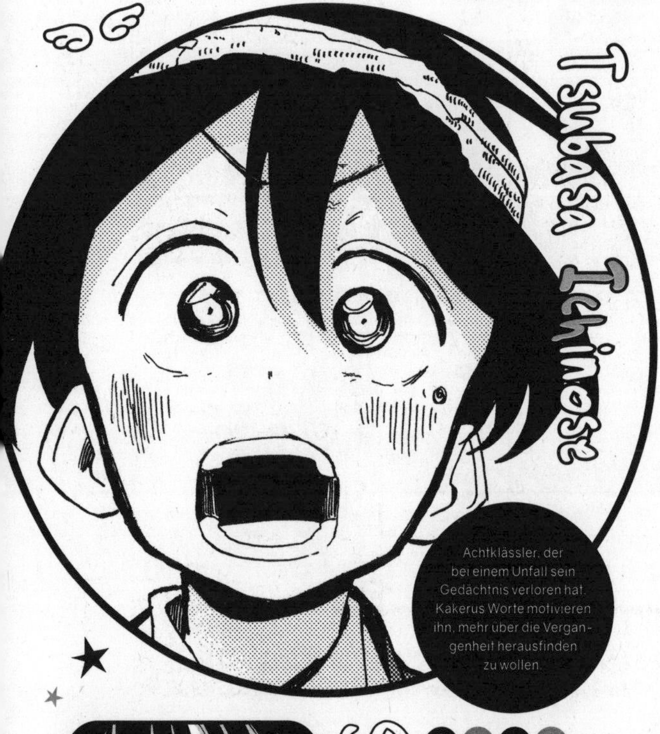

Achtklässler, der bei einem Unfall sein Gedächtnis verloren hat. Kakerus Worte motivieren ihn, mehr über die Vergangenheit herausfinden zu wollen.

Shiori Ichinose

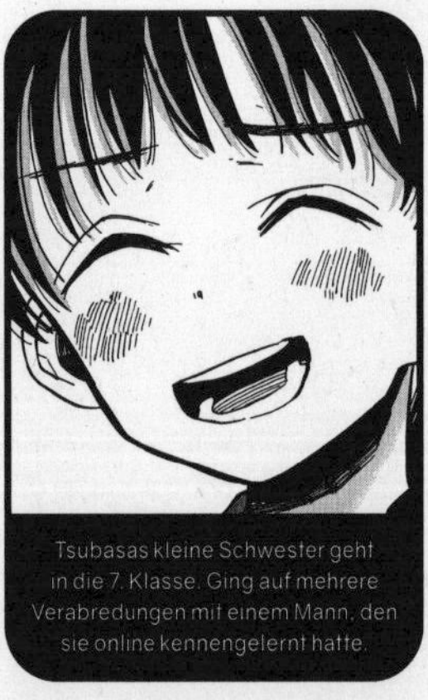

Tsubasas kleine Schwester geht in die 7. Klasse. Ging auf mehrere Verabredungen mit einem Mann, den sie online kennengelernt hatte.

Story

Der Mittelschüler Tsubasa Ichinose verliert bei einem Autounfall sein Gedächtnis. Als er seine Familie wiedersieht, muss er feststellen, dass auch sie ihre Erinnerungen bei demselben Unfall verloren hat! Er und seine Familienangehörigen erzählen sich ausgedachte Geschichten über gemeinsame Reisen, in der Hoffnung, so ihrem Gedächtnis auf die Sprünge zu helfen, doch als sie endlich in ihr Zuhause zurückkehren, werden alle in ihren Zimmern mit der eigenen Vergangenheit konfrontiert, mit der niemand gerechnet hat! Offenbar sind sie nicht die Familie, für die sie sich gehalten haben... Plötzlich taucht ein Fremder auf, der sich als Tsubasas Vater ausgibt, während der echte Kakeru Tsubasas Familie vergessen zu haben scheint. Und dann verschwindet auch noch Minako, kurz nachdem sie ihre Erinnerungen zurückerlangt hat! Opa Kozo bringt schließlich die schockierende Wahrheit ans Licht: Die Familie ist in einer Art Zeitschleife gefangen! Gelingt es Tsubasa, in diesem Labyrinth aus Rätseln der Lösung näherzukommen?!

THE ICHINOSE FAMILY'S

Kakeru Ichinose

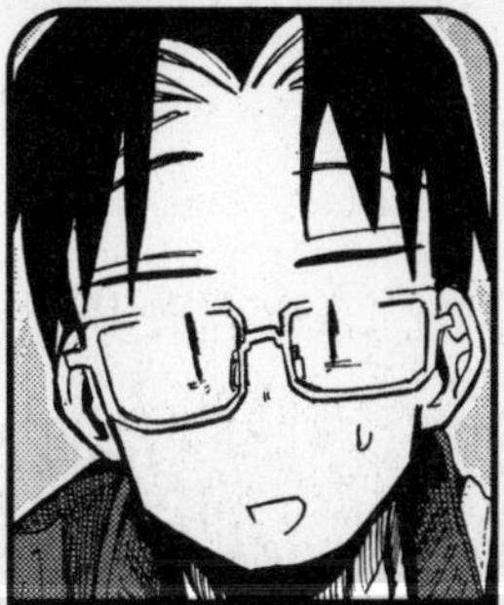

Tsubasas Vater isst ungern Scharfes. Nachdem er selbst einen Autounfall verursacht hat, erinnert er sich nicht mehr an die Familie.

Minako Ichinose

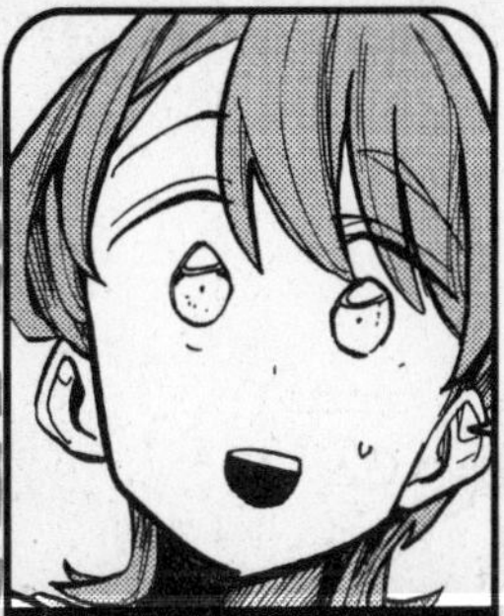

Tsubasas Mutter entwickelt aufgrund von Kakerus Affäre eine Essstörung. Nachdem sie sich mithilfe ihres Tagebuchs an die Vergangenheit erinnern kann, verschwindet sie spurlos.

Kozo Ichinose

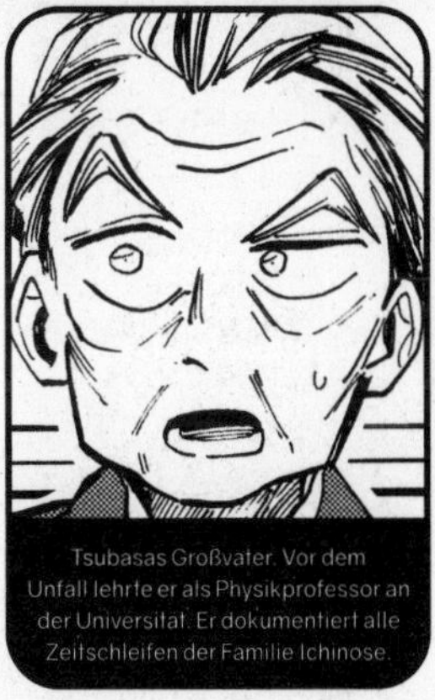

Tsubasas Großvater. Vor dem Unfall lehrte er als Physikprofessor an der Universität. Er dokumentiert alle Zeitschleifen der Familie Ichinose.

Sachie Ichinose

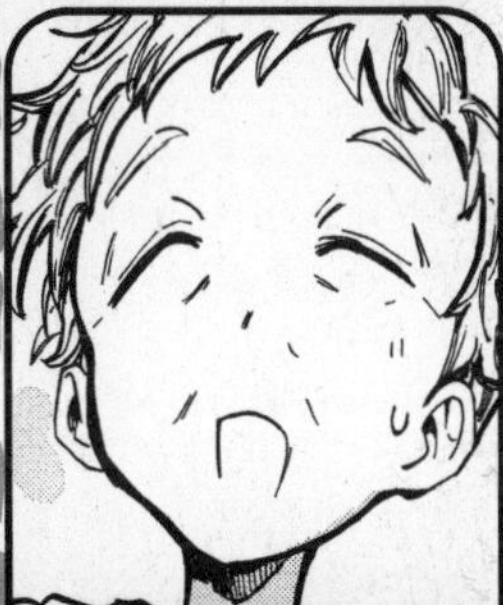

Tsubasas Großmutter.

Kakeru Ichinose?!

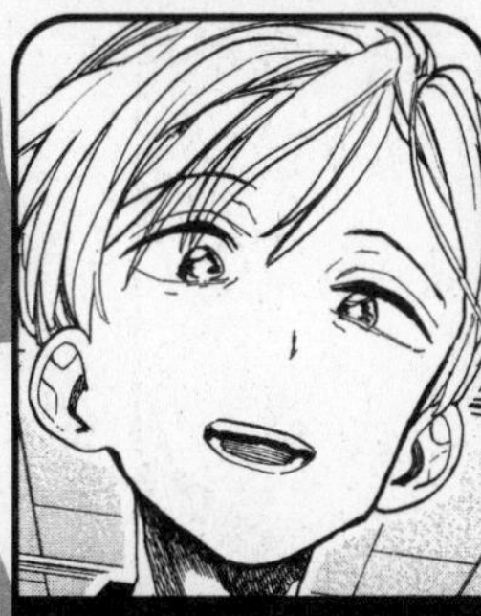

Geheimnisvoller Mann, der sich als Kakeru ausgibt. Scheint die Wahrheit über die Familie Ichinose zu kennen ...

Yuki Nakajima

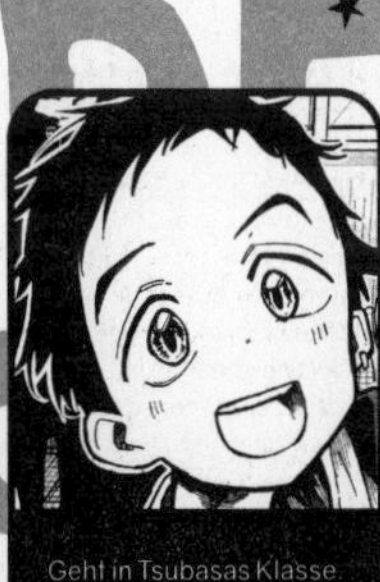

Geht in Tsubasas Klasse. In der Grundschule waren sie im selben Fußballteam.

The Ichinose Family's Deadly Sins

Inhalt

Aus dem Japanischen von Gandalf Bartholomäus

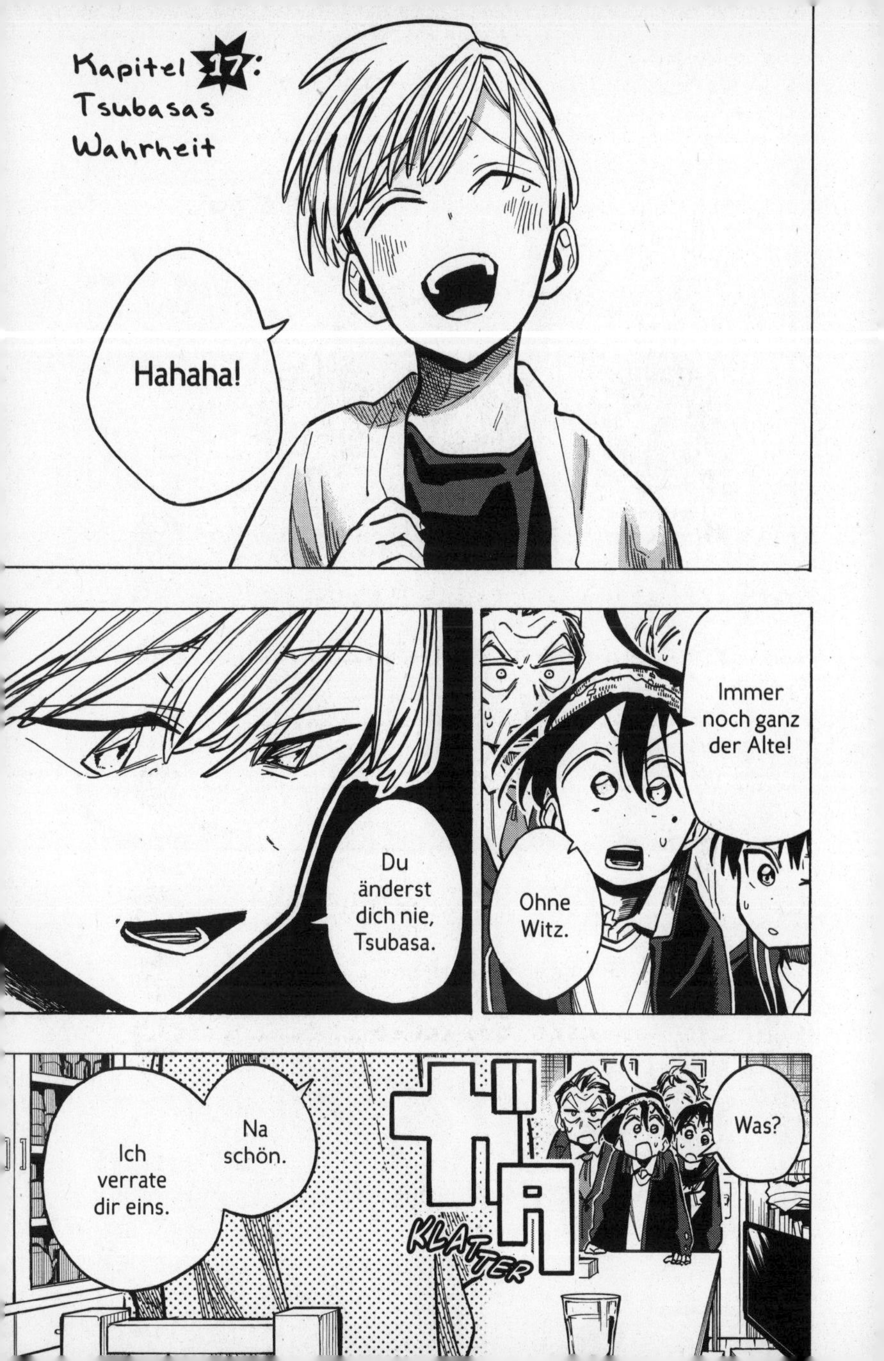
Kapitel 17: Tsubasas Wahrheit
Hahaha!
Immer noch ganz der Alte!
Ohne Witz.
Du änderst dich nie, Tsubasa.
Was?
KLATTER
Na schön.
Ich verrate dir eins.

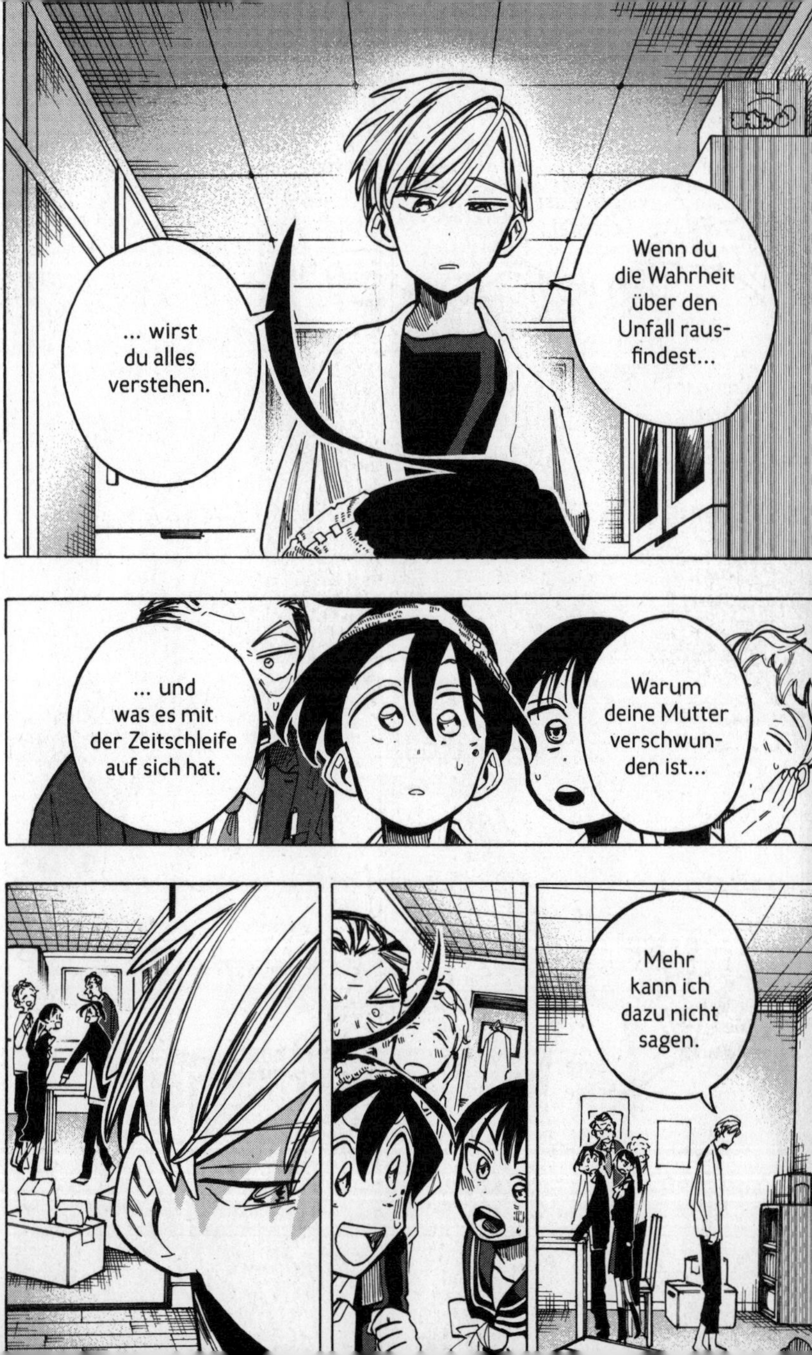
Wenn du die Wahrheit über den Unfall raus-findest...
... wirst du alles verstehen.
Warum deine Mutter verschwun-den ist...
... und was es mit der Zeitschleife auf sich hat.
Mehr kann ich dazu nicht sagen.

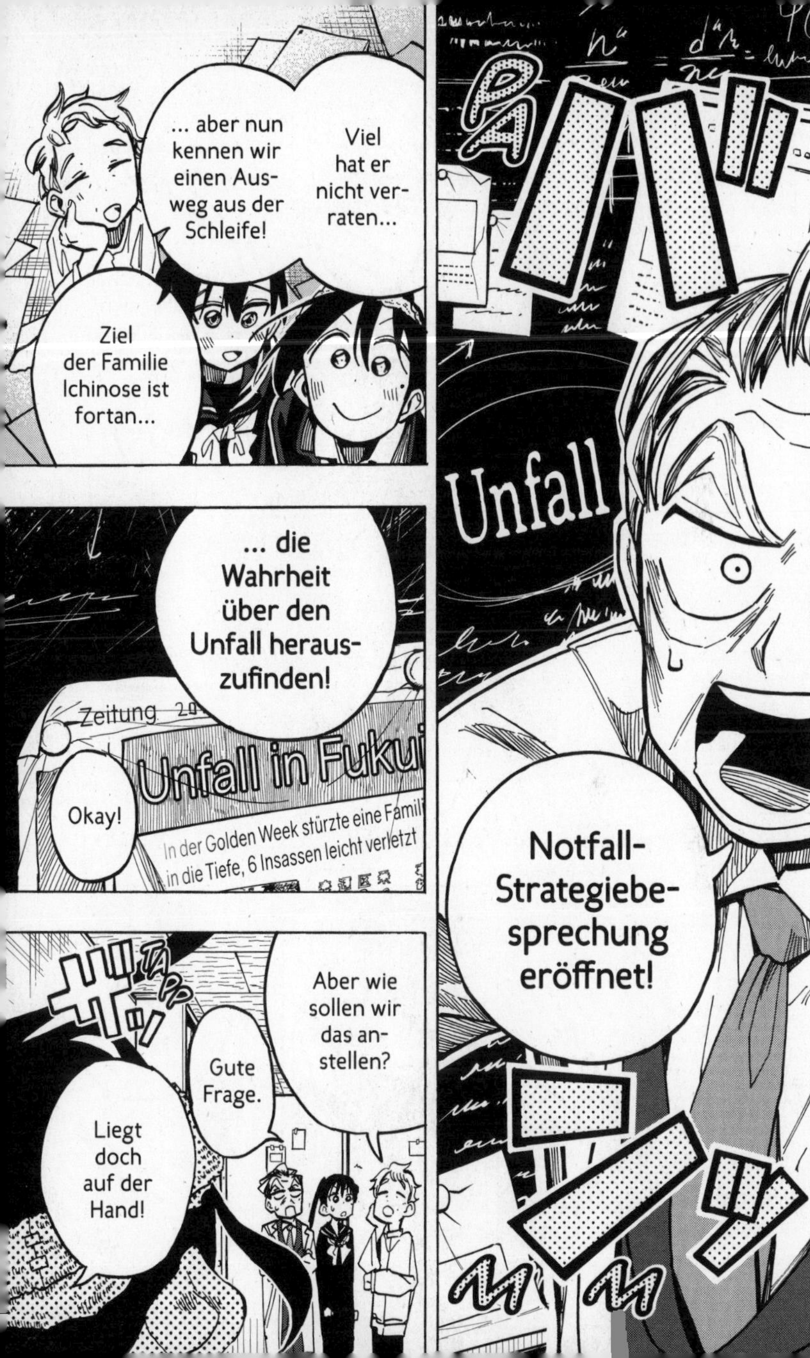
Unfall
Notfall-Strategiebesprechung eröffnet!
Viel hat er nicht verraten...
... aber nun kennen wir einen Ausweg aus der Schleife!
Ziel der Familie Ichinose ist fortan...
... die Wahrheit über den Unfall herauszufinden!
Zeitung 20
Unfall in Fukui
In der Golden Week stürzte eine Famili
in die Tiefe, 6 Insassen leicht verletzt
Okay!
Aber wie sollen wir das anstellen?
Gute Frage.
TAPP
Liegt doch auf der Hand!

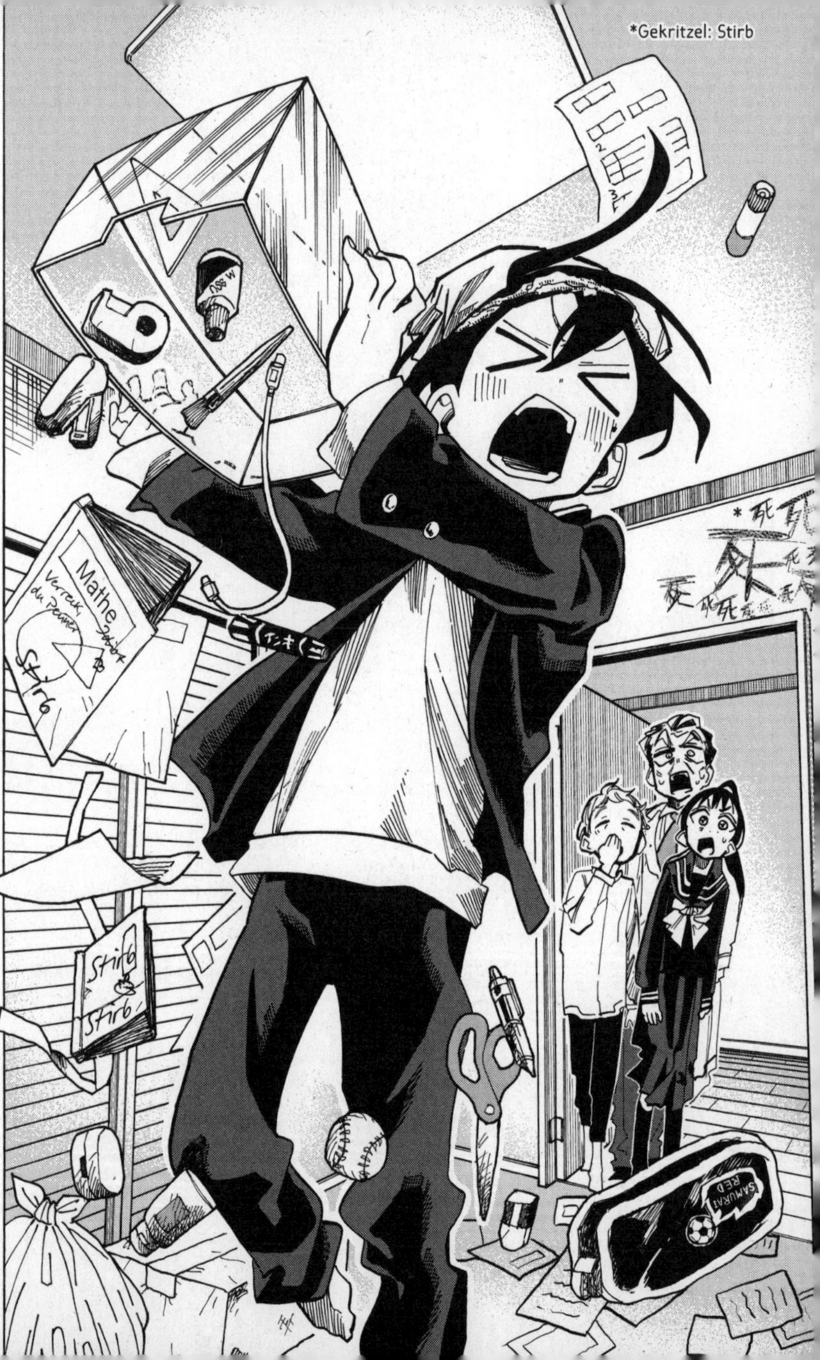

*Gekritzel: Stirb
Mathe
Verreck, du Penner
Stirb
Stirb
Stirb
SAMURAI RED

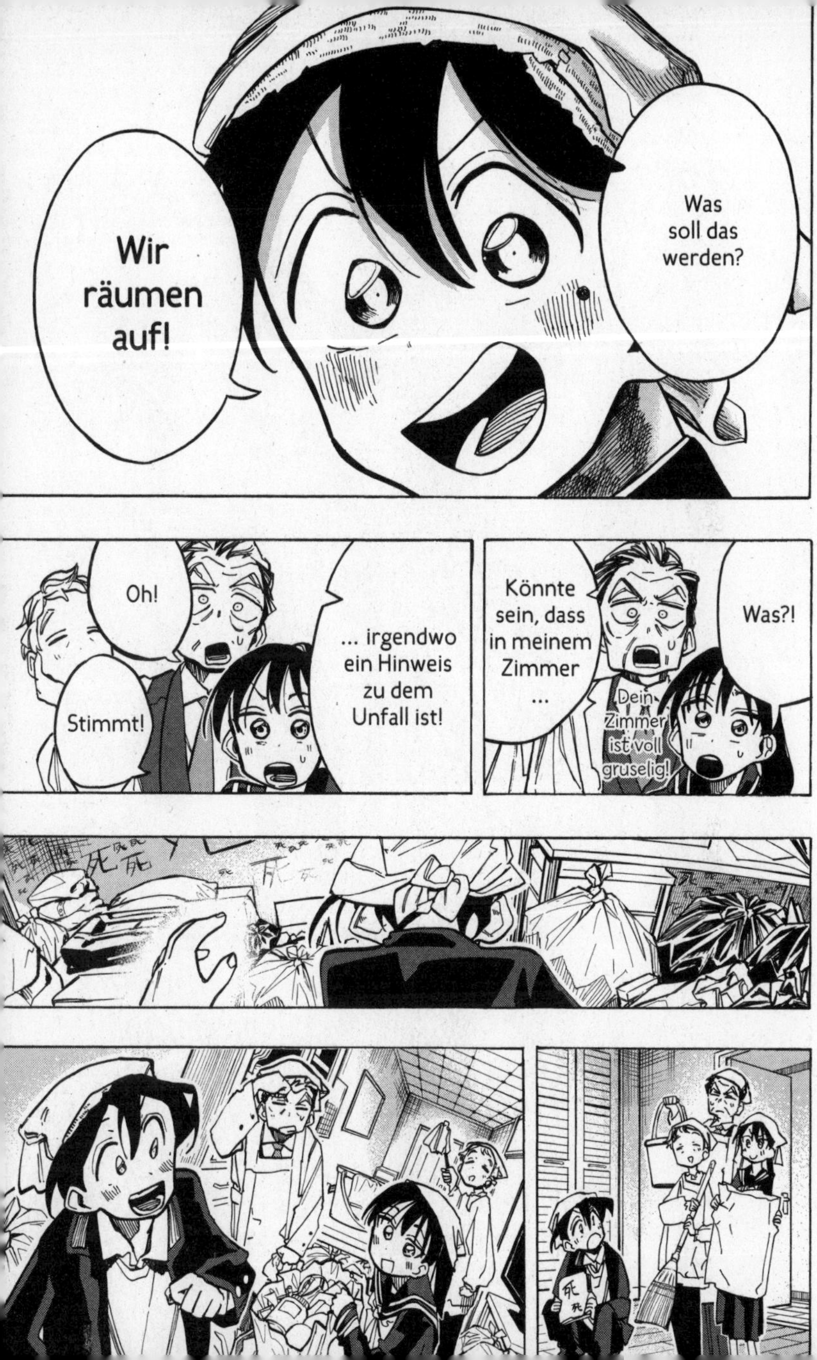
Was soll das werden?
Wir räumen auf!
Was?!
Könnte sein, dass in meinem Zimmer …
Dein Zimmer ist voll gruselig!
… irgendwo ein Hinweis zu dem Unfall ist!
Oh!
Stimmt!

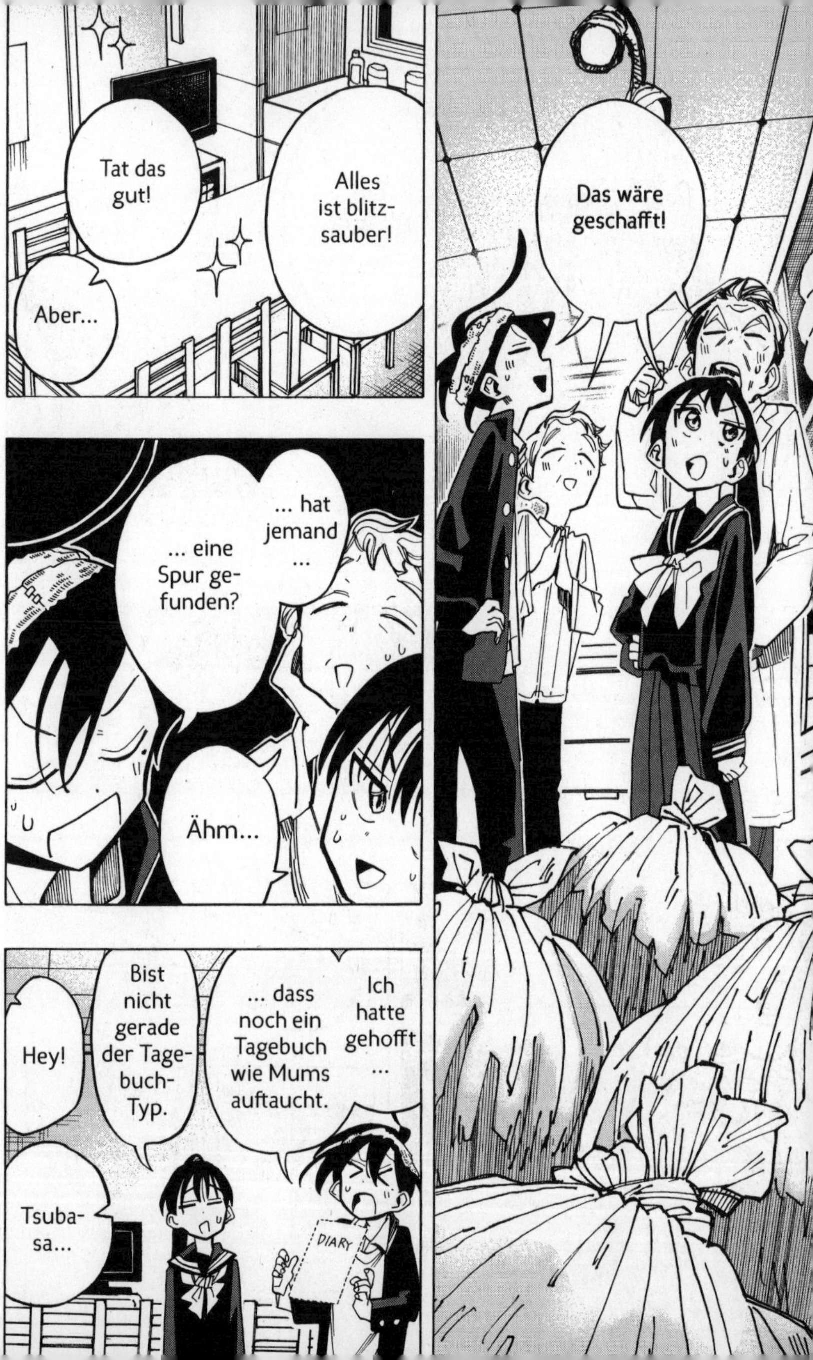
Das wäre geschafft!
Alles ist blitz- sauber!
Tat das gut!
Aber…
… hat jemand …
… eine Spur ge- funden?
Ähm…
Ich hatte gehofft …
… dass noch ein Tagebuch wie Mums auftaucht.
Bist nicht gerade der Tage- buch- Typ.
Hey!
Tsuba- sa…
DIARY

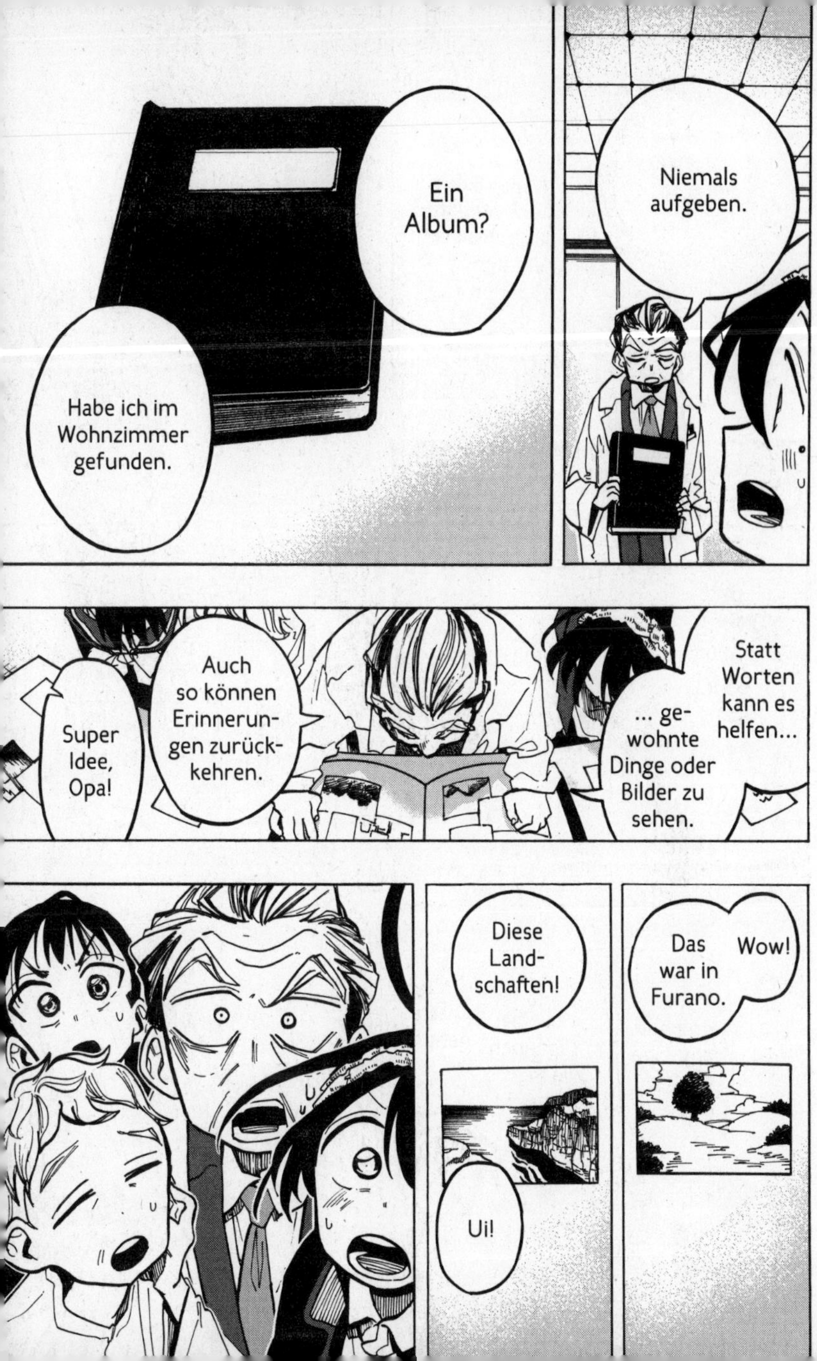
Niemals aufgeben.
Ein Album?
Habe ich im Wohnzimmer gefunden.
Statt Worten kann es helfen…
… gewohnte Dinge oder Bilder zu sehen.
Auch so können Erinnerungen zurückkehren.
Super Idee, Opa!
Wow!
Das war in Furano.
Diese Landschaften!
Ui!

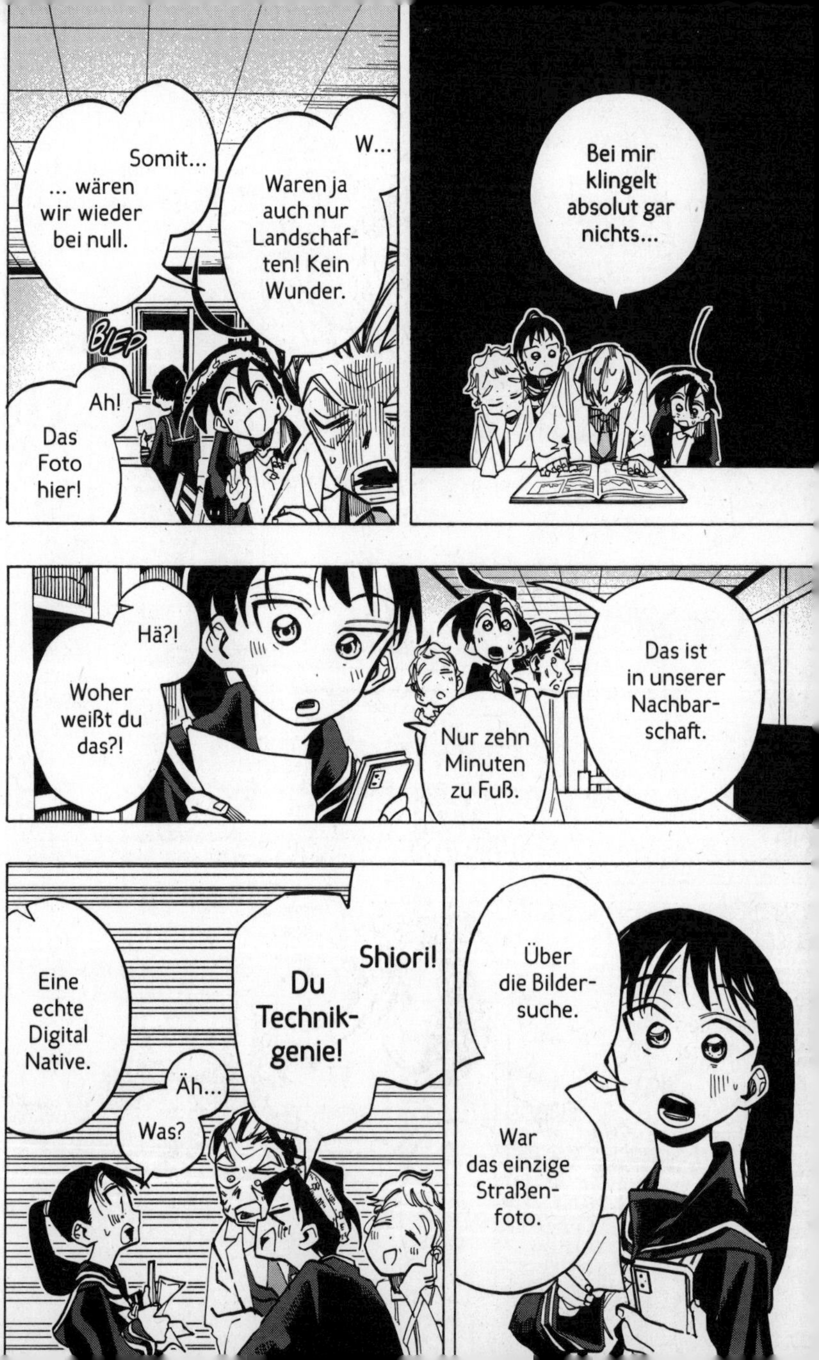
Bei mir klingelt absolut gar nichts...
W...
Waren ja auch nur Landschaften! Kein Wunder.
Somit...
... wären wir wieder bei null.
BIEP
Ah!
Das Foto hier!
Das ist in unserer Nachbarschaft.
Nur zehn Minuten zu Fuß.
Hä?!
Woher weißt du das?!
Über die Bildersuche.
War das einzige Straßenfoto.
Shiori!
Du Technikgenie!
Eine echte Digital Native.
Äh...
Was?

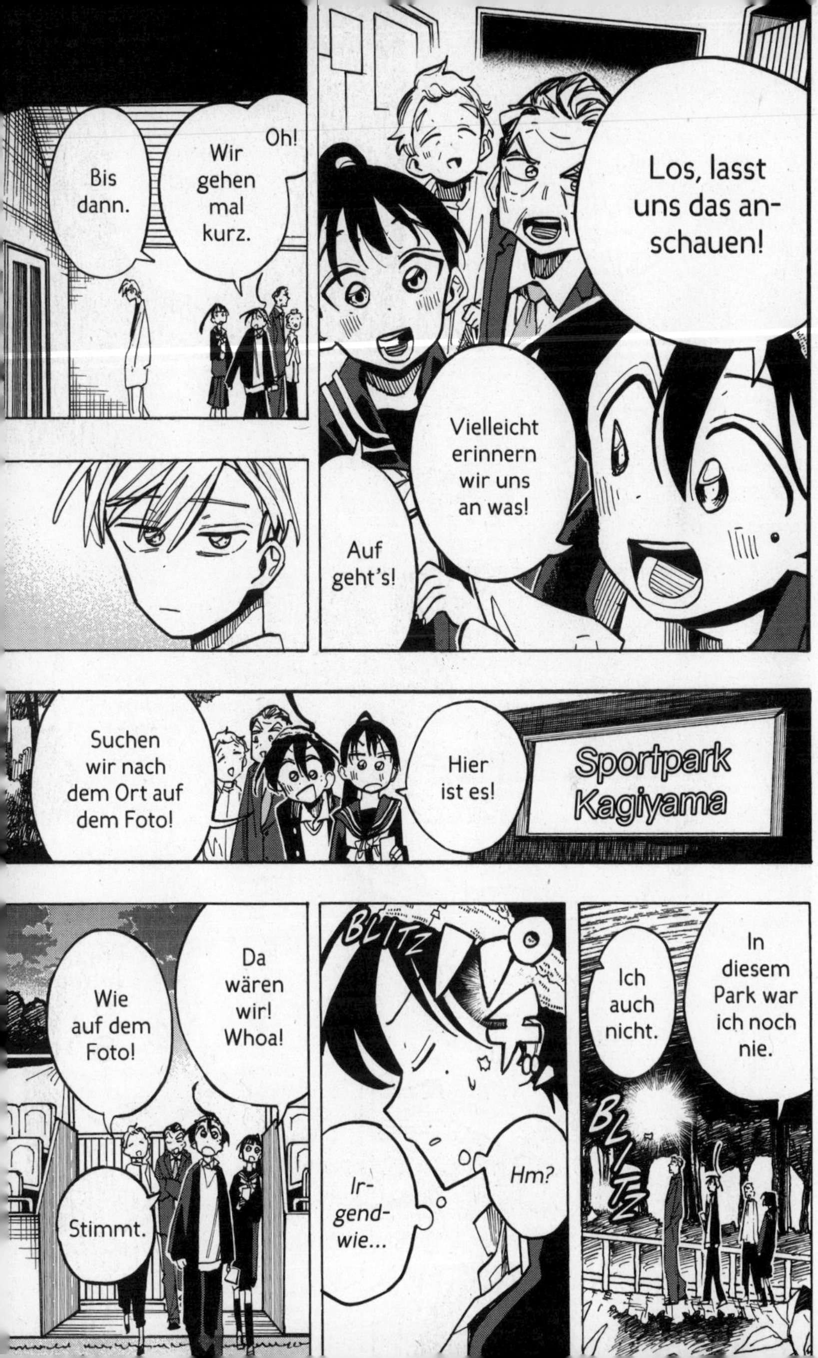
Los, lasst uns das anschauen!
Vielleicht erinnern wir uns an was!
Auf geht's!
Oh!
Wir gehen mal kurz.
Bis dann.
Hier ist es!
Sportpark Kagiyama
Suchen wir nach dem Ort auf dem Foto!
In diesem Park war ich noch nie.
Ich auch nicht.
BLITZ
BLITZ
Hm?
Irgendwie…
Da wären wir! Whoa!
Wie auf dem Foto!
Stimmt.

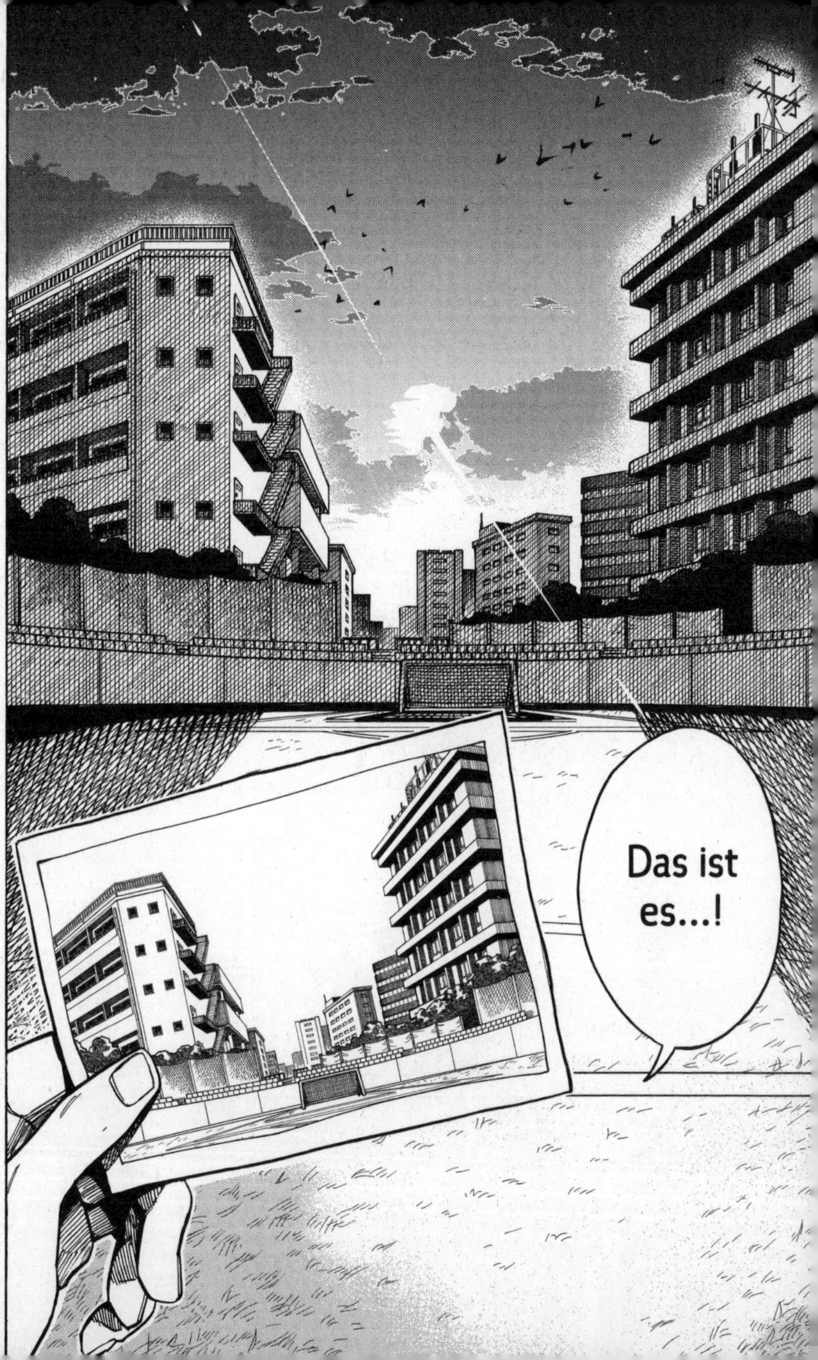
Das ist es...!

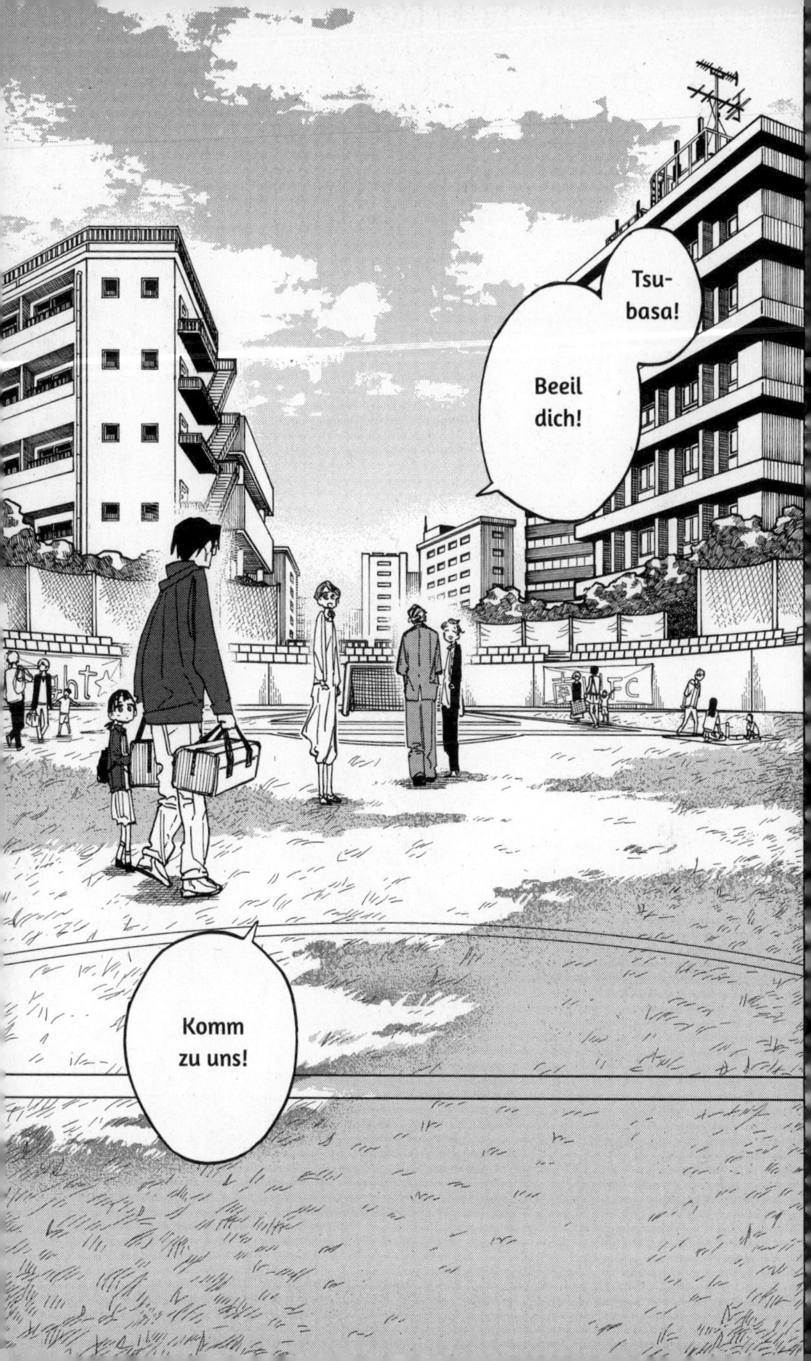
Tsu-
basa!
Beeil
dich!
Komm
zu uns!

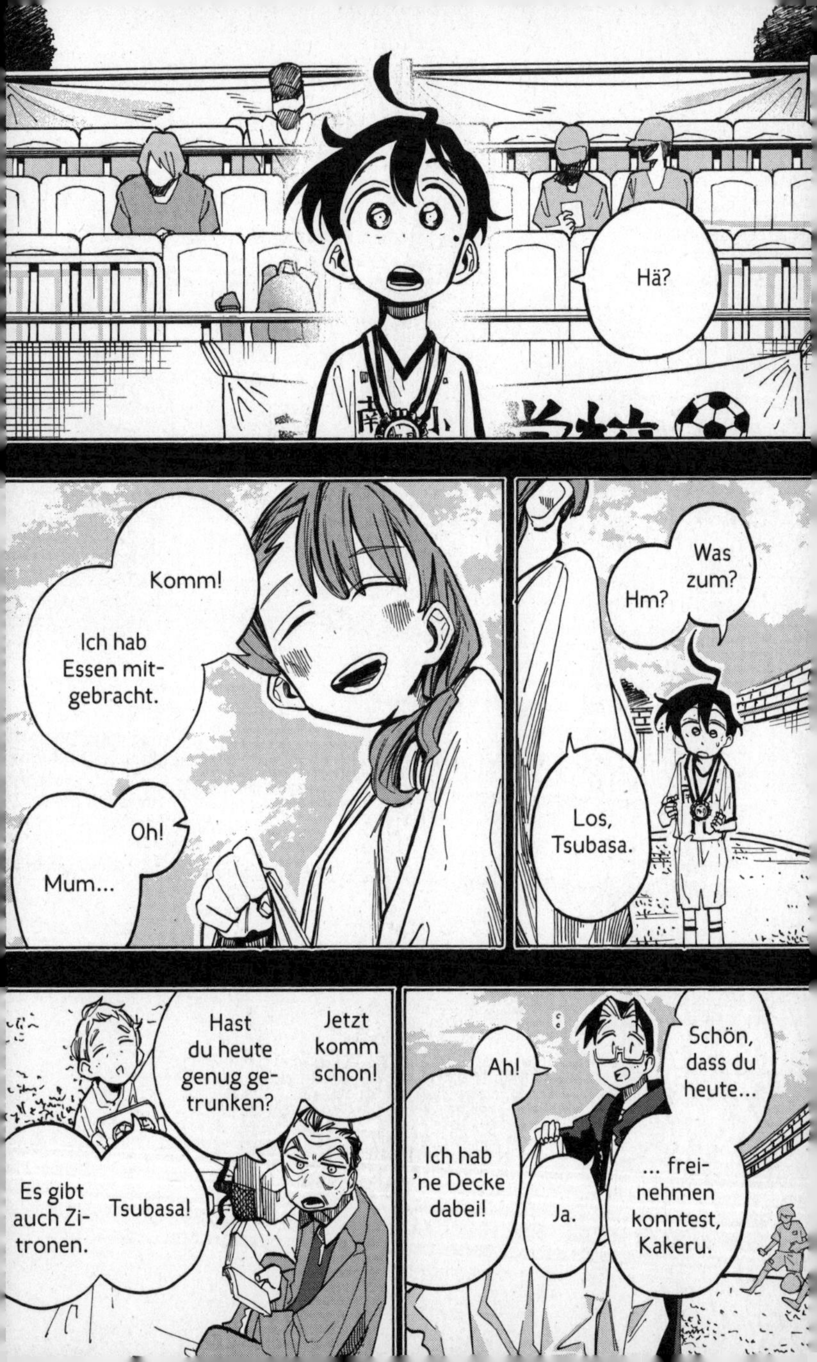
Hä?
Hm?
Was zum?
Los, Tsubasa.
Komm!
Ich hab Essen mitgebracht.
Oh!
Mum…
Schön, dass du heute…
… freinehmen konntest, Kakeru.
Ah!
Ja.
Ich hab 'ne Decke dabei!
Jetzt komm schon!
Hast du heute genug getrunken?
Tsubasa!
Es gibt auch Zitronen.

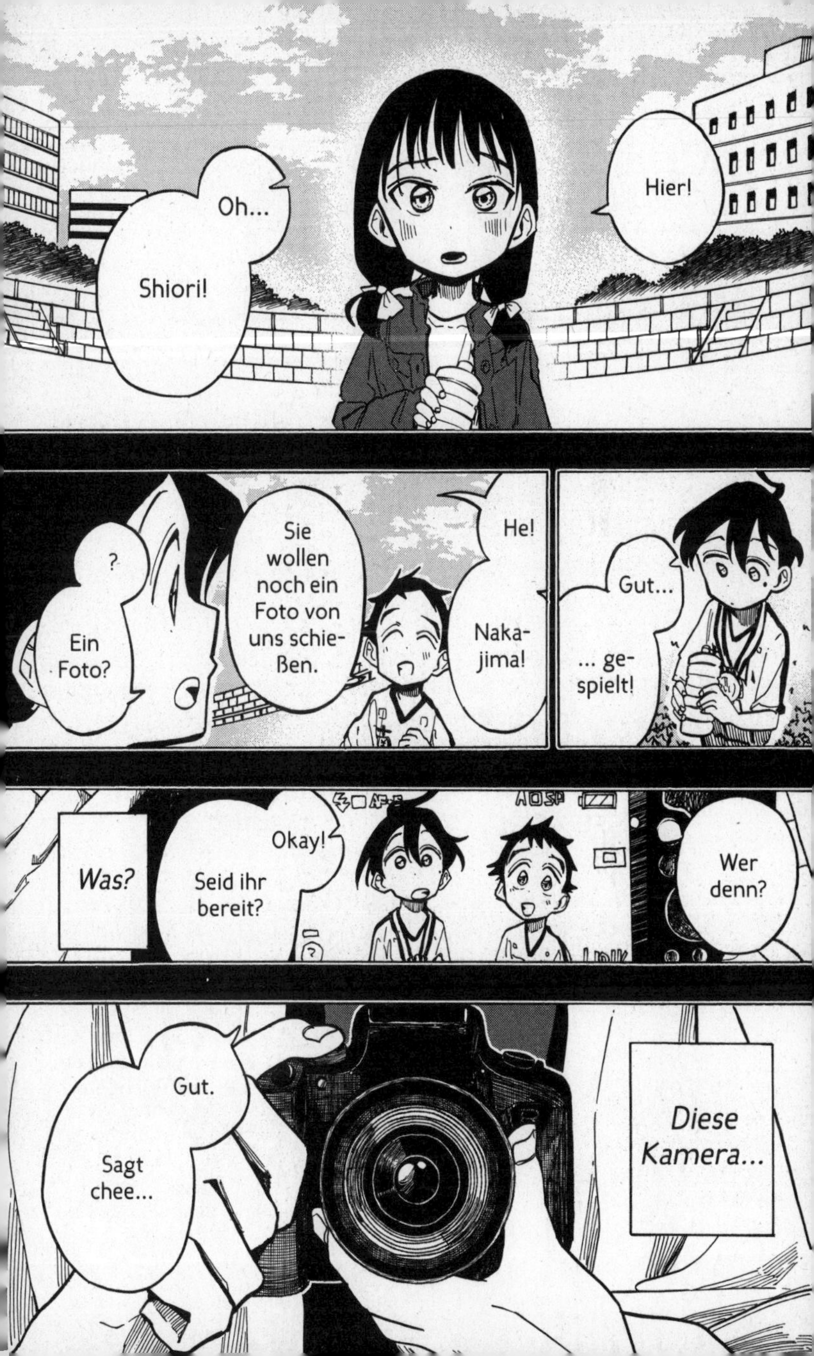
Hier!
Oh... Shiori!
Gut... ... gespielt!
He! Nakajima!
Sie wollen noch ein Foto von uns schießen.
? Ein Foto?
Wer denn?
Okay! Seid ihr bereit?
Was?
Diese Kamera...
Gut. Sagt chee...

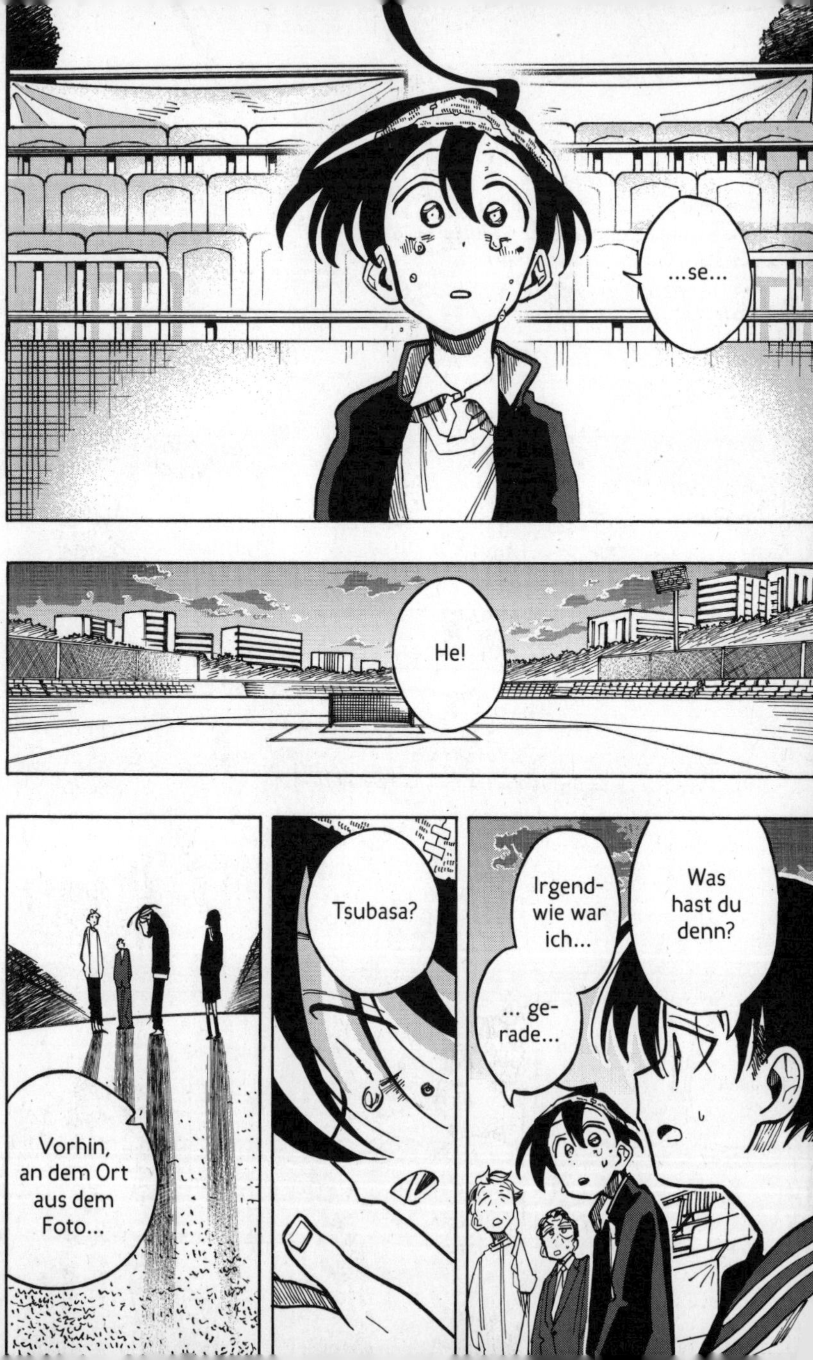
...se...
He!
Was hast du denn?
Irgend-wie war ich...
... ge-rade...
Tsubasa?
Vorhin, an dem Ort aus dem Foto...

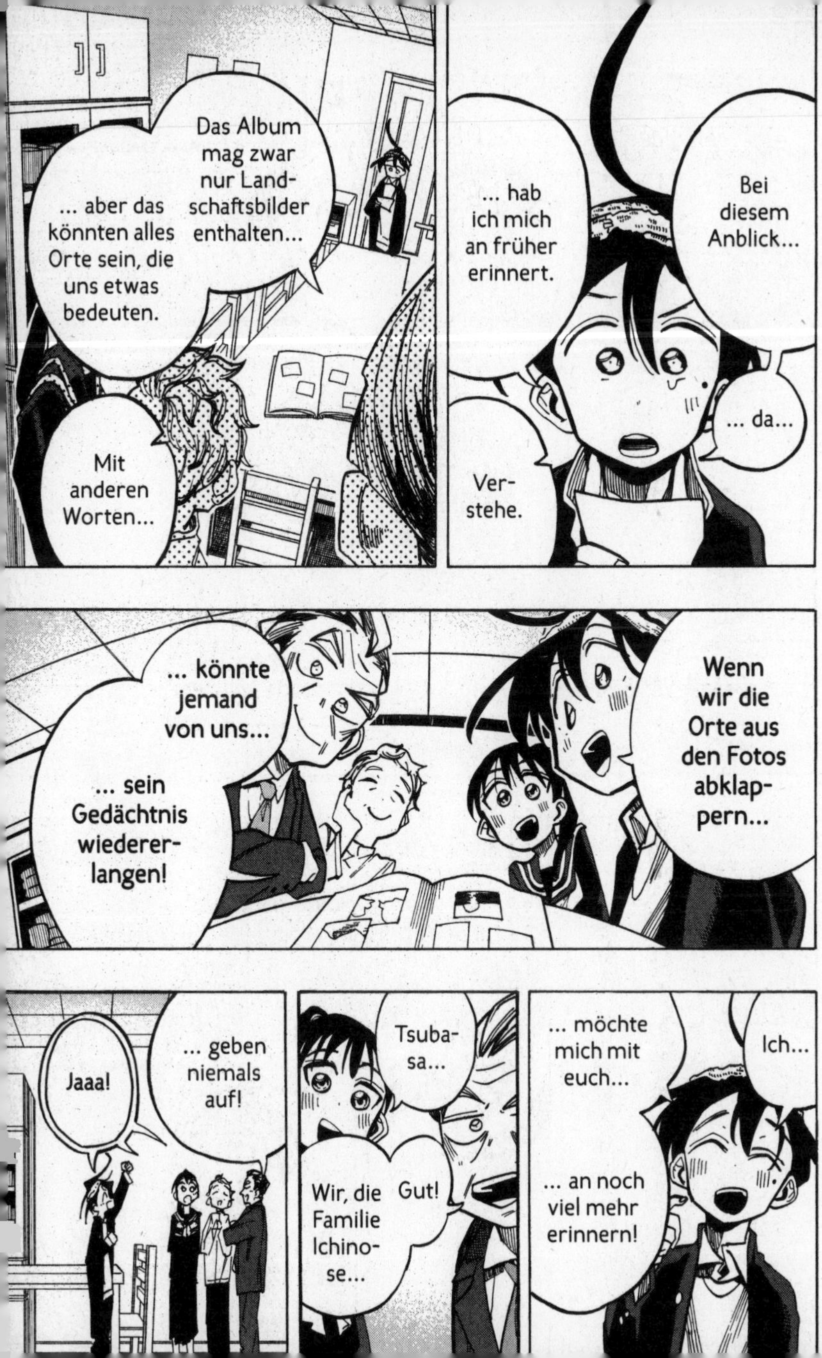

Bei diesem Anblick...
... hab ich mich an früher erinnert.
... da...
Verstehe.
Das Album mag zwar nur Landschaftsbilder enthalten...
... aber das könnten alles Orte sein, die uns etwas bedeuten.
Mit anderen Worten...
Wenn wir die Orte aus den Fotos abklappern...
... könnte jemand von uns...
... sein Gedächtnis wiedererlangen!
Ich...
... möchte mich mit euch...
... an noch viel mehr erinnern!
Tsubasa...
Gut!
Wir, die Familie Ichinose...
... geben niemals auf!
Jaaa!

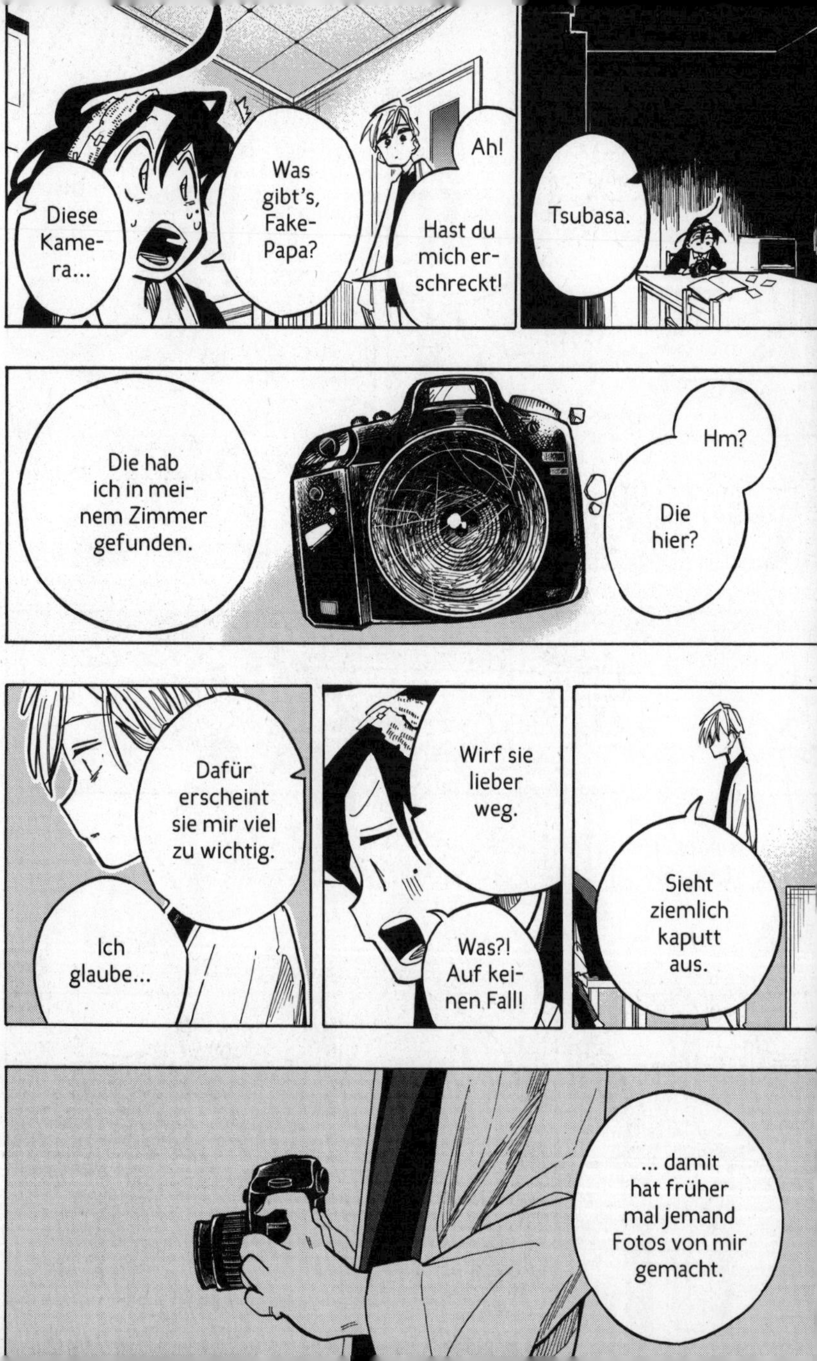
Tsubasa.
Ah!
Hast du mich erschreckt!
Was gibt's, Fake-Papa?
Diese Kamera...
Hm?
Die hier?
Die hab ich in meinem Zimmer gefunden.
Sieht ziemlich kaputt aus.
Wirf sie lieber weg.
Was?! Auf keinen Fall!
Dafür erscheint sie mir viel zu wichtig.
Ich glaube...
... damit hat früher mal jemand Fotos von mir gemacht.

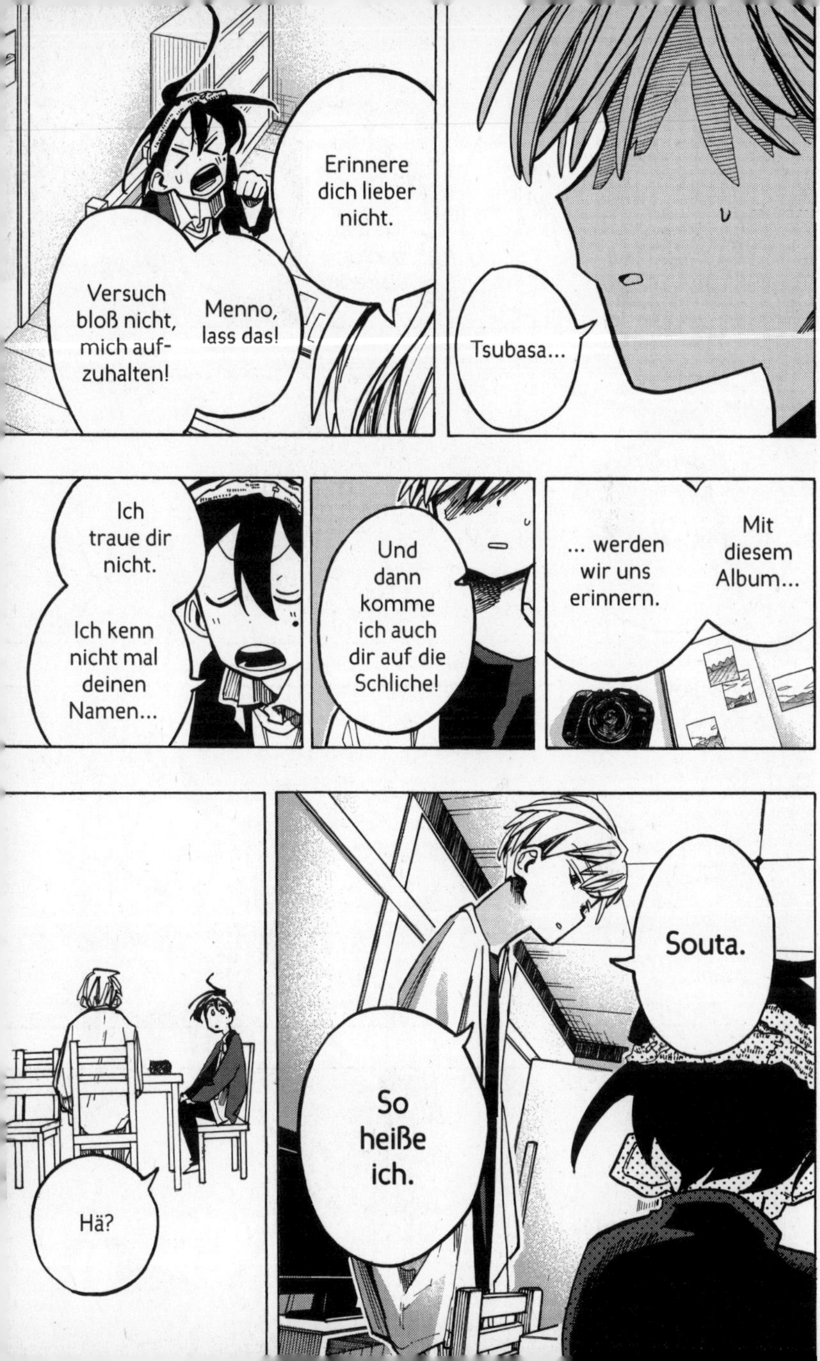
Tsubasa…
Erinnere dich lieber nicht.
Menno, lass das!
Versuch bloß nicht, mich aufzuhalten!
Mit diesem Album…
… werden wir uns erinnern.
Und dann komme ich auch dir auf die Schliche!
Ich traue dir nicht.
Ich kenn nicht mal deinen Namen…
Souta.
So heiße ich.
Hä?

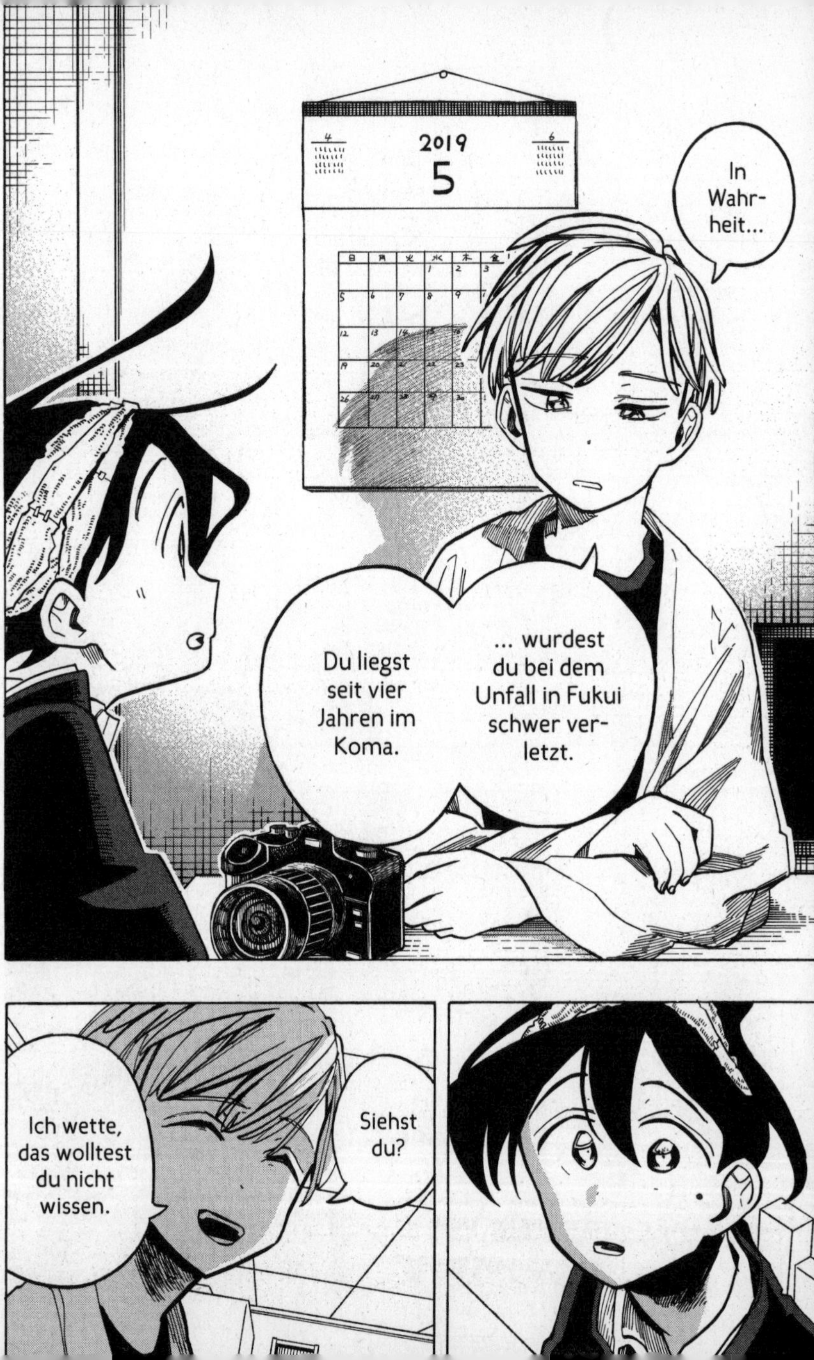
2019
5
In Wahr-
heit...
... wurdest
du bei dem
Unfall in Fukui
schwer ver-
letzt.
Du liegst
seit vier
Jahren im
Koma.
Siehst
du?
Ich wette,
das wolltest
du nicht
wissen.

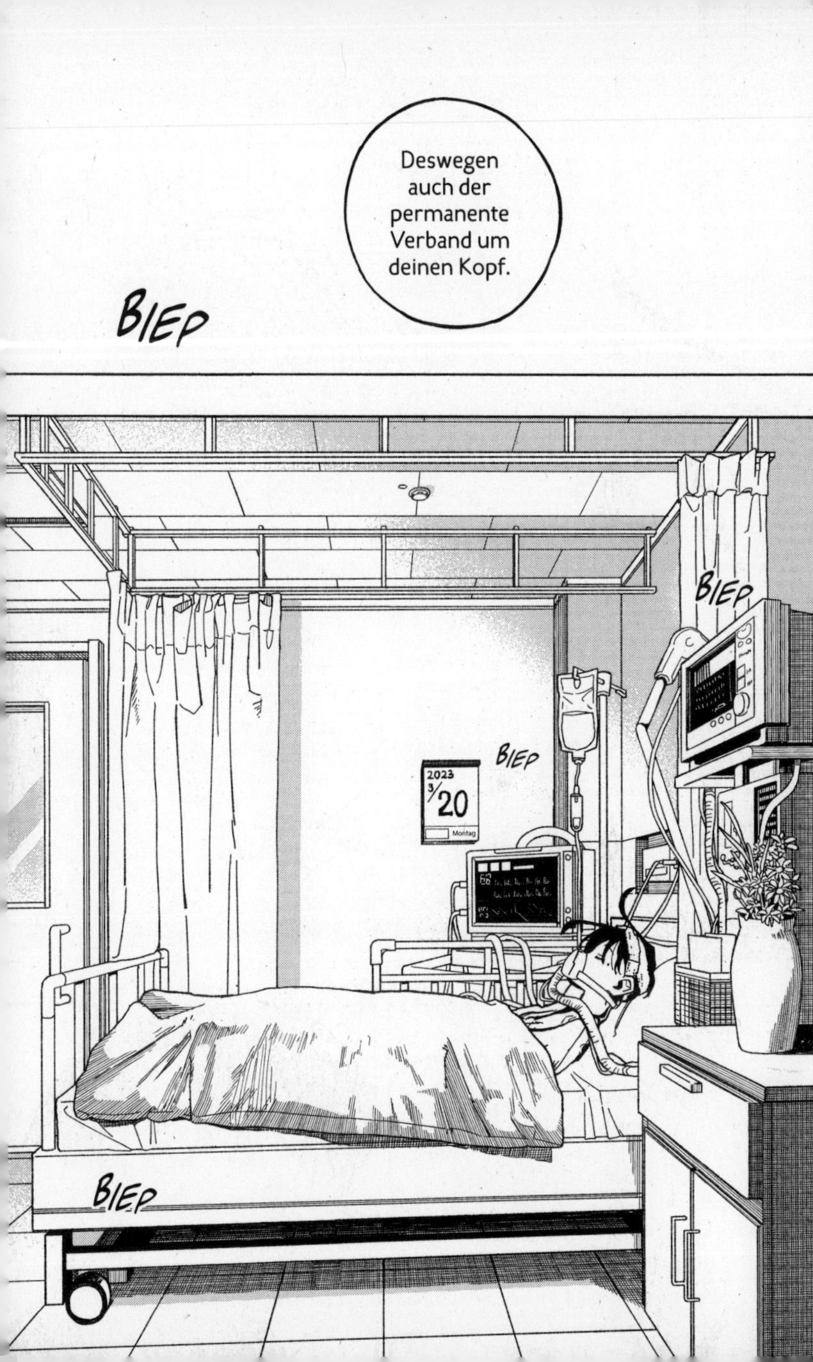
Deswegen auch der permanente Verband um deinen Kopf.
BIEP
BIEP
BIEP
2023
3/20
Montag
BIEP

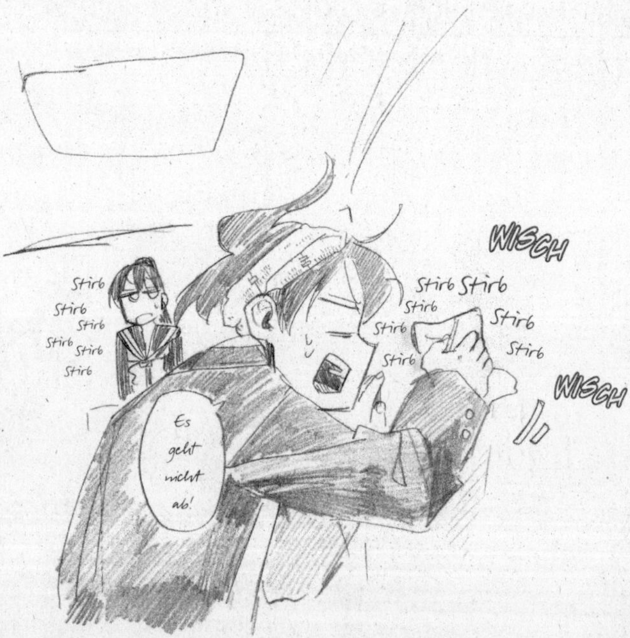
WISCH
Stirb Stirb
Stirb
Stirb
Stirb
Stirb
Stirb
WISCH
Es geht nicht ab!
Stirb
Stirb
Stirb
Stirb
Stirb
Stirb

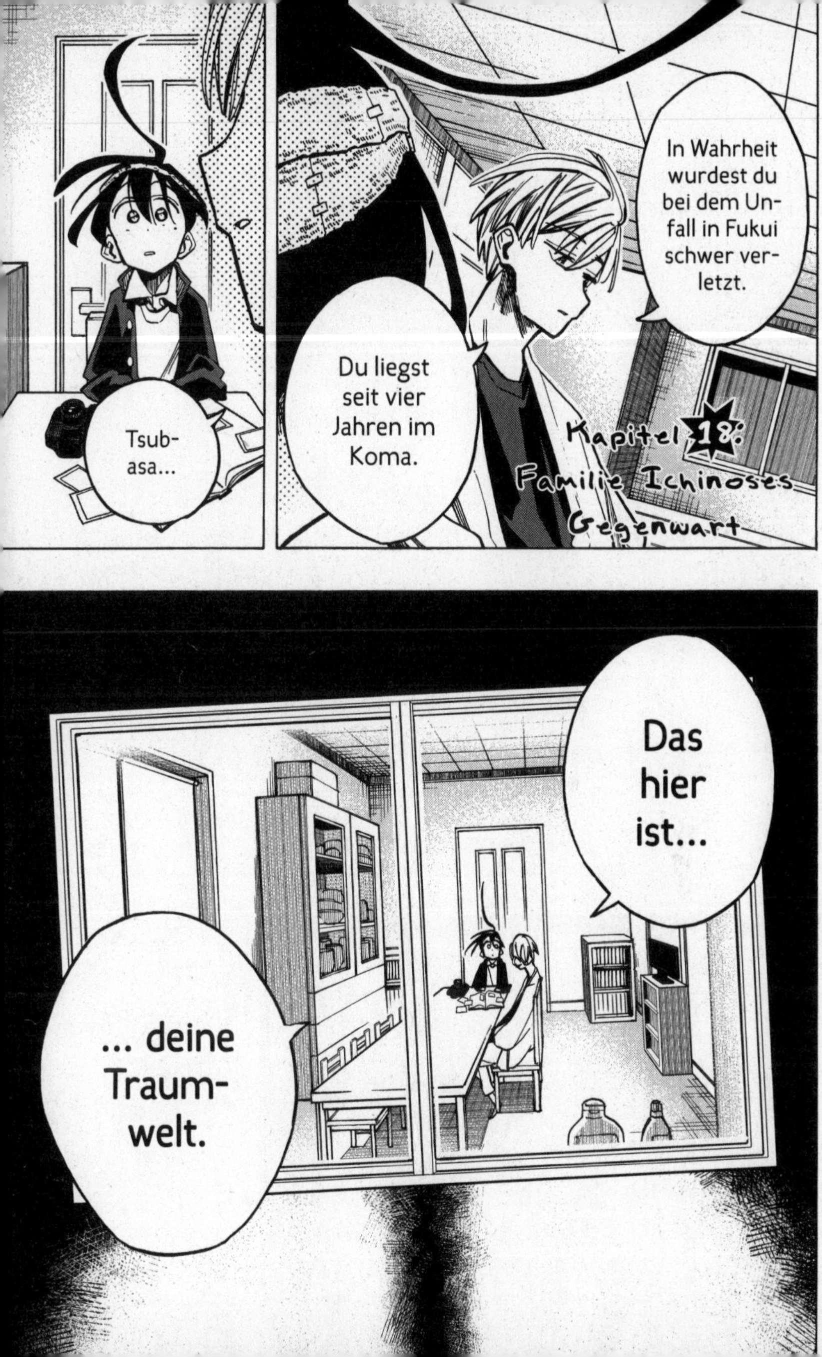
In Wahrheit wurdest du bei dem Unfall in Fukui schwer verletzt.
Du liegst seit vier Jahren im Koma.
Kapitel 18: Familie Ichinoses Gegenwart
Tsubasa...
Das hier ist...
... deine Traumwelt.

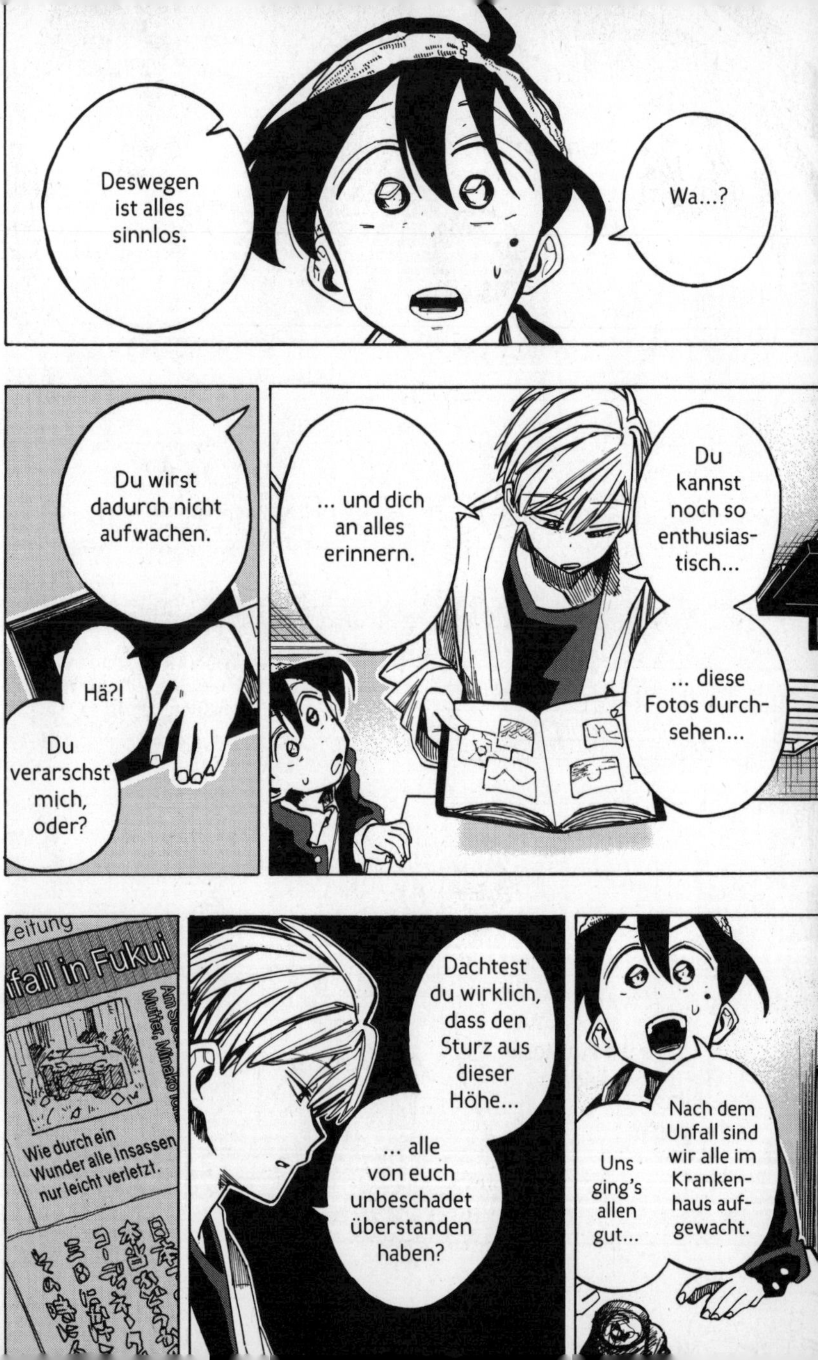
Wa…?
Deswegen ist alles sinnlos.
Du kannst noch so enthusiastisch…
… diese Fotos durchsehen…
… und dich an alles erinnern.
Du wirst dadurch nicht aufwachen.
Hä?!
Du verarschst mich, oder?
Nach dem Unfall sind wir alle im Krankenhaus aufgewacht.
Uns ging's allen gut…
Dachtest du wirklich, dass den Sturz aus dieser Höhe…
… alle von euch unbeschadet überstanden haben?
Zeitung
fall in Fukui
Wie durch ein Wunder alle Insassen nur leicht verletzt.

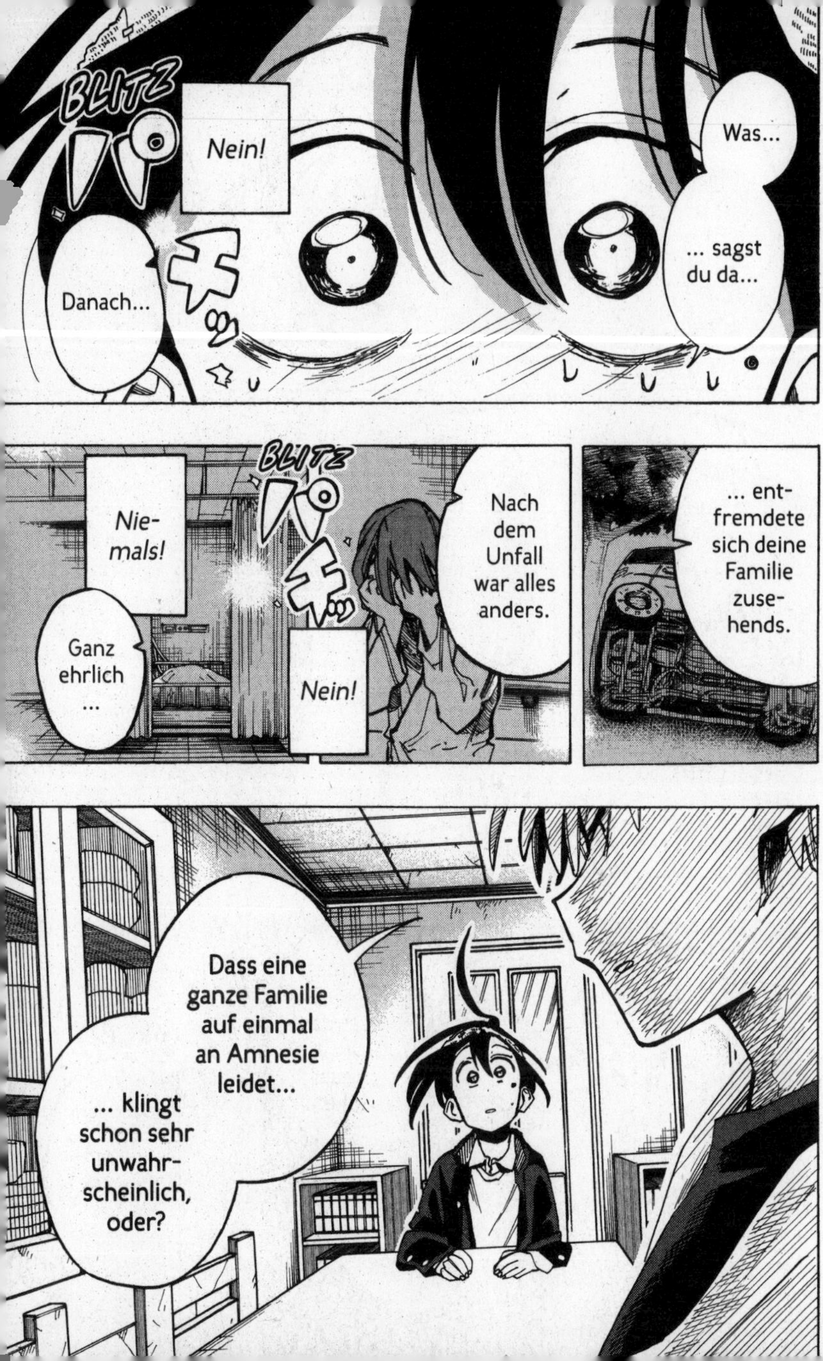
Was...
... sagst du da...
Nein!
BLITZ
Danach...
... ent-fremdete sich deine Familie zuse-hends.
Nach dem Unfall war alles anders.
BLITZ
Nein!
Nie-mals!
Ganz ehrlich ...
Dass eine ganze Familie auf einmal an Amnesie leidet...
... klingt schon sehr unwahr-scheinlich, oder?

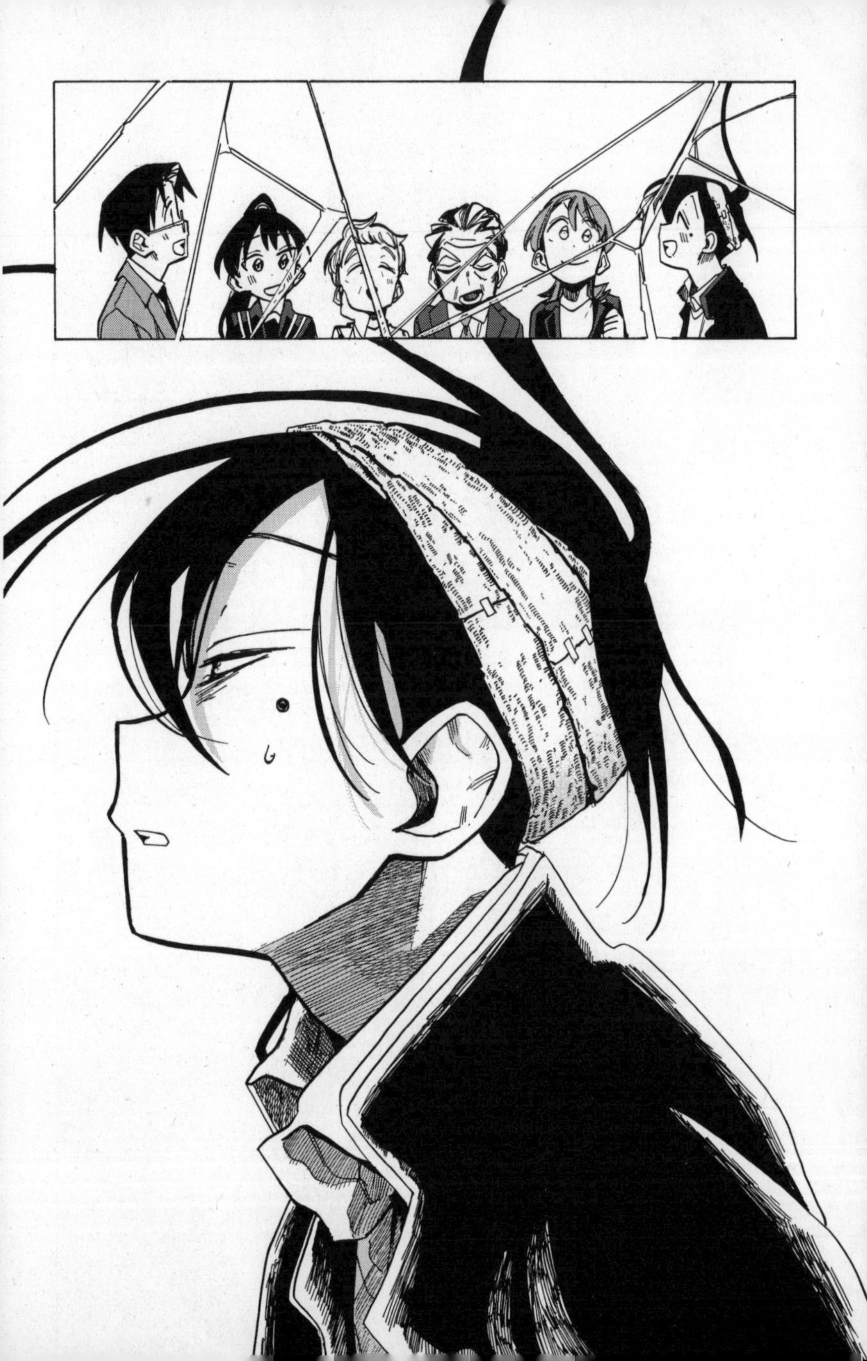

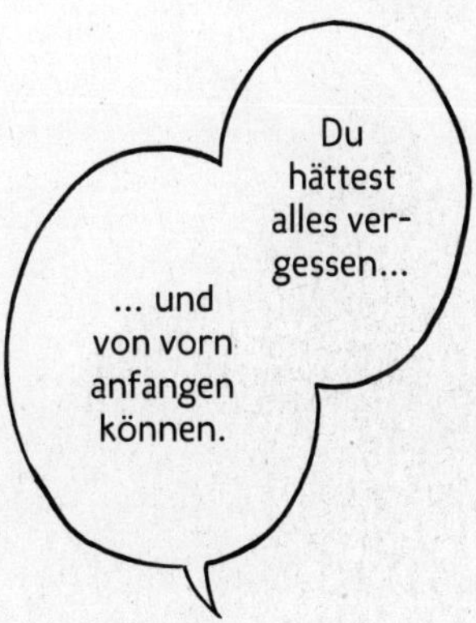
Du hättest alles ver- gessen…
… und von vorn anfangen können.

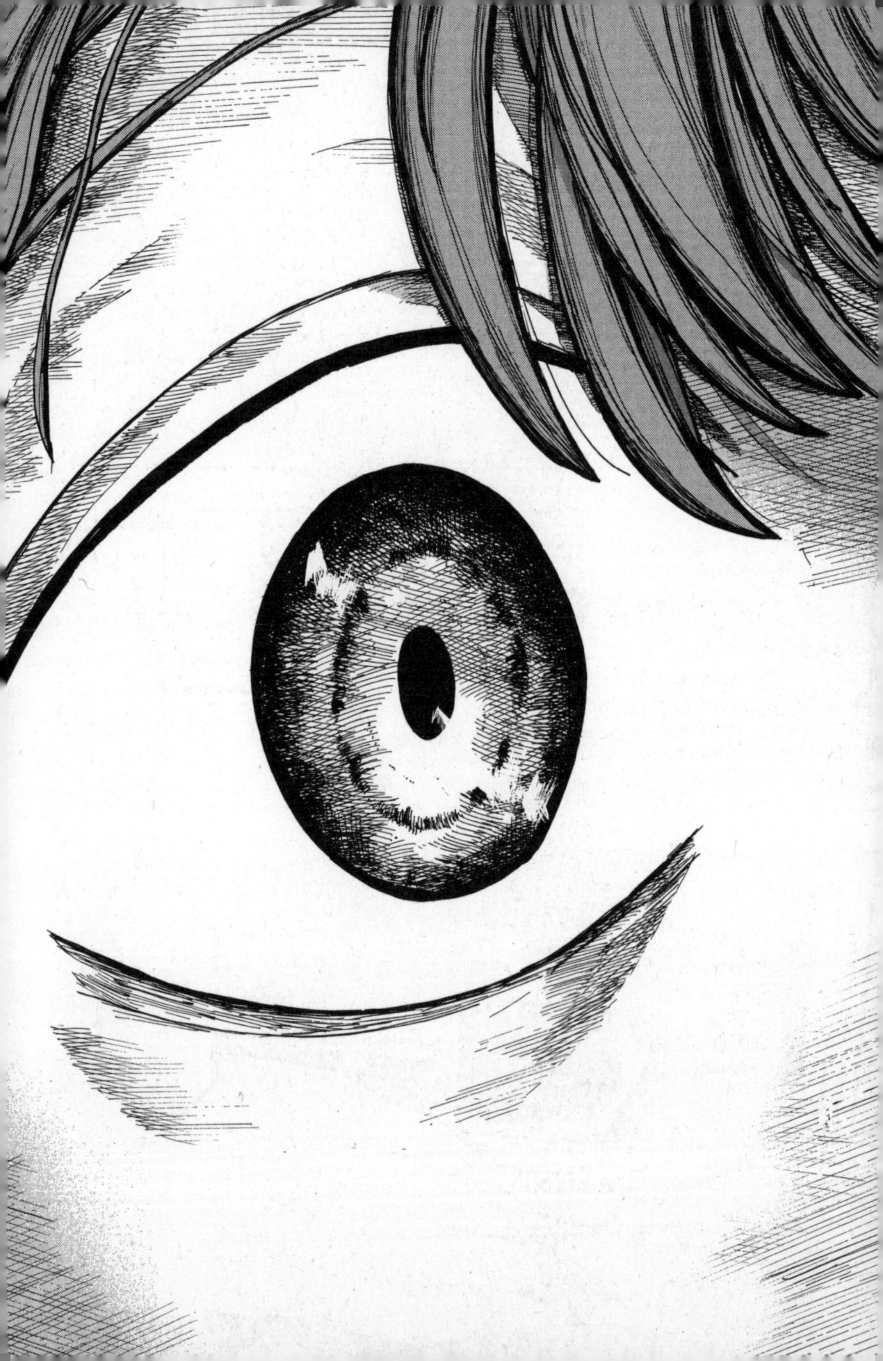

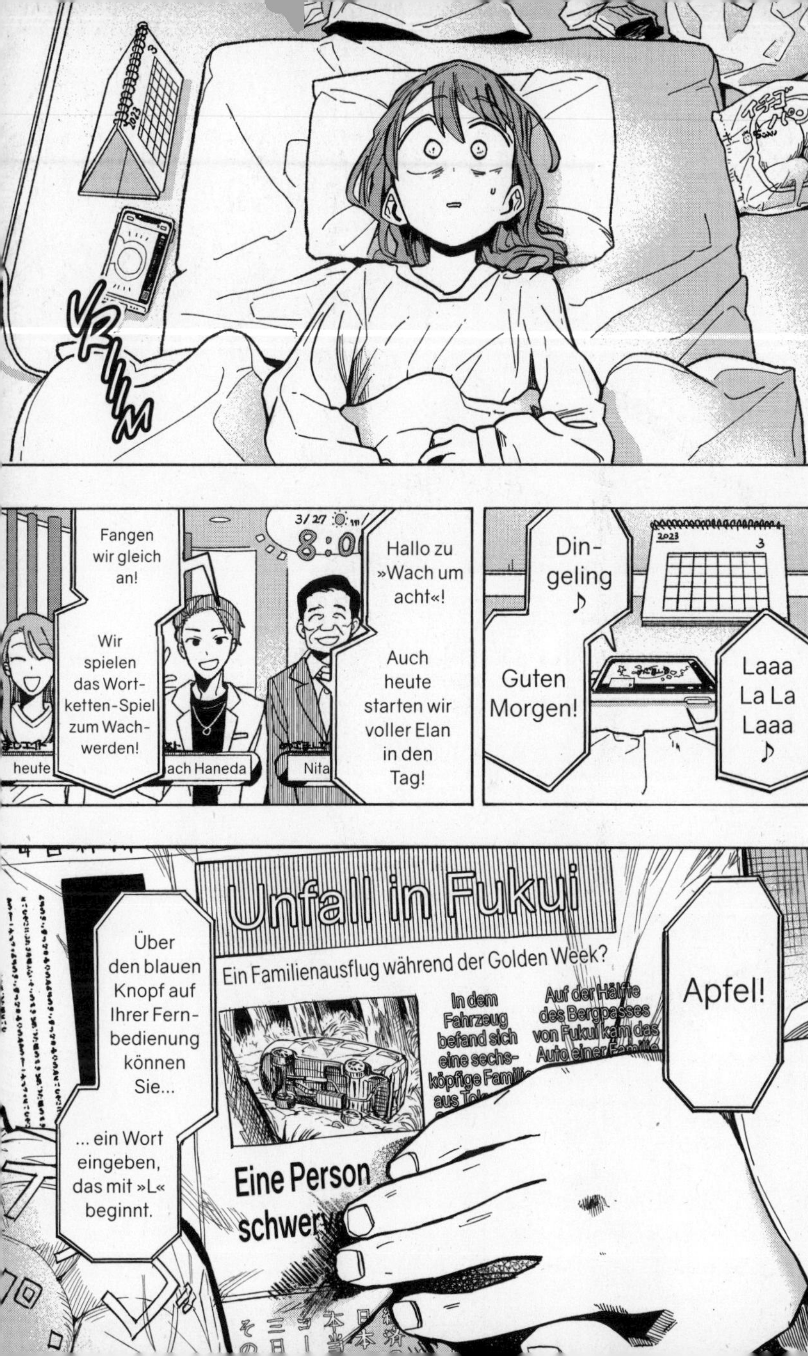
VRIIIIM
Laaa La La Laaa ♪
Din-geling ♪
Guten Morgen!
3/27 8:0
Hallo zu »Wach um acht«!
Auch heute starten wir voller Elan in den Tag!
Fangen wir gleich an!
Wir spielen das Wort-ketten-Spiel zum Wach-werden!
heute
ach Haneda
Nita
Unfall in Fukui
Ein Familienausflug während der Golden Week?
In dem Fahrzeug befand sich eine sechs-köpfige Famili
Auf der Hälfte des Bergpasses von Fukui kam das Auto einer Familie
Eine Person schwerv
Apfel!
Über den blauen Knopf auf Ihrer Fern-bedienung können Sie...
... ein Wort eingeben, das mit »L« beginnt.

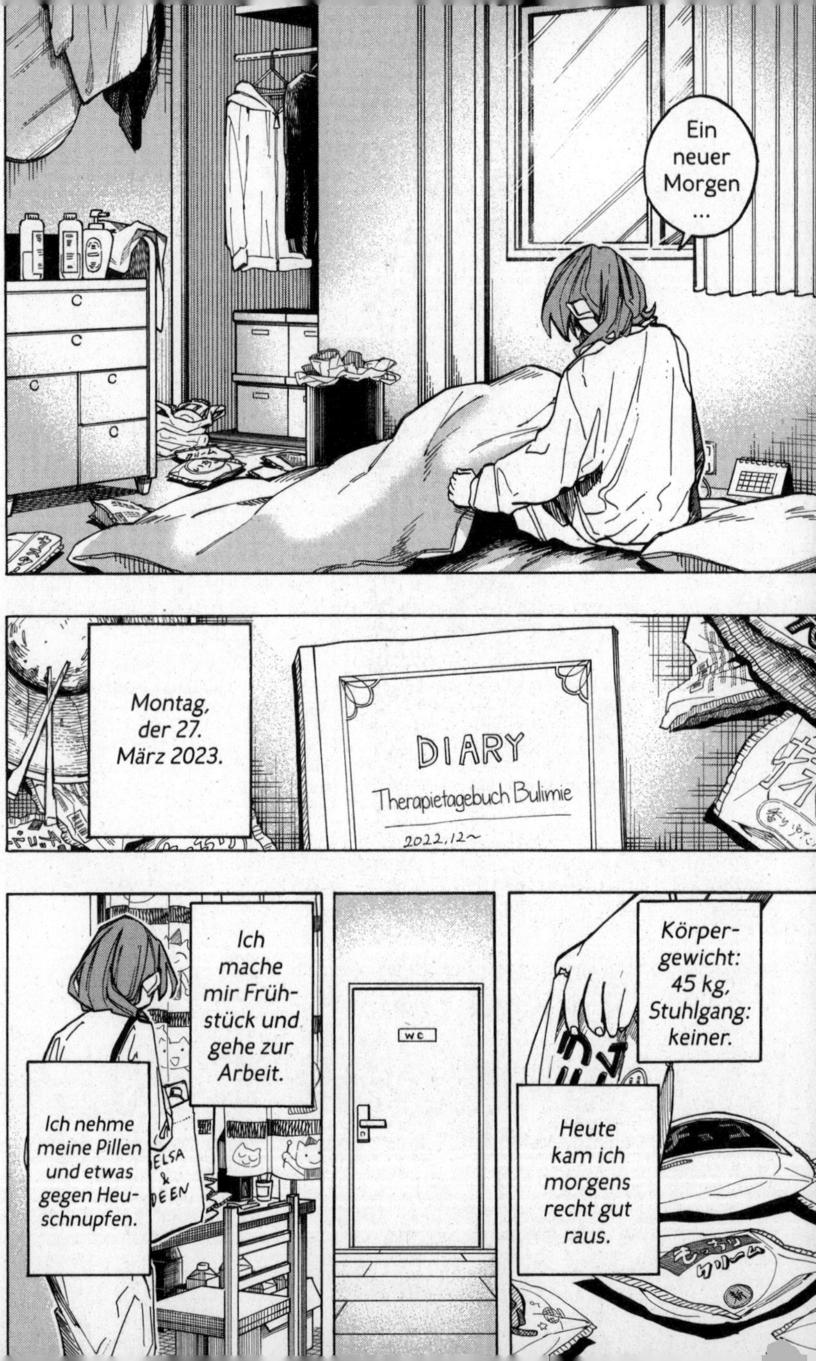
Ein neuer Morgen …
Montag, der 27. März 2023.
DIARY
Therapietagebuch Bulimie
2022,12~
Körpergewicht: 45 kg, Stuhlgang: keiner.
Heute kam ich morgens recht gut raus.
WC
Ich mache mir Frühstück und gehe zur Arbeit.
Ich nehme meine Pillen und etwas gegen Heuschnupfen.
ELSA & DEEN

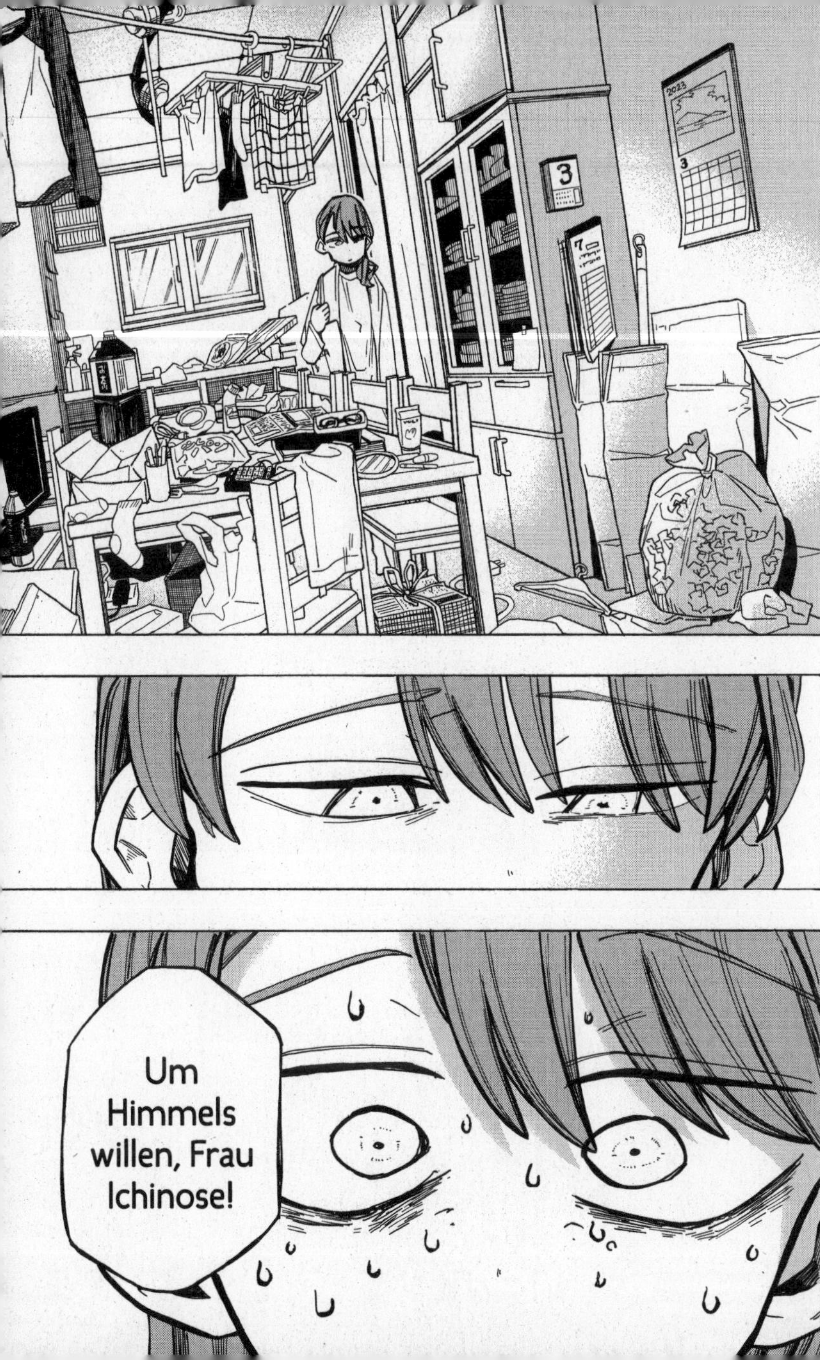
Um Himmels willen, Frau Ichinose!

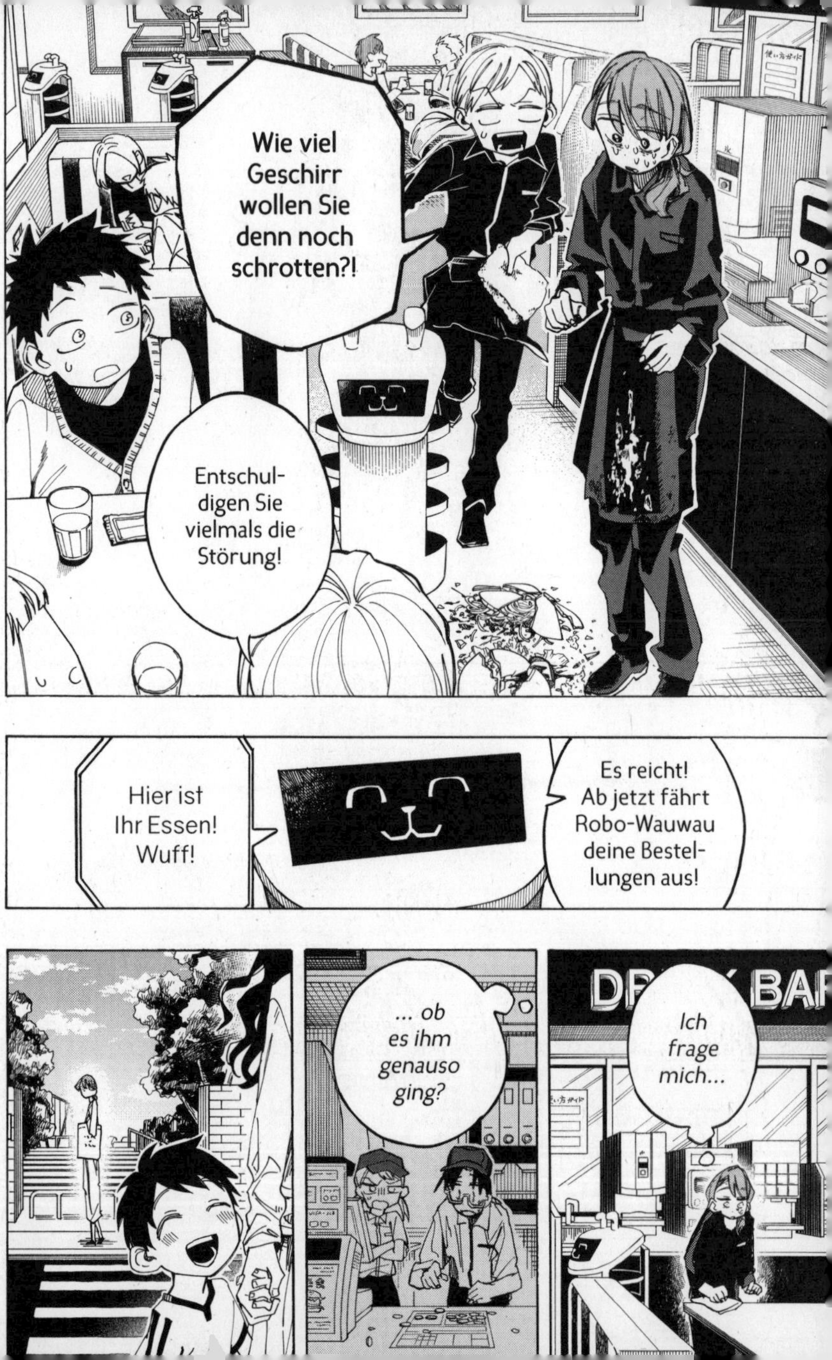
Wie viel Geschirr wollen Sie denn noch schrotten?!
Entschuldigen Sie vielmals die Störung!
Es reicht! Ab jetzt fährt Robo-Wauwau deine Bestellungen aus!
Hier ist Ihr Essen! Wuff!
Ich frage mich...
... ob es ihm genauso ging?

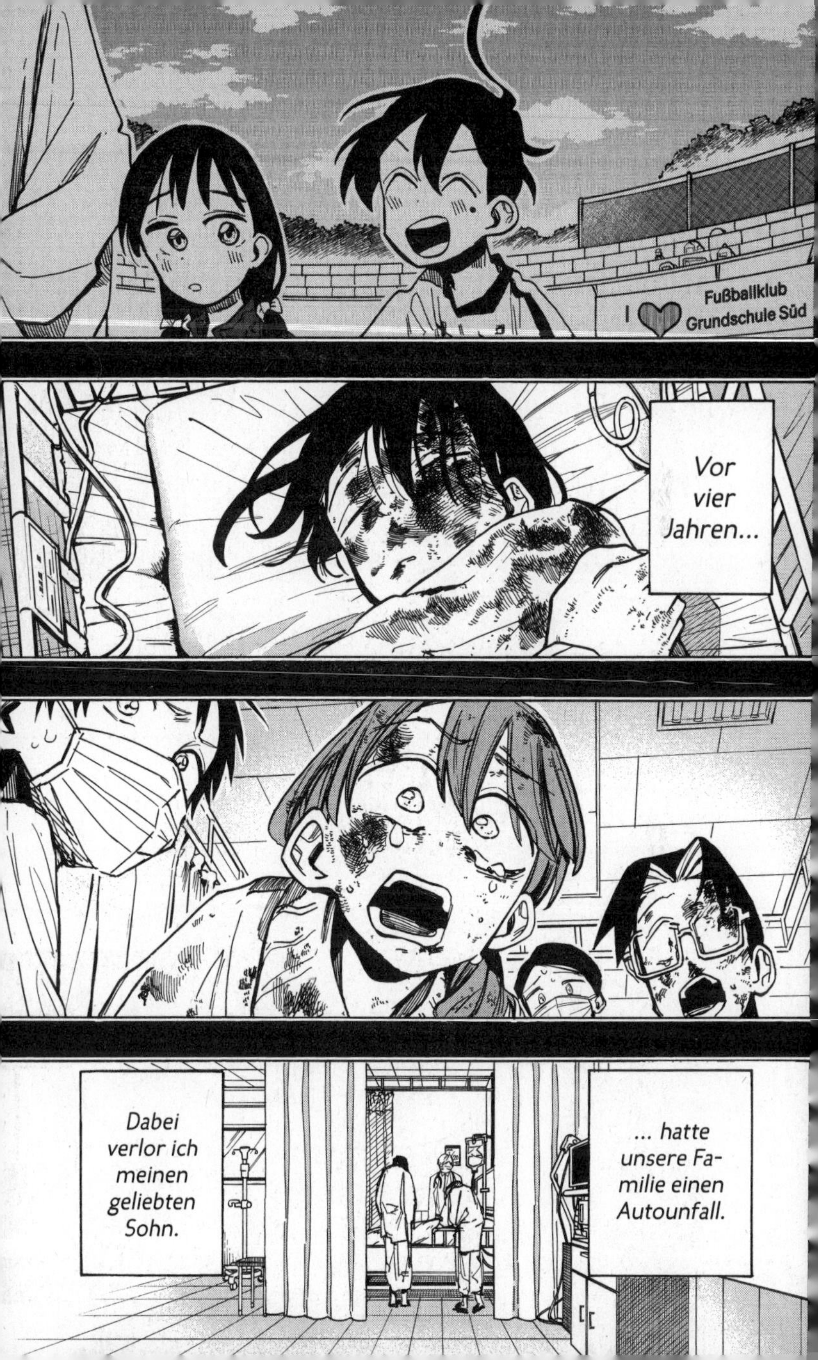
Fußballklub
I ♥ Grundschule Süd
Vor vier Jahren...
... hatte unsere Familie einen Autounfall.
Dabei verlor ich meinen geliebten Sohn.

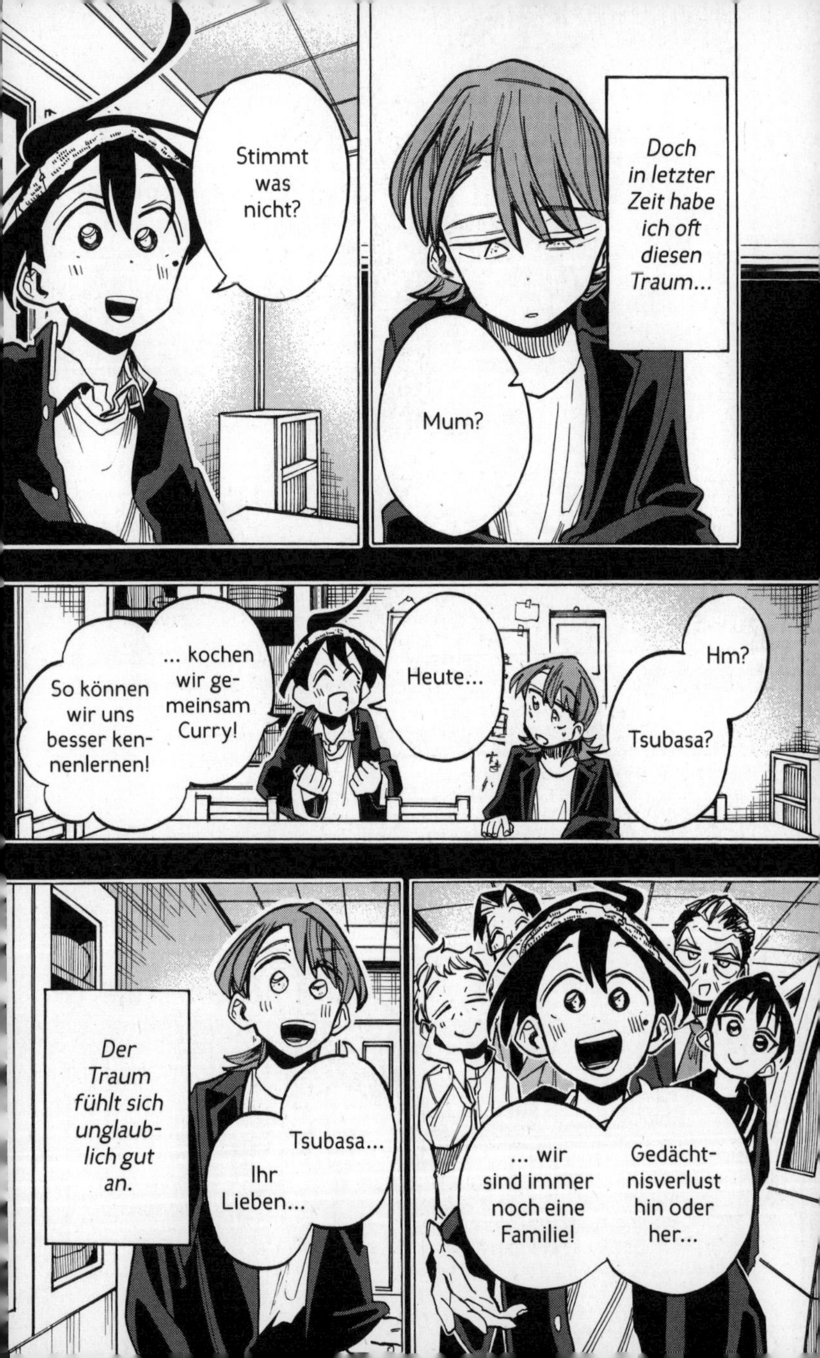
Doch in letzter Zeit habe ich oft diesen Traum…
Mum?
Stimmt was nicht?
Hm? Tsubasa?
Heute…
… kochen wir gemeinsam Curry!
So können wir uns besser kennenlernen!
Gedächtnisverlust hin oder her…
… wir sind immer noch eine Familie!
Tsubasa…
Ihr Lieben…
Der Traum fühlt sich unglaublich gut an.

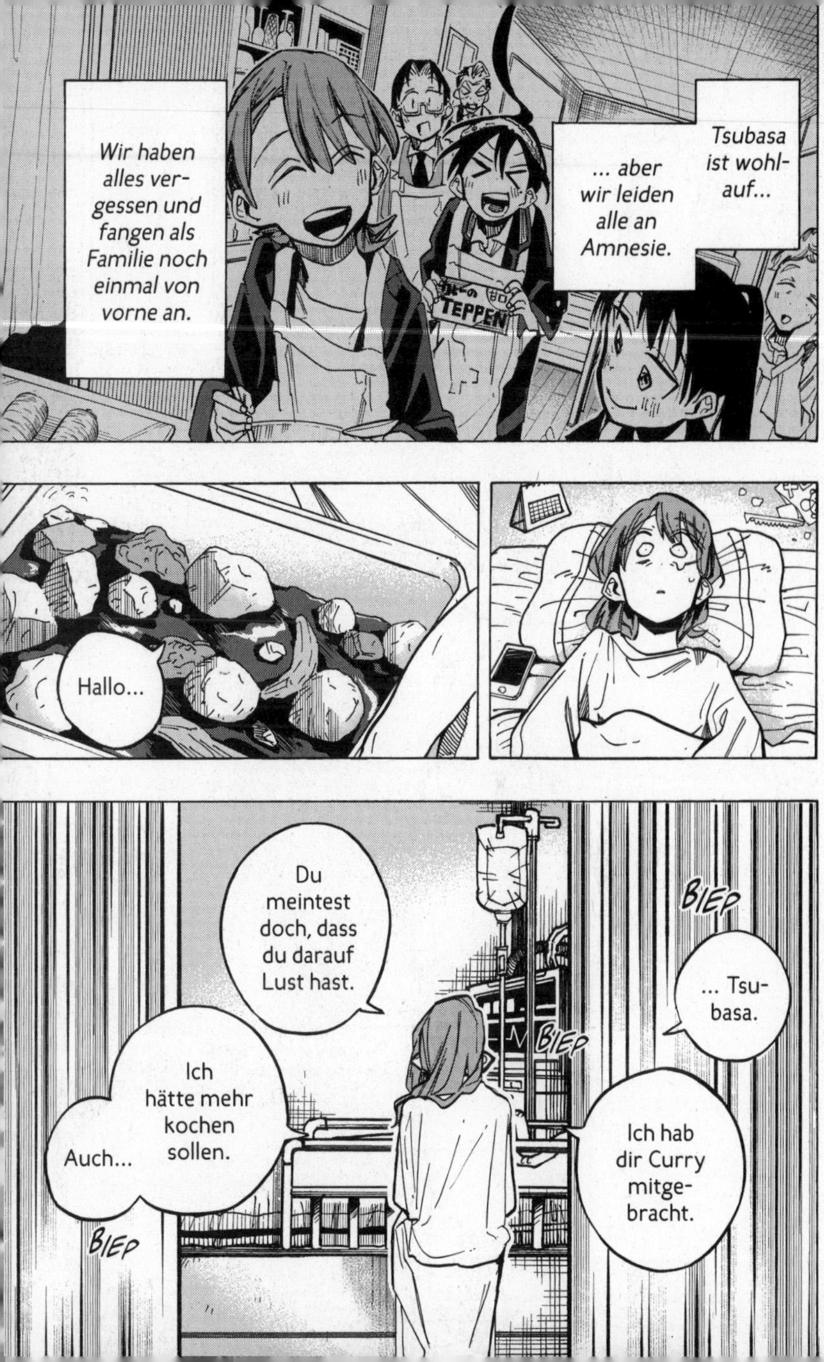
Tsubasa ist wohlauf...
... aber wir leiden alle an Amnesie.
Wir haben alles vergessen und fangen als Familie noch einmal von vorne an.
TEPPEN
Hallo...
BIEP
... Tsubasa.
BIEP
Ich hab dir Curry mitgebracht.
Du meintest doch, dass du darauf Lust hast.
Ich hätte mehr kochen sollen.
Auch...
BIEP

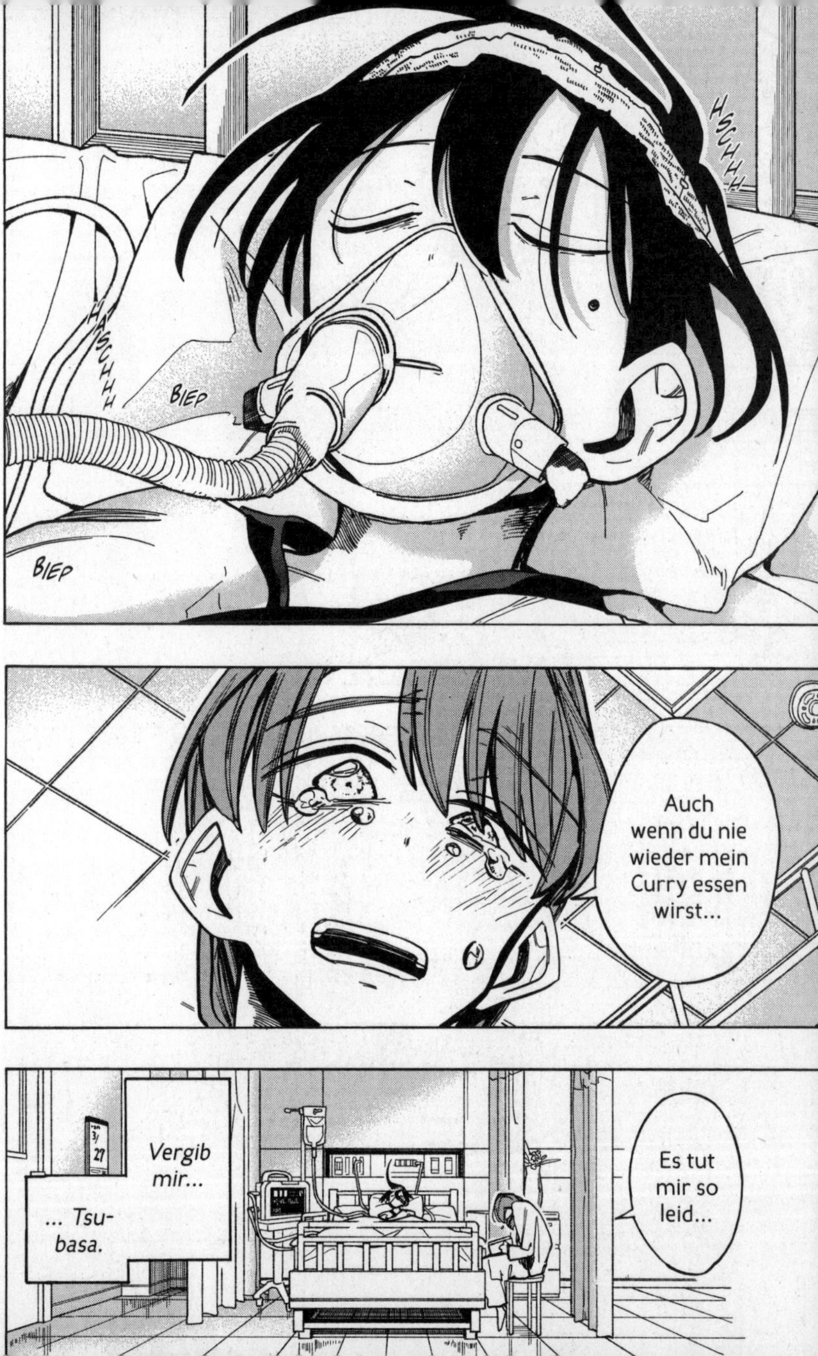
HSCHHH
HASCHHH
BIEP
BIEP
Auch wenn du nie wieder mein Curry essen wirst...
Es tut mir so leid...
Vergib mir...
... Tsu-basa.
3/27

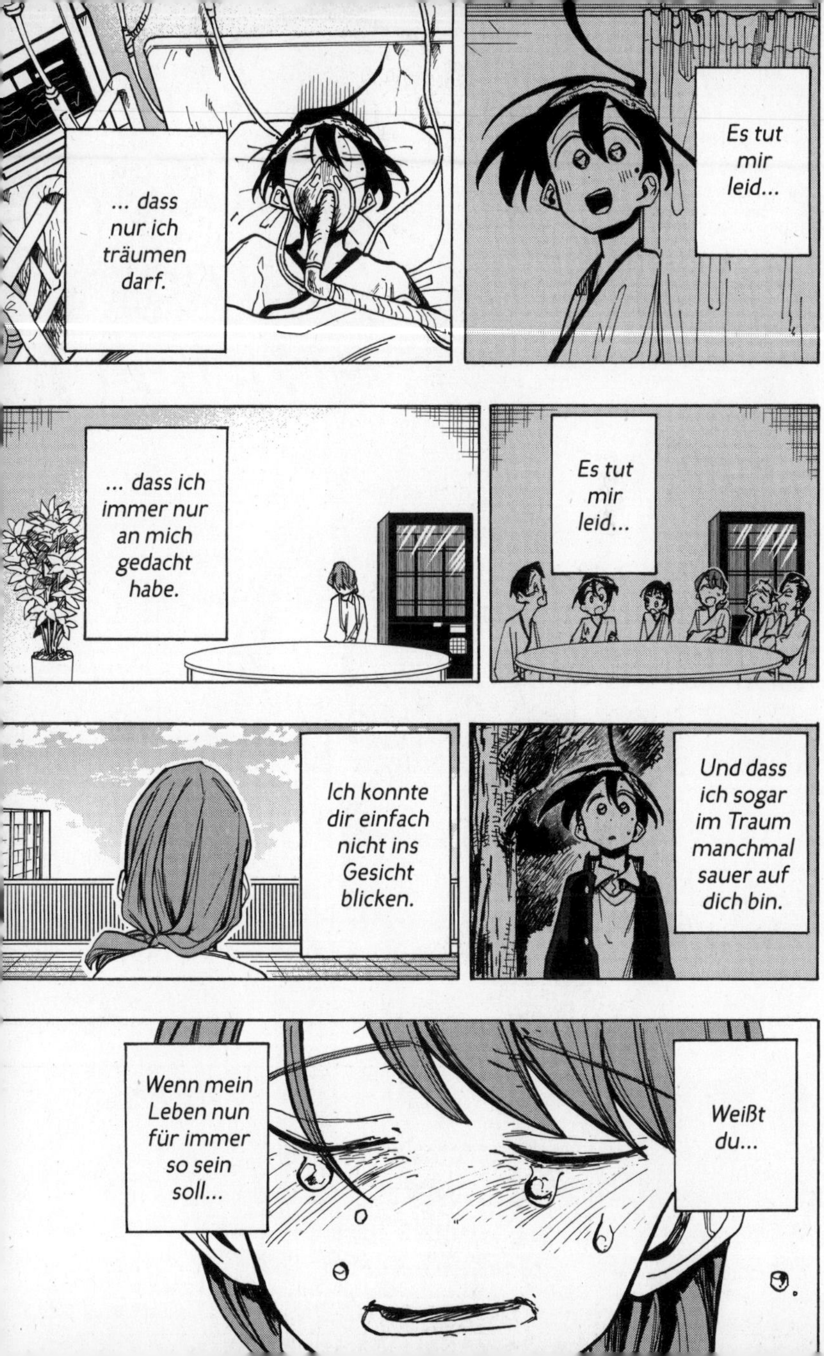
Es tut mir leid...
... dass nur ich träumen darf.
Es tut mir leid...
... dass ich immer nur an mich gedacht habe.
Und dass ich sogar im Traum manchmal sauer auf dich bin.
Ich konnte dir einfach nicht ins Gesicht blicken.
Weißt du...
Wenn mein Leben nun für immer so sein soll...

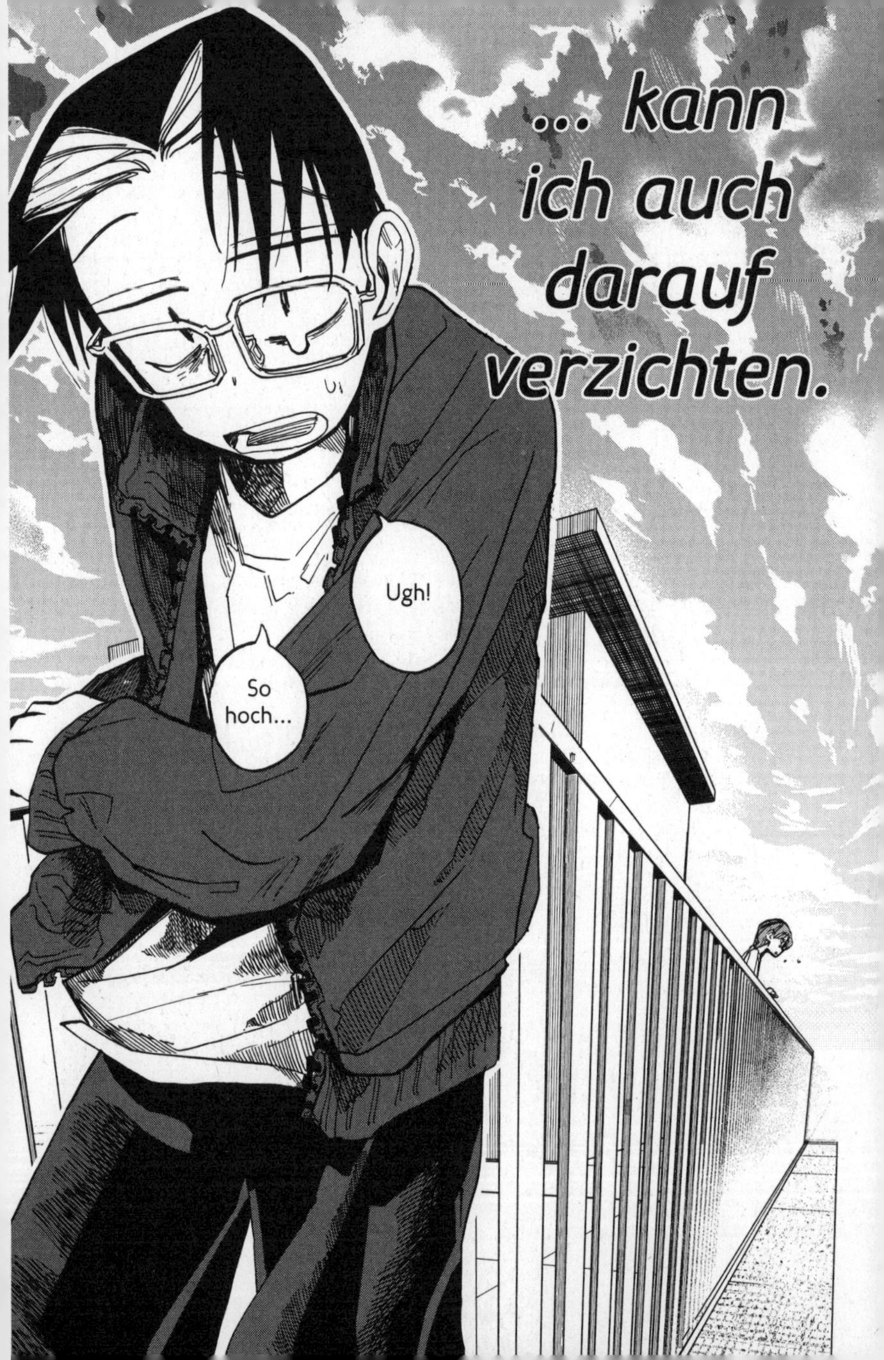
... kann ich auch darauf verzichten.
Ugh!
So hoch...

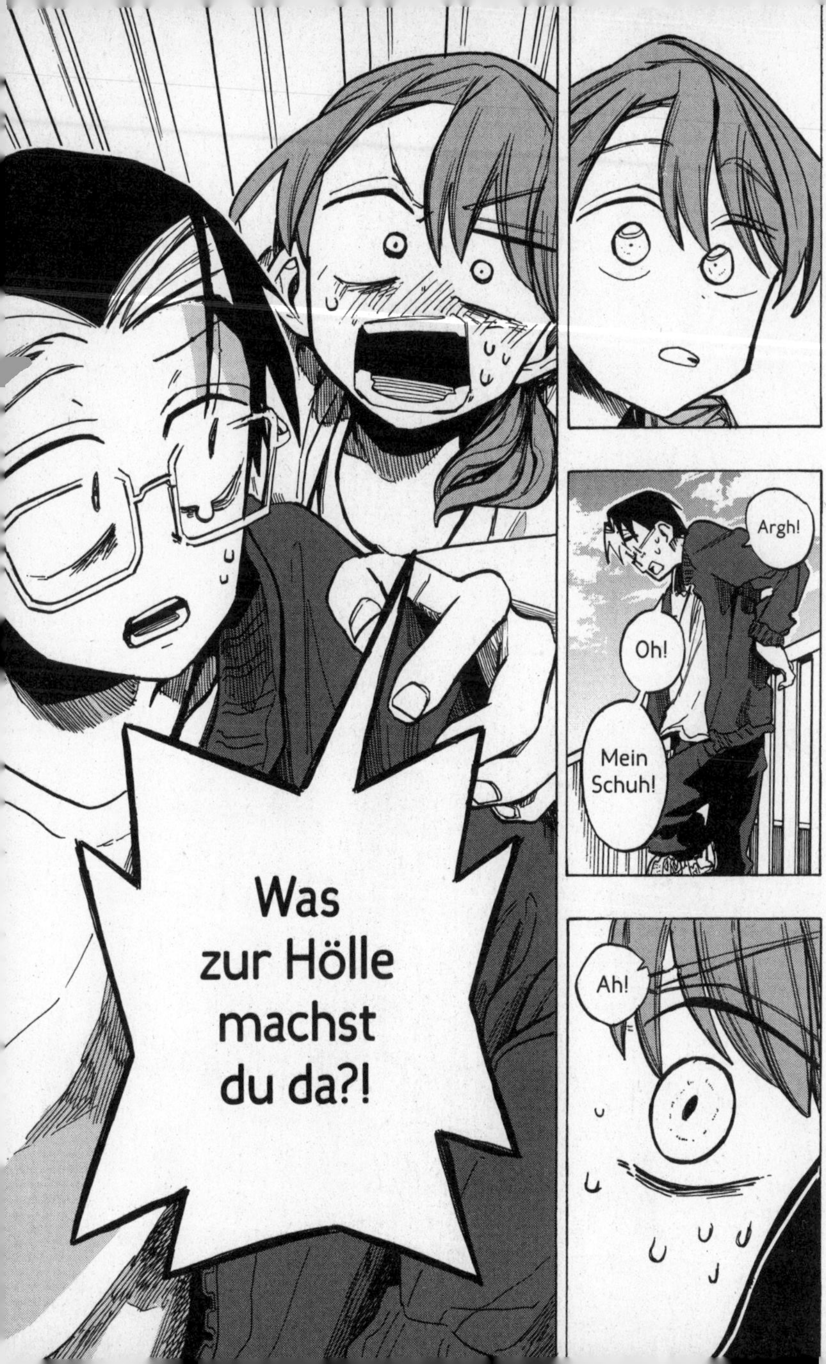
Was zur Hölle machst du da?!
Argh!
Oh!
Mein Schuh!
Ah!

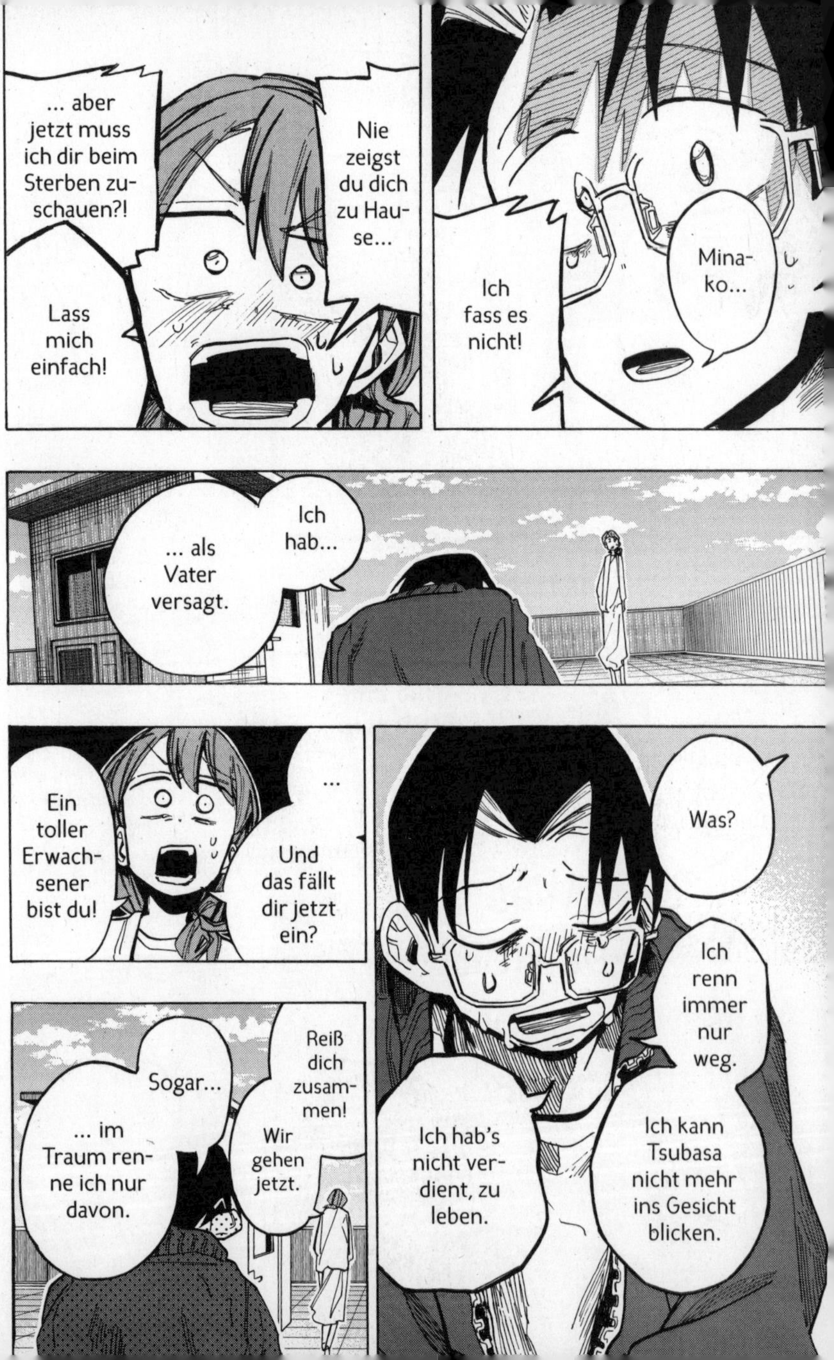
Mina-ko…
Ich fass es nicht!
Nie zeigst du dich zu Hause…
… aber jetzt muss ich dir beim Sterben zuschauen?!
Lass mich einfach!
Ich hab…
… als Vater versagt.
Was?
Ich renn immer nur weg.
Ich kann Tsubasa nicht mehr ins Gesicht blicken.
Ich hab's nicht verdient, zu leben.
…
Und das fällt dir jetzt ein?
Ein toller Erwachsener bist du!
Reiß dich zusammen!
Wir gehen jetzt.
Sogar…
… im Traum renne ich nur davon.

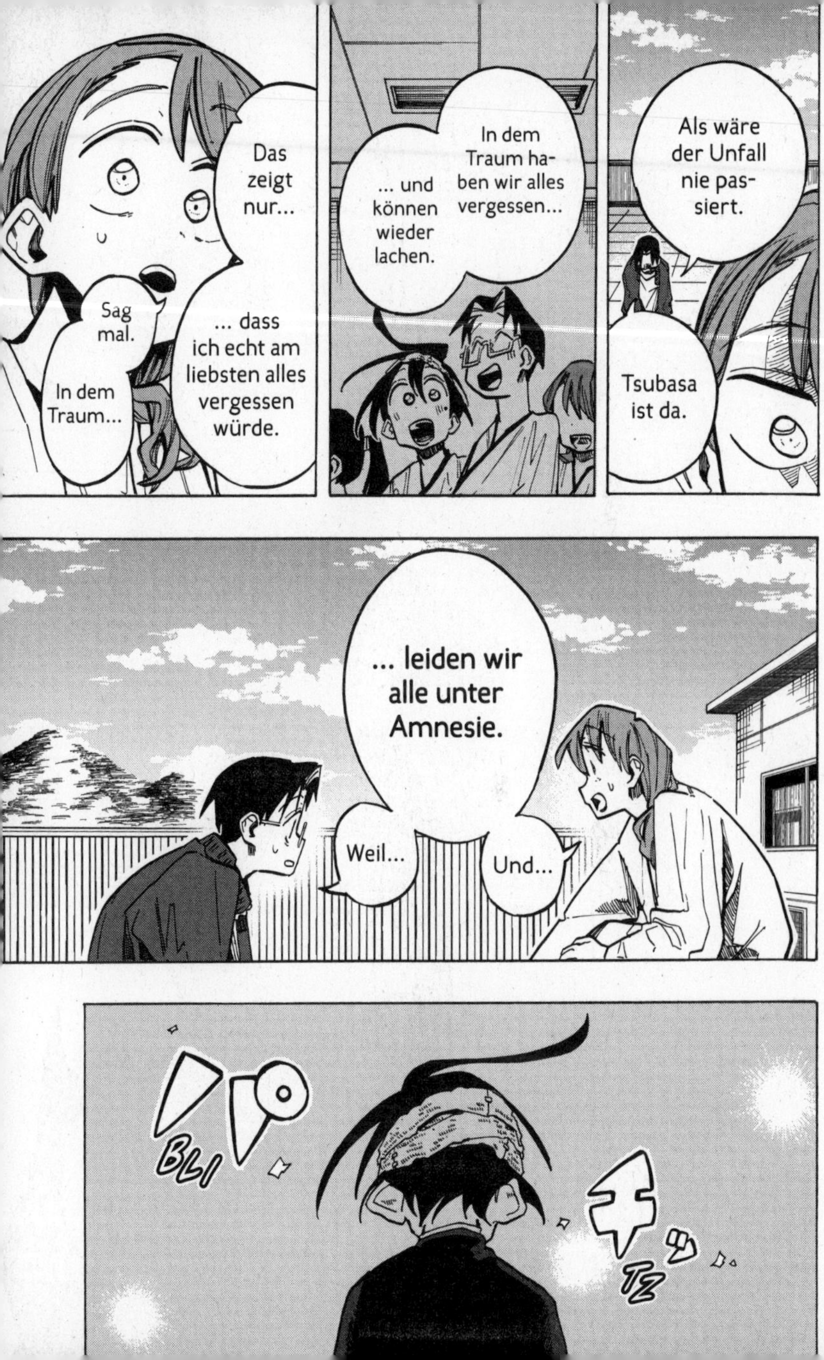
Als wäre der Unfall nie pas-siert.
Tsubasa ist da.
In dem Traum ha-ben wir alles vergessen...
... und können wieder lachen.
Das zeigt nur...
... dass ich echt am liebsten alles vergessen würde.
Sag mal.
In dem Traum...
Und...
... leiden wir alle unter Amnesie.
Weil...
BLI
TZ

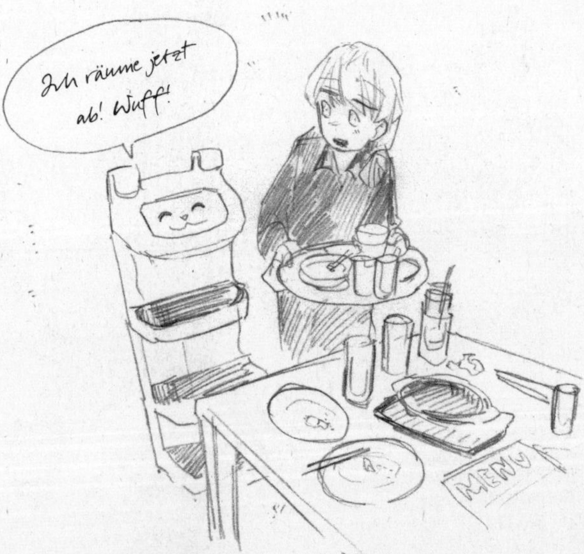
Ich räume jetzt ab! Wuff!

Kapitel 19: Minakos Aufholjagd

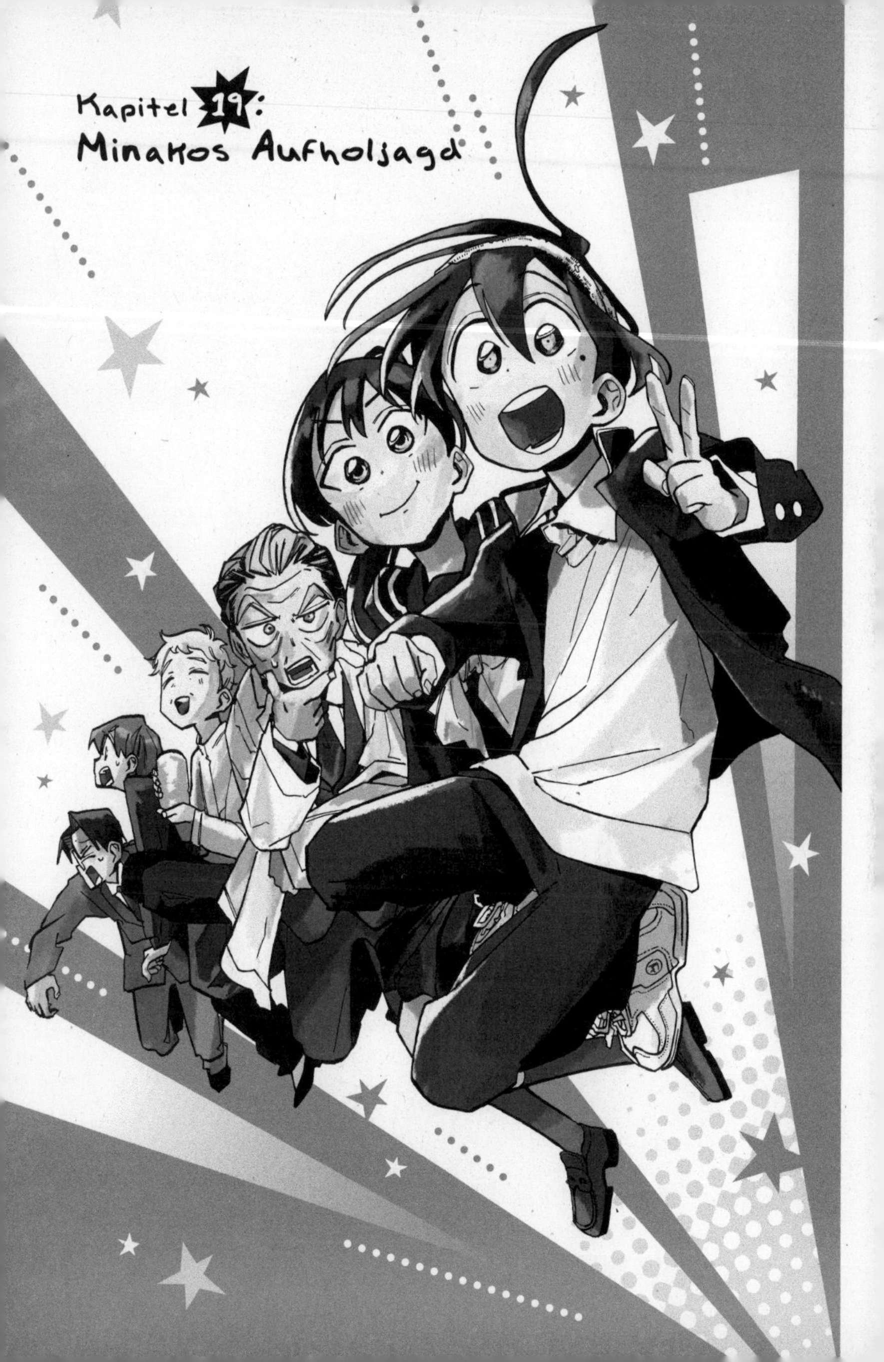

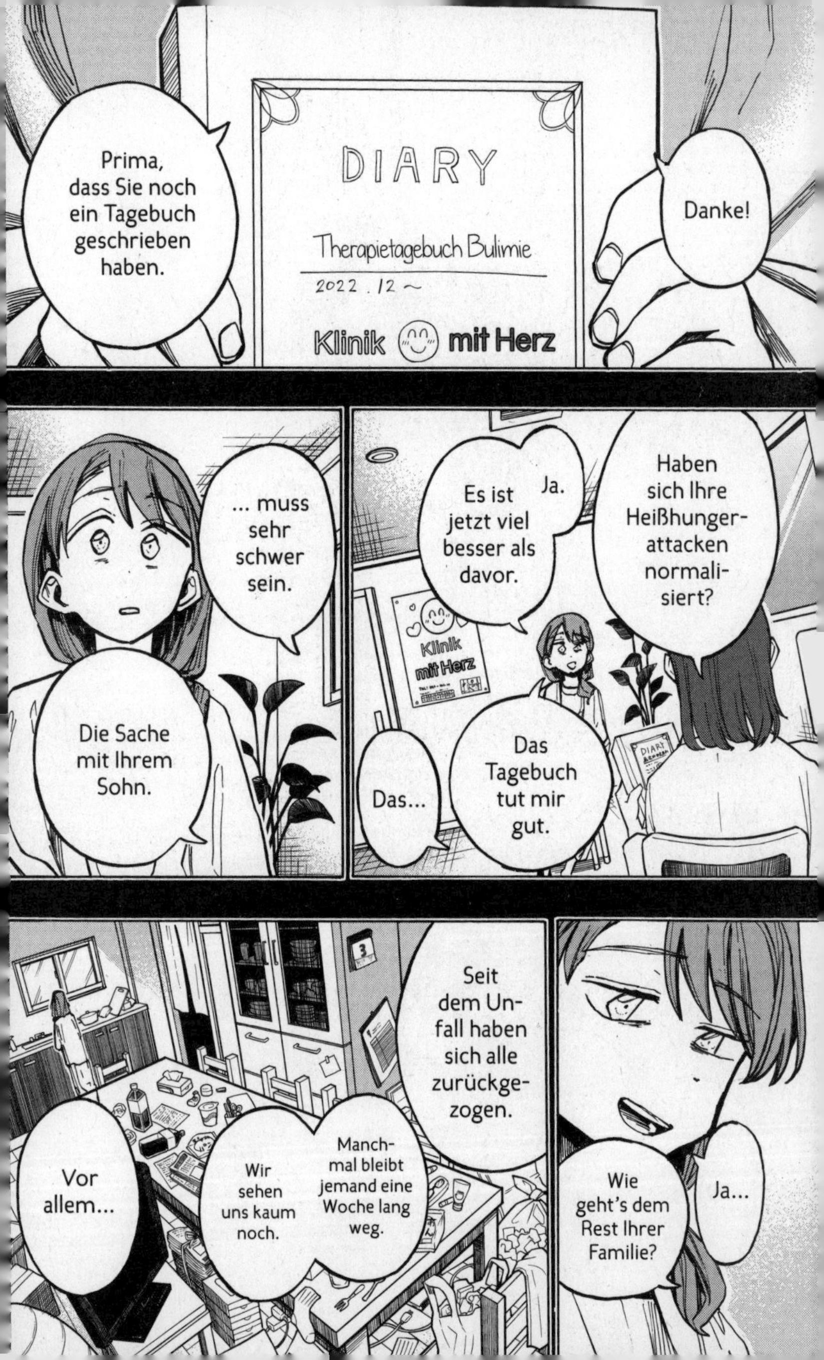
Prima, dass Sie noch ein Tagebuch geschrieben haben.
DIARY
Therapietagebuch Bulimie
2022.12~
Klinik mit Herz
Danke!
Haben sich Ihre Heißhunger-attacken normali-siert?
Ja.
Es ist jetzt viel besser als davor.
Klinik mit Herz
DIARY
Das Tagebuch tut mir gut.
Das...
... muss sehr schwer sein.
Die Sache mit Ihrem Sohn.
Wie geht's dem Rest Ihrer Familie?
Ja...
Seit dem Un-fall haben sich alle zurückge-zogen.
3
Manch-mal bleibt jemand eine Woche lang weg.
Wir sehen uns kaum noch.
Vor allem...

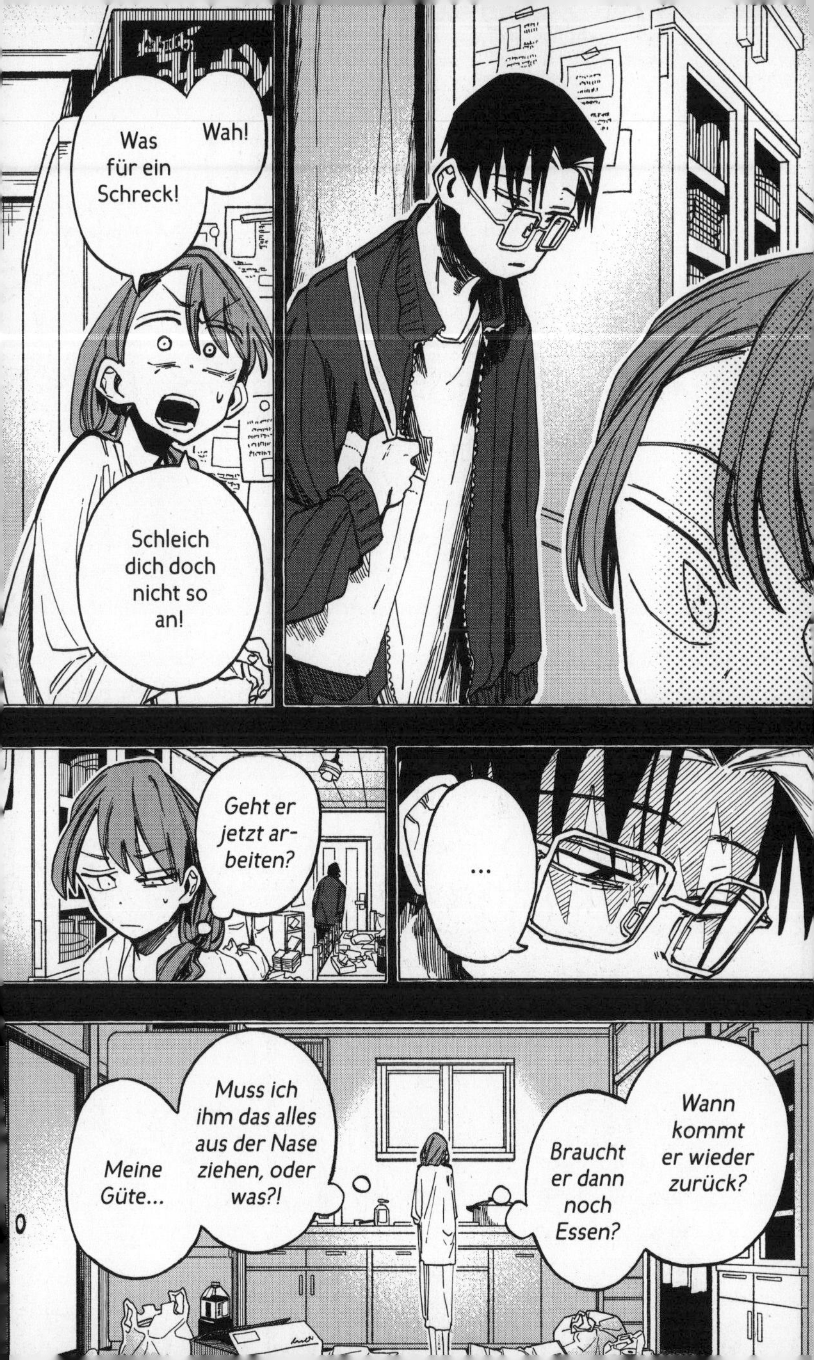
Wah!
Was für ein Schreck!
Schleich dich doch nicht so an!
...
Geht er jetzt arbeiten?
Wann kommt er wieder zurück?
Braucht er dann noch Essen?
Muss ich ihm das alles aus der Nase ziehen, oder was?!
Meine Güte...

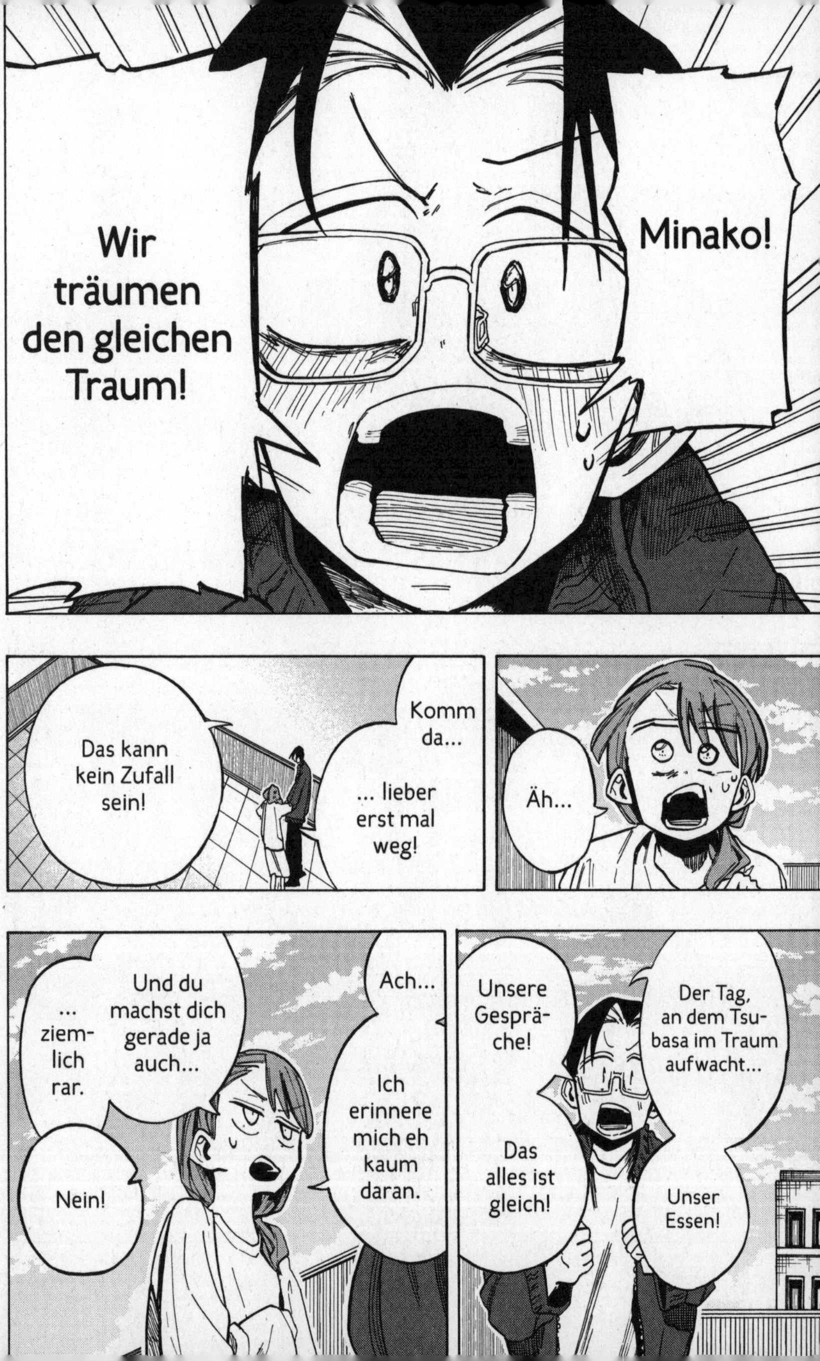

Minako!
Wir träumen den gleichen Traum!
Äh…
Komm da…
… lieber erst mal weg!
Das kann kein Zufall sein!
Der Tag, an dem Tsubasa im Traum aufwacht…
Unsere Gespräche!
Unser Essen!
Das alles ist gleich!
Ach…
Ich erinnere mich eh kaum daran.
Und du machst dich gerade ja auch…
… ziemlich rar.
Nein!

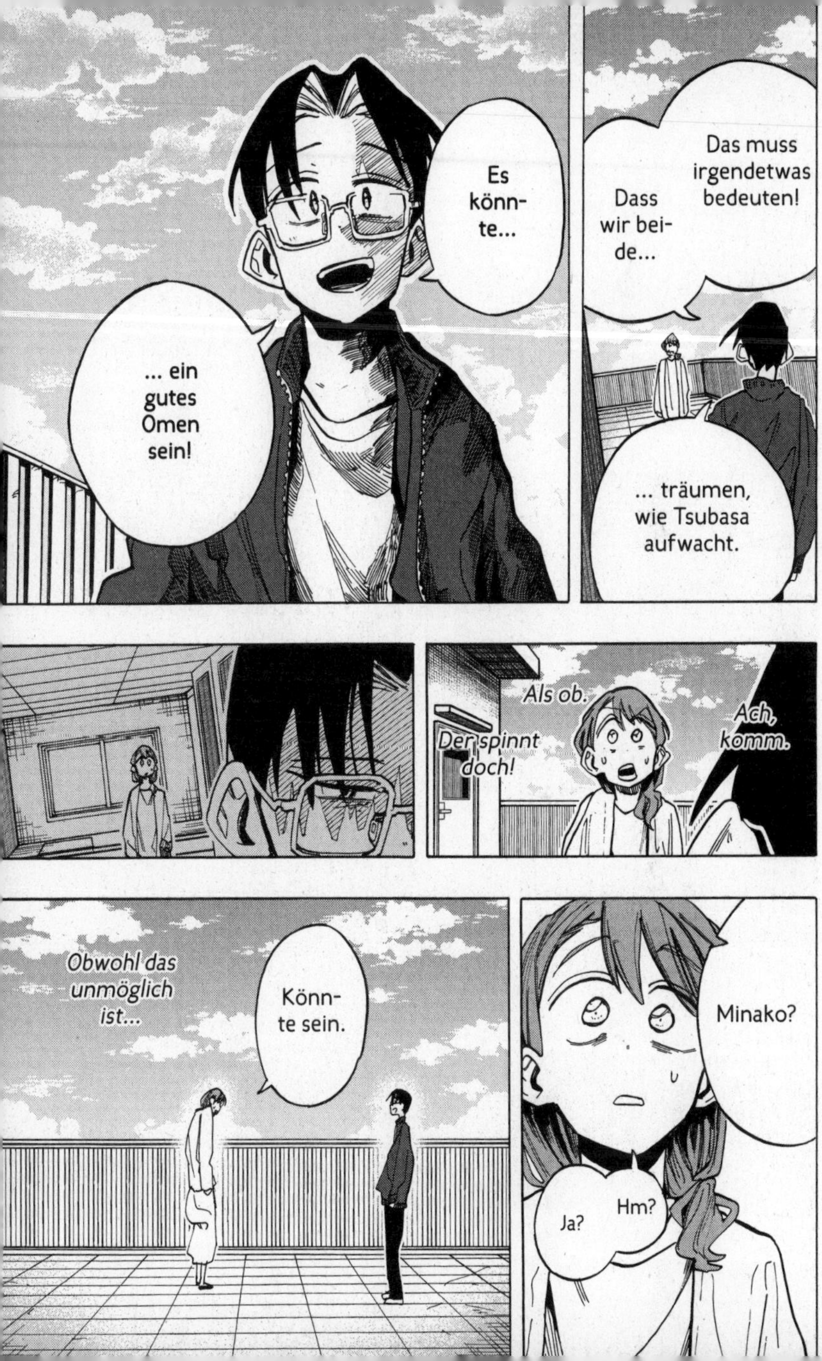
Dass wir beide...
... träumen, wie Tsubasa aufwacht.
Das muss irgendetwas bedeuten!
Es könnte...
... ein gutes Omen sein!
Ach, komm.
Als ob.
Der spinnt doch!
Minako?
Hm?
Ja?
Könnte sein.
Obwohl das unmöglich ist...

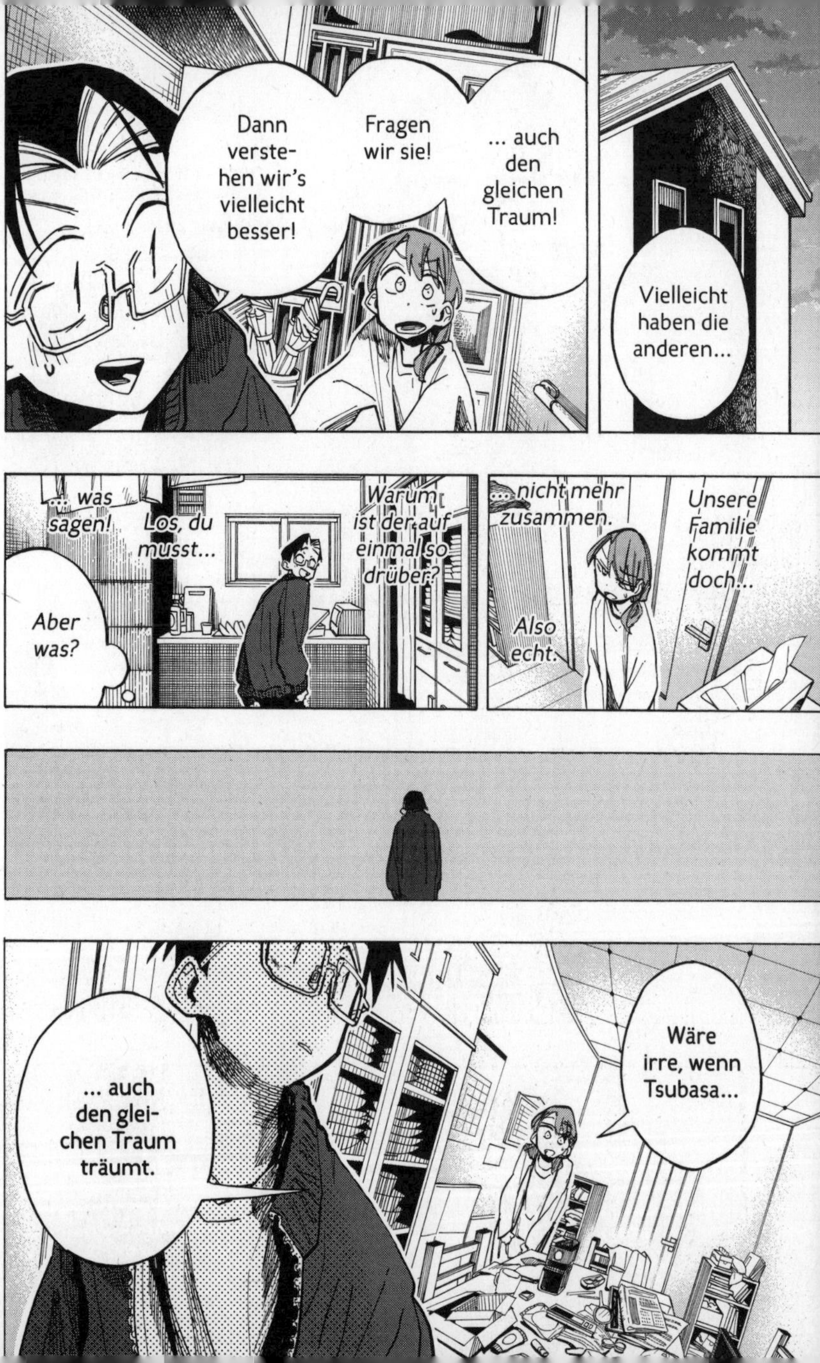
Vielleicht haben die anderen...
... auch den gleichen Traum!
Fragen wir sie!
Dann verstehen wir's vielleicht besser!
Unsere Familie kommt doch...
... nicht mehr zusammen.
Also echt.
Warum ist der auf einmal so drüber?
Los, du musst...
... was sagen!
Aber was?
Wäre irre, wenn Tsubasa...
... auch den gleichen Traum träumt.

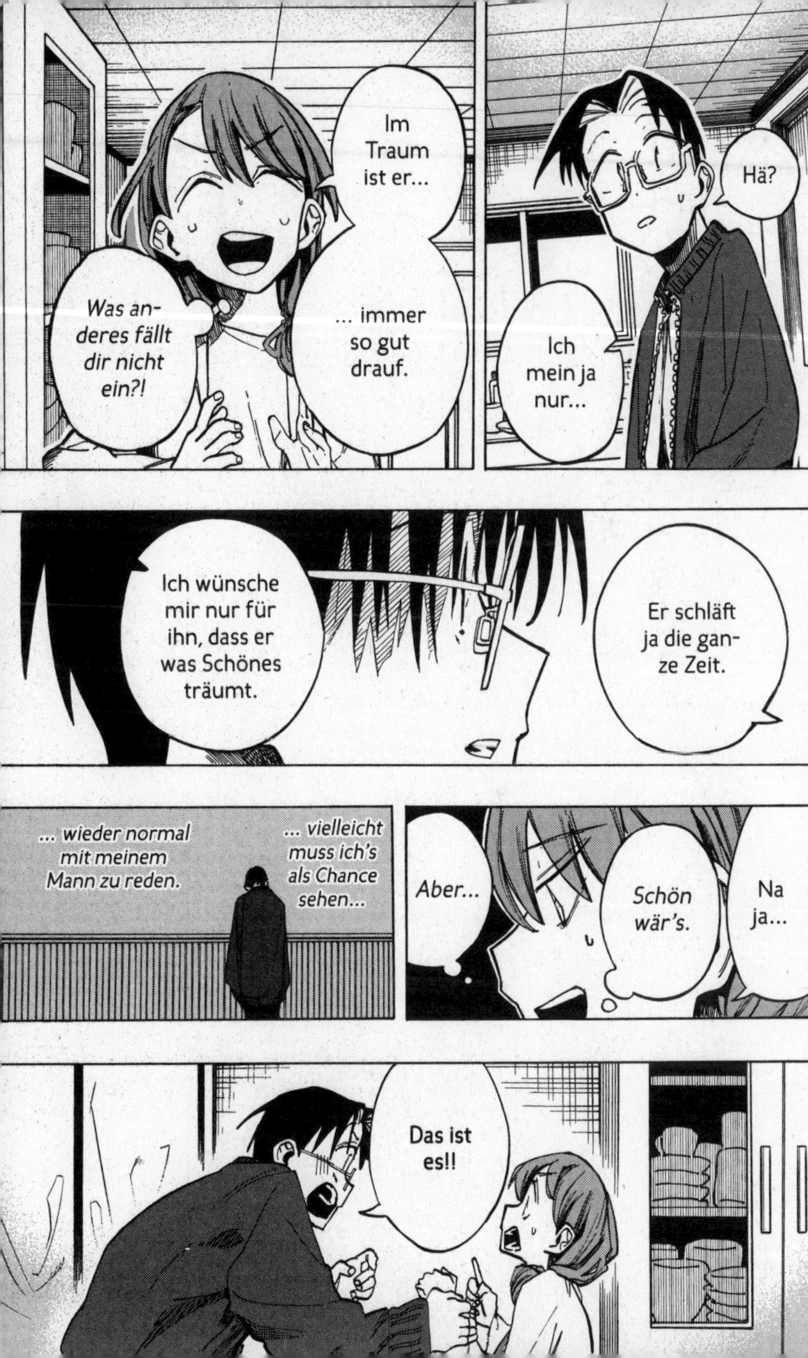
Hä?
Ich mein ja nur...
Im Traum ist er...
... immer so gut drauf.
Was anderes fällt dir nicht ein?!
Er schläft ja die ganze Zeit.
Ich wünsche mir nur für ihn, dass er was Schönes träumt.
Na ja...
Schön wär's.
Aber...
... vielleicht muss ich's als Chance sehen...
... wieder normal mit meinem Mann zu reden.
Das ist es!!

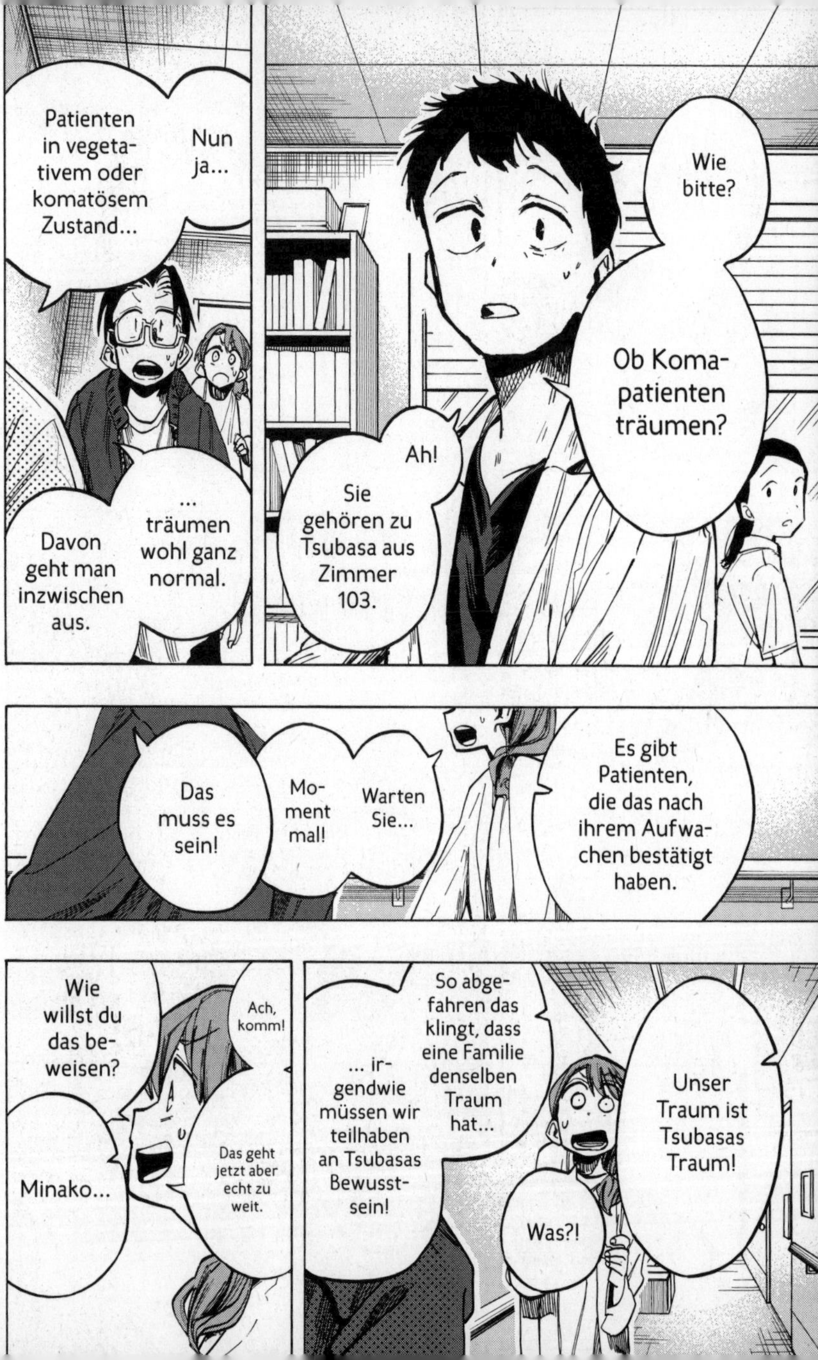

Wie bitte?
Ob Komapatienten träumen?
Ah!
Sie gehören zu Tsubasa aus Zimmer 103.
Nun ja...
Patienten in vegetativem oder komatösem Zustand...
... träumen wohl ganz normal.
Davon geht man inzwischen aus.
Es gibt Patienten, die das nach ihrem Aufwachen bestätigt haben.
Warten Sie...
Moment mal!
Das muss es sein!
Unser Traum ist Tsubasas Traum!
Was?!
So abgefahren das klingt, dass eine Familie denselben Traum hat...
... irgendwie müssen wir teilhaben an Tsubasas Bewusstsein!
Ach, komm!
Wie willst du das beweisen?
Das geht jetzt aber echt zu weit.
Minako...

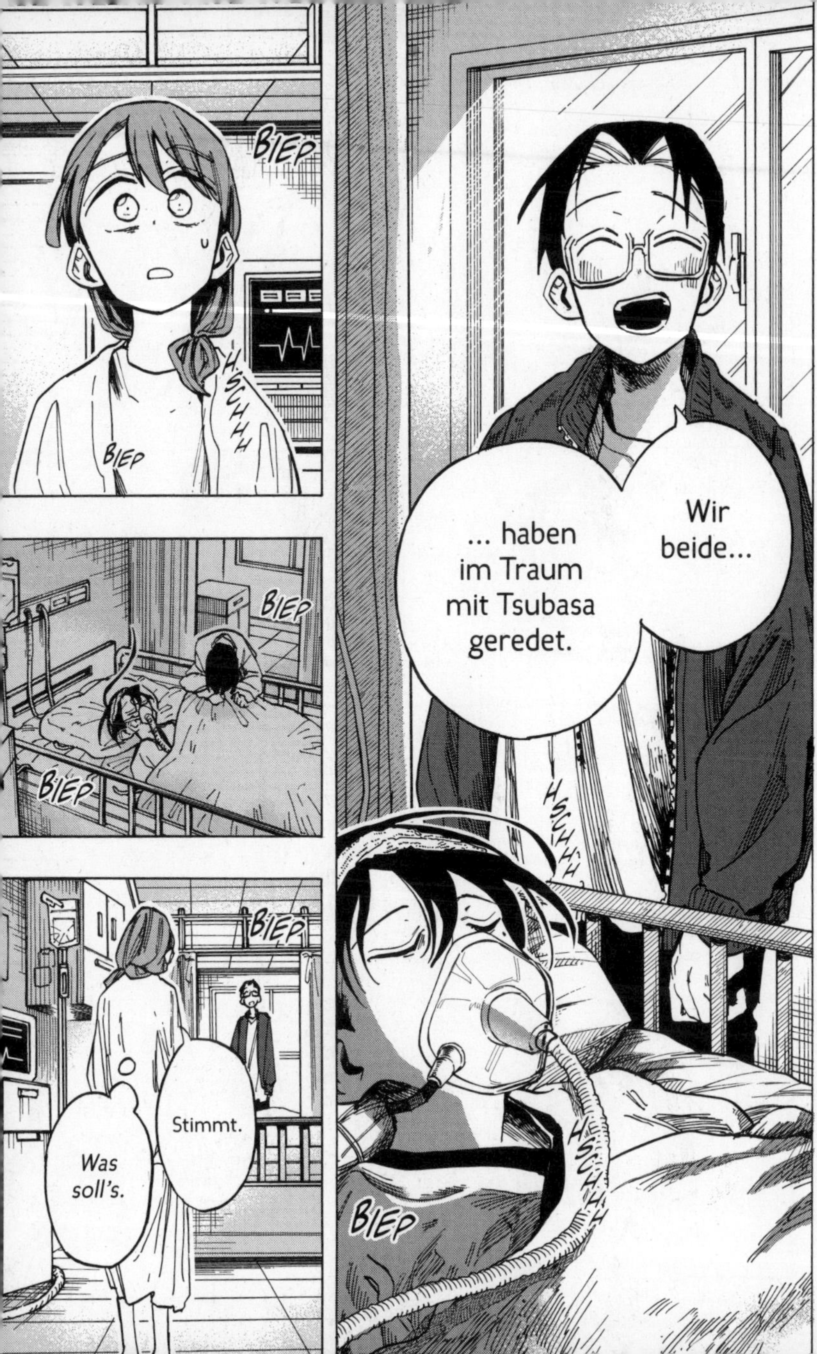
Wir beide...
... haben im Traum mit Tsubasa geredet.
HSCHHH
HSCHHH
BIEP
BIEP
HSCHHH
BIEP
BIEP
BIEP
BIEP
Stimmt.
Was soll's.

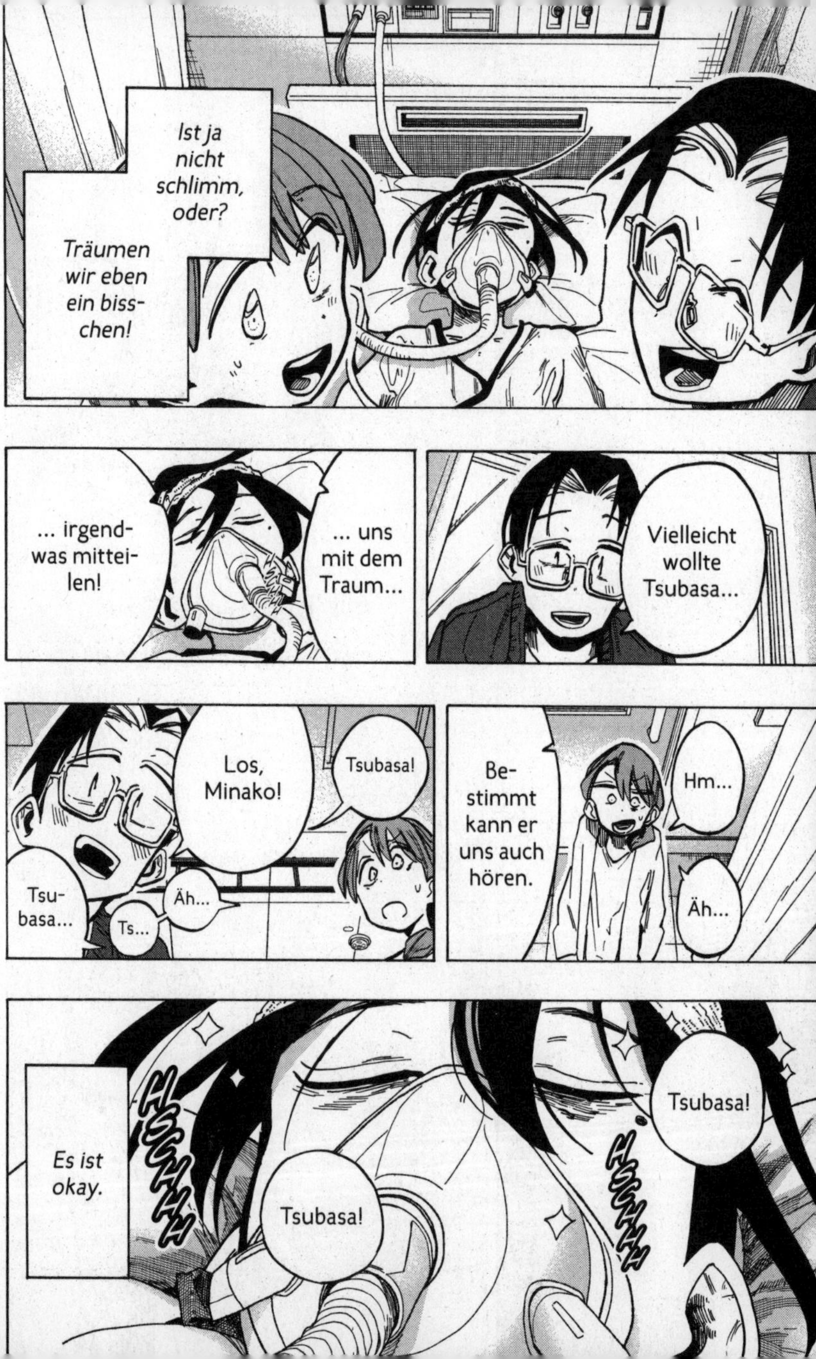
Ist ja nicht schlimm, oder?
Träumen wir eben ein bisschen!
Vielleicht wollte Tsubasa...
... uns mit dem Traum...
... irgend-was mittei-len!
Hm...
Äh...
Be-stimmt kann er uns auch hören.
Tsubasa!
Los, Minako!
Äh...
Tsu-basa...
Ts...
Tsubasa!
Tsubasa!
Es ist okay.

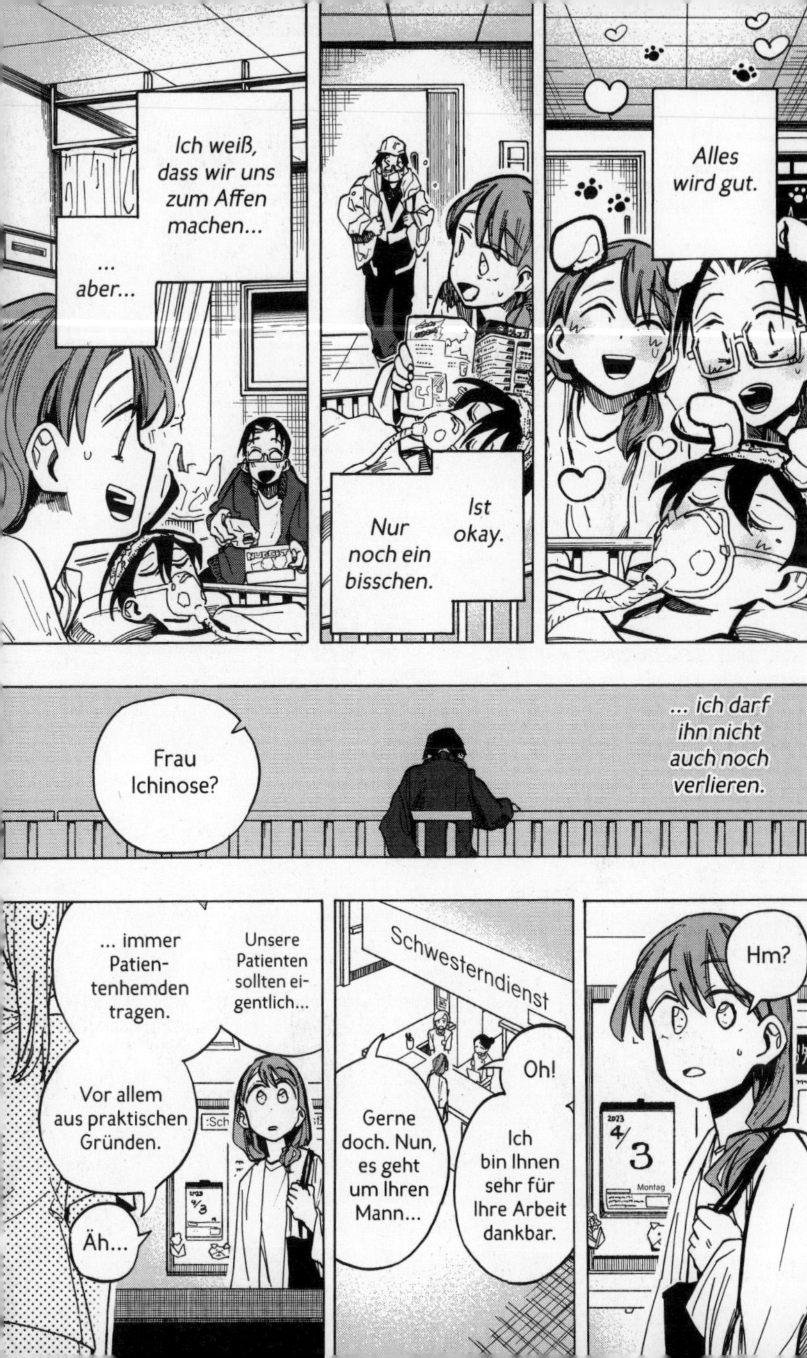
Alles wird gut.
Ist okay.
Nur noch ein bisschen.
Ich weiß, dass wir uns zum Affen machen…
… aber…
… ich darf ihn nicht auch noch verlieren.
Frau Ichinose?
Hm?
Schwesterndienst
Oh!
Ich bin Ihnen sehr für Ihre Arbeit dankbar.
Gerne doch. Nun, es geht um Ihren Mann…
Unsere Patienten sollten eigentlich…
… immer Patientenhemden tragen.
Vor allem aus praktischen Gründen.
Äh…
2023
4/3
Montag

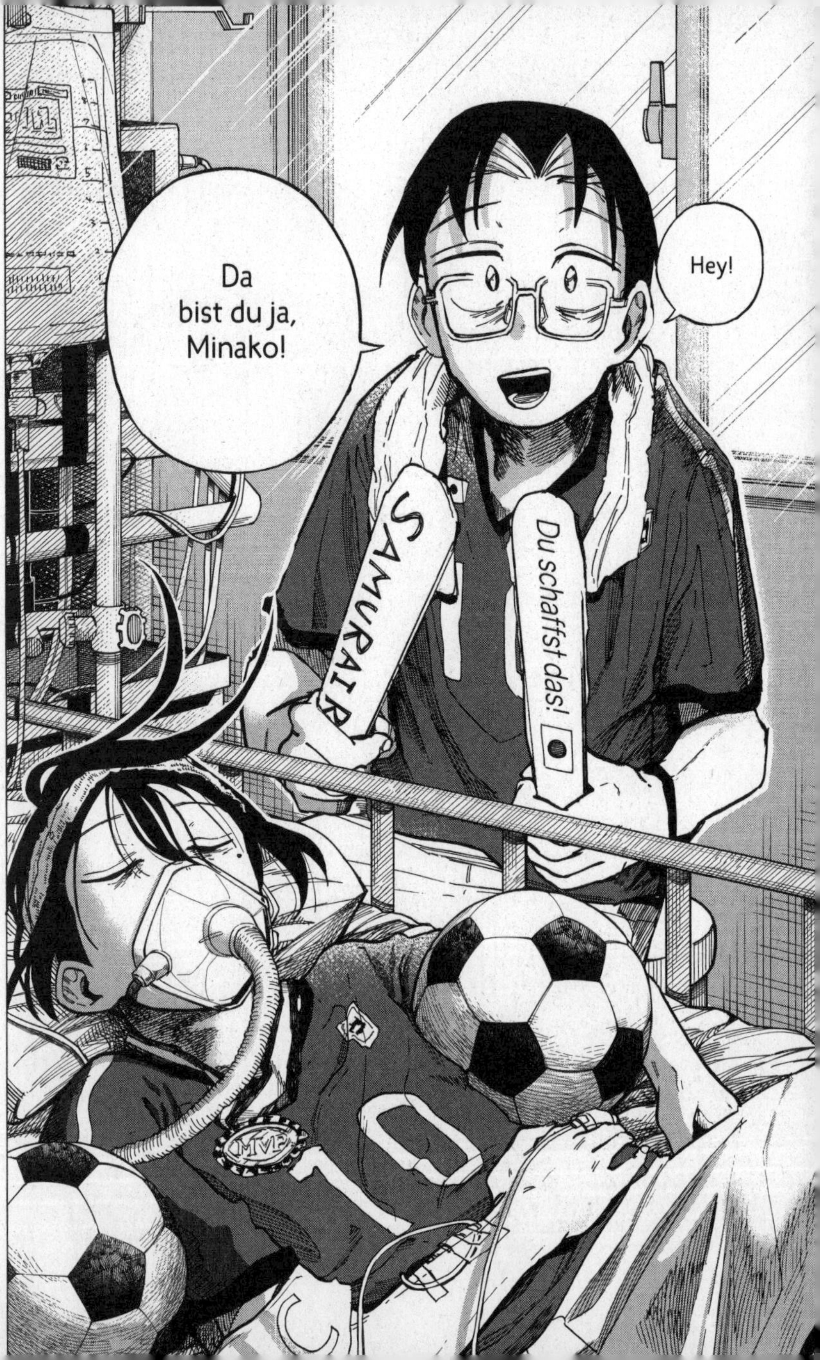
Hey!
Da bist du ja, Minako!
Du schaffst das!
SAMURAI

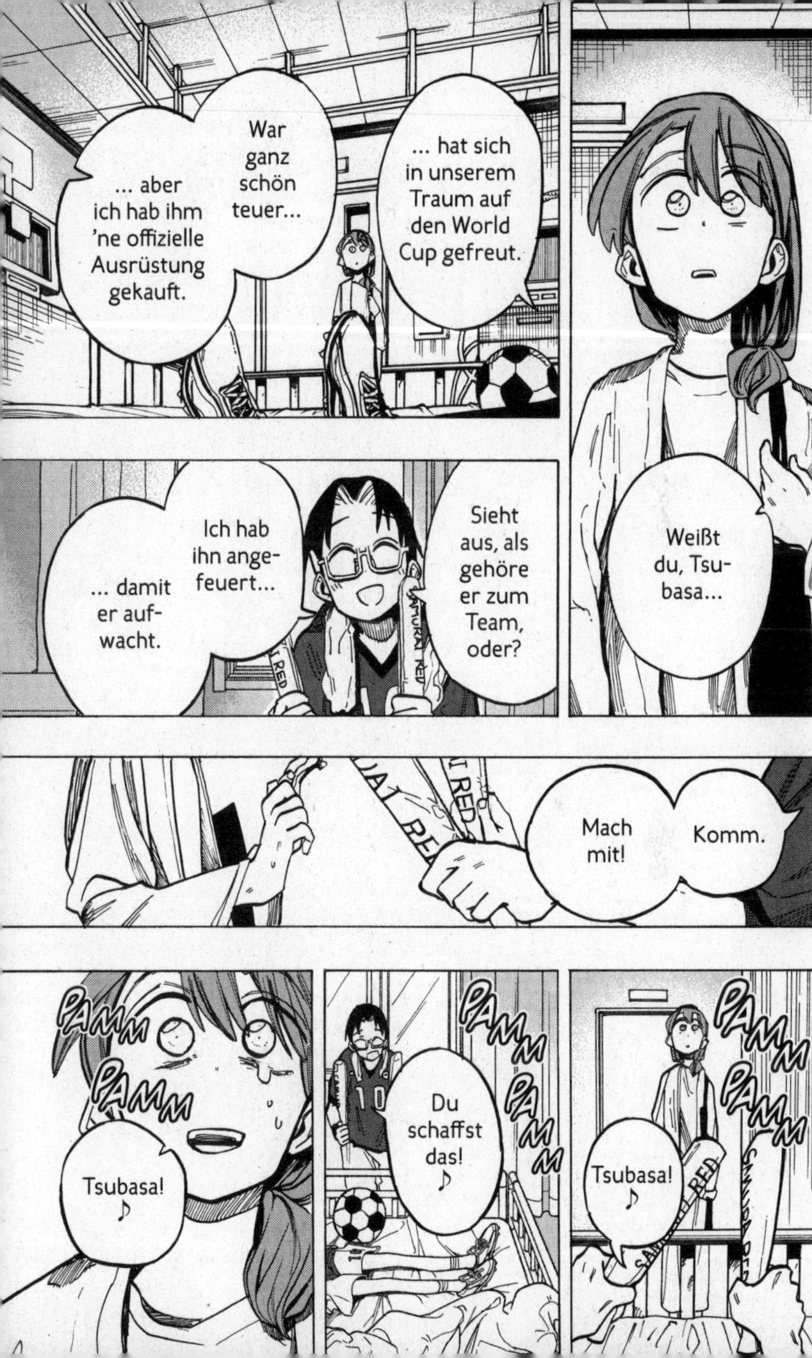
Weißt du, Tsubasa...
... hat sich in unserem Traum auf den World Cup gefreut.
War ganz schön teuer...
... aber ich hab ihm ’ne offizielle Ausrüstung gekauft.
Sieht aus, als gehöre er zum Team, oder?
Ich hab ihn angefeuert...
... damit er aufwacht.
Komm.
Mach mit!
PAMM
PAMM
PAMM
Tsubasa! ♪
PAMM
PAMM
PAMM
Du schaffst das! ♪
PAMM
PAMM
Tsubasa! ♪

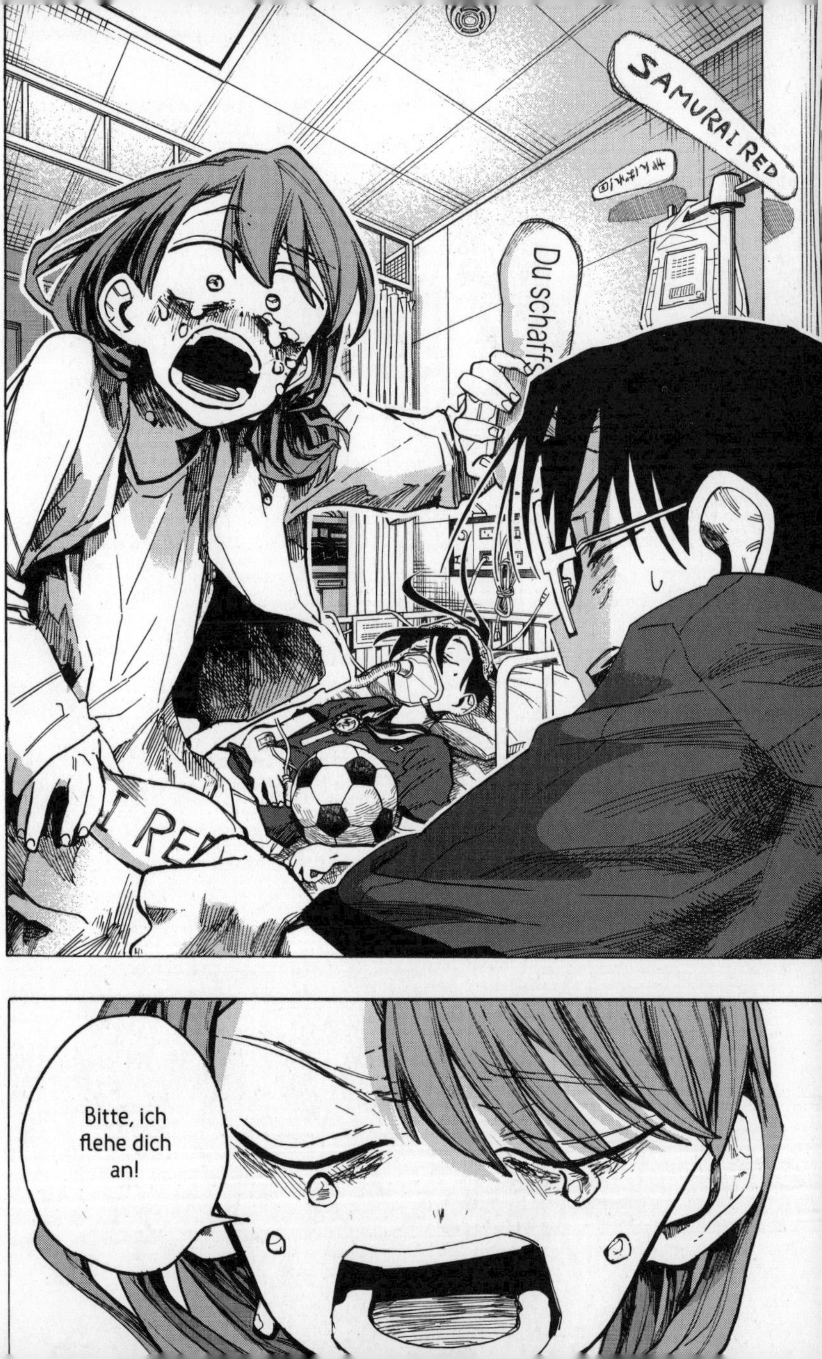
SAMURAI RED
Du schaffs
Bitte, ich flehe dich an!

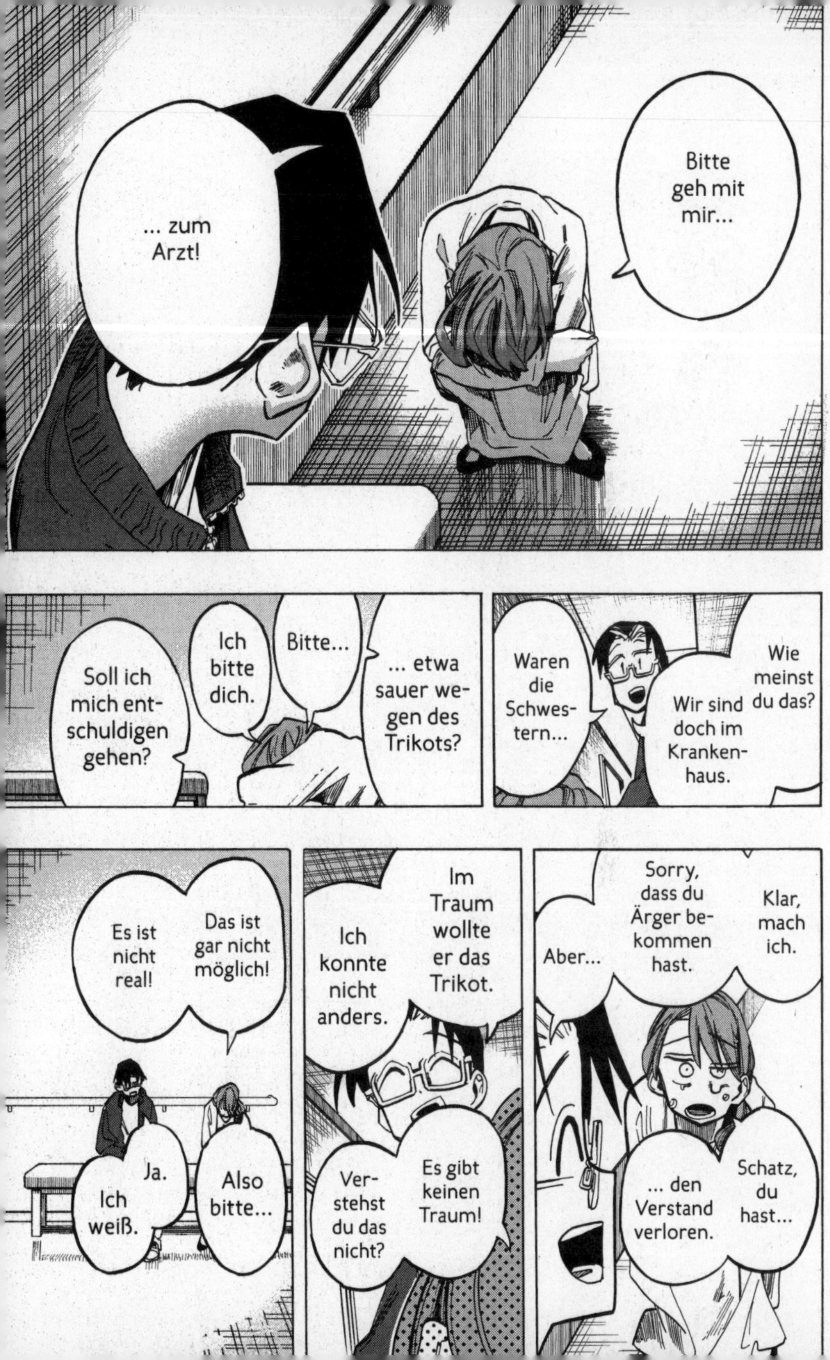
Bitte geh mit mir...
... zum Arzt!
Wie meinst du das?
Wir sind doch im Krankenhaus.
Waren die Schwestern...
... etwa sauer wegen des Trikots?
Bitte...
Ich bitte dich.
Soll ich mich entschuldigen gehen?
Klar, mach ich.
Sorry, dass du Ärger bekommen hast.
Aber...
Schatz, du hast...
... den Verstand verloren.
Im Traum wollte er das Trikot.
Ich konnte nicht anders.
Es gibt keinen Traum!
Verstehst du das nicht?
Das ist gar nicht möglich!
Es ist nicht real!
Also bitte...
Ja.
Ich weiß.

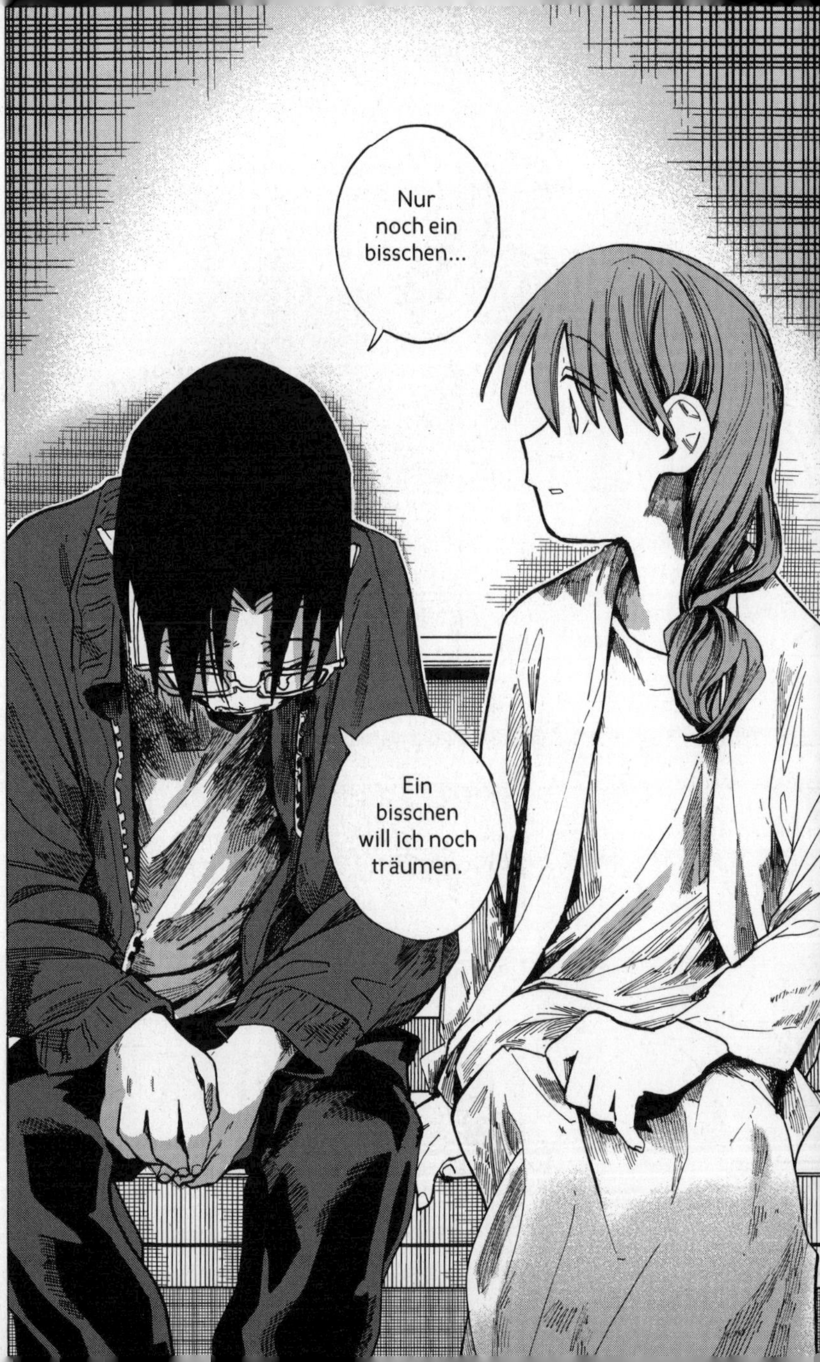
Nur noch ein bisschen...
Ein bisschen will ich noch träumen.

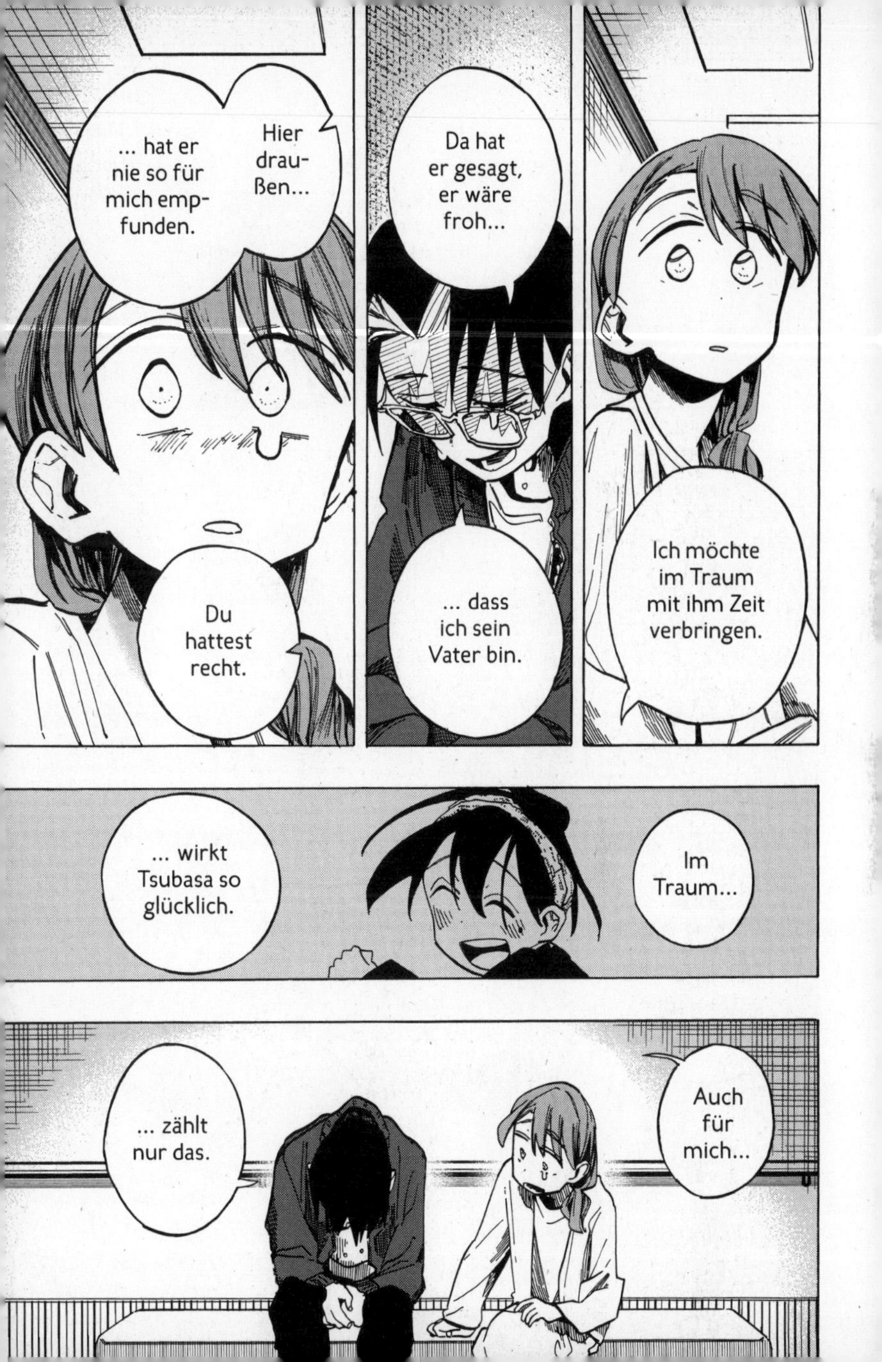

Ich möchte im Traum mit ihm Zeit verbringen.
Da hat er gesagt, er wäre froh...
... dass ich sein Vater bin.
Hier drau-ßen...
... hat er nie so für mich emp-funden.
Du hattest recht.
Im Traum...
... wirkt Tsubasa so glücklich.
Auch für mich...
... zählt nur das.

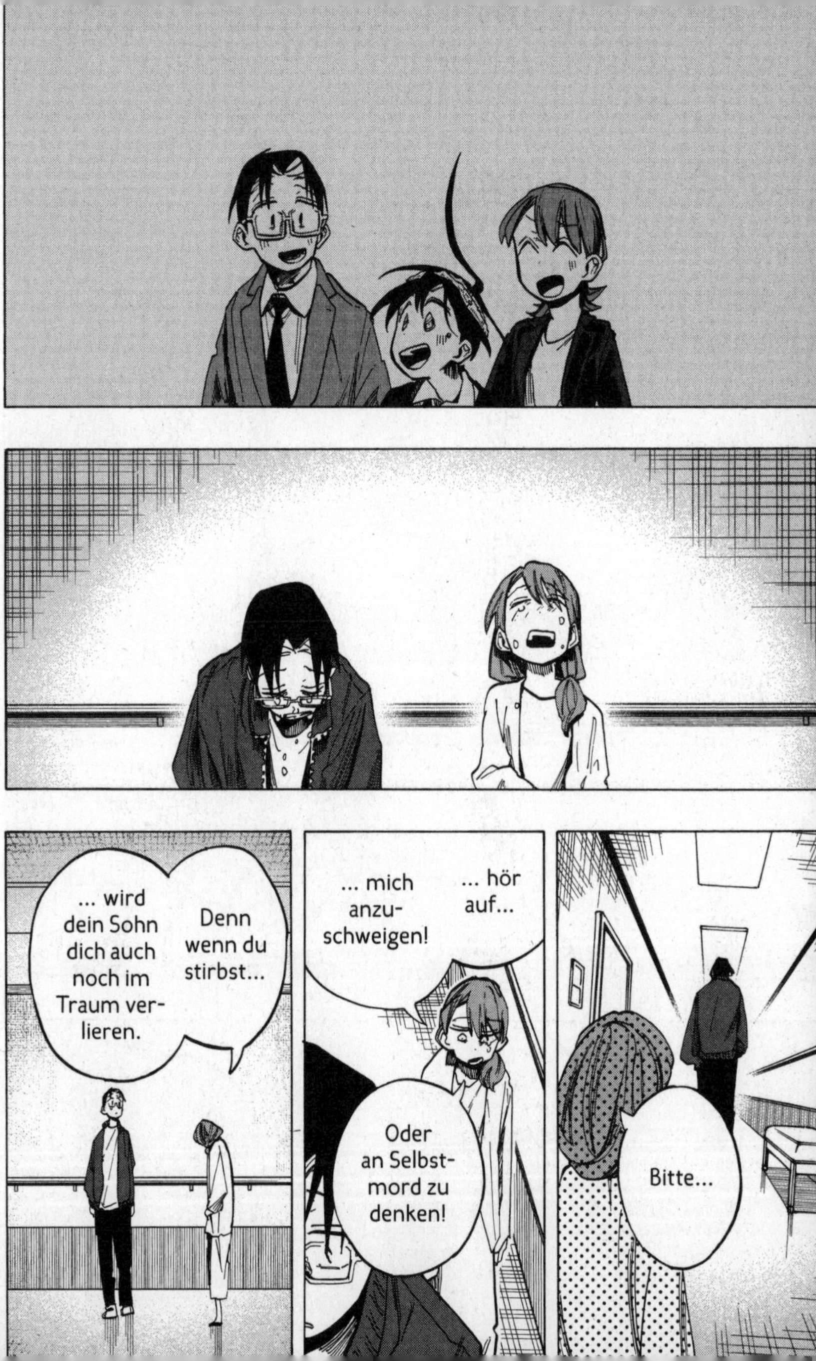
Bitte...
... hör auf...
... mich anzuschweigen!
Oder an Selbstmord zu denken!
Denn wenn du stirbst...
... wird dein Sohn dich auch noch im Traum verlieren.

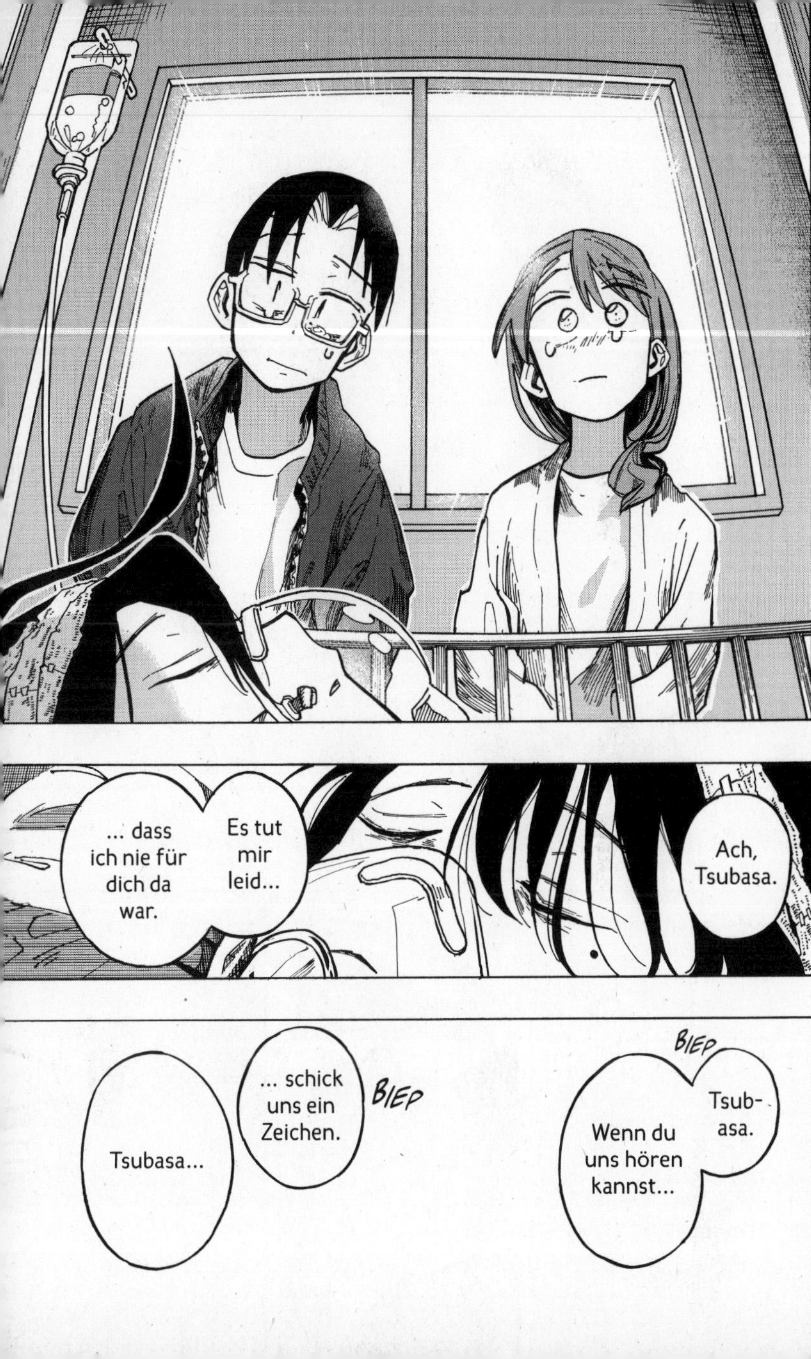
Ach, Tsubasa.
Es tut mir leid...
... dass ich nie für dich da war.
BIEP
Tsub-asa.
Wenn du uns hören kannst...
BIEP
... schick uns ein Zeichen.
Tsubasa...

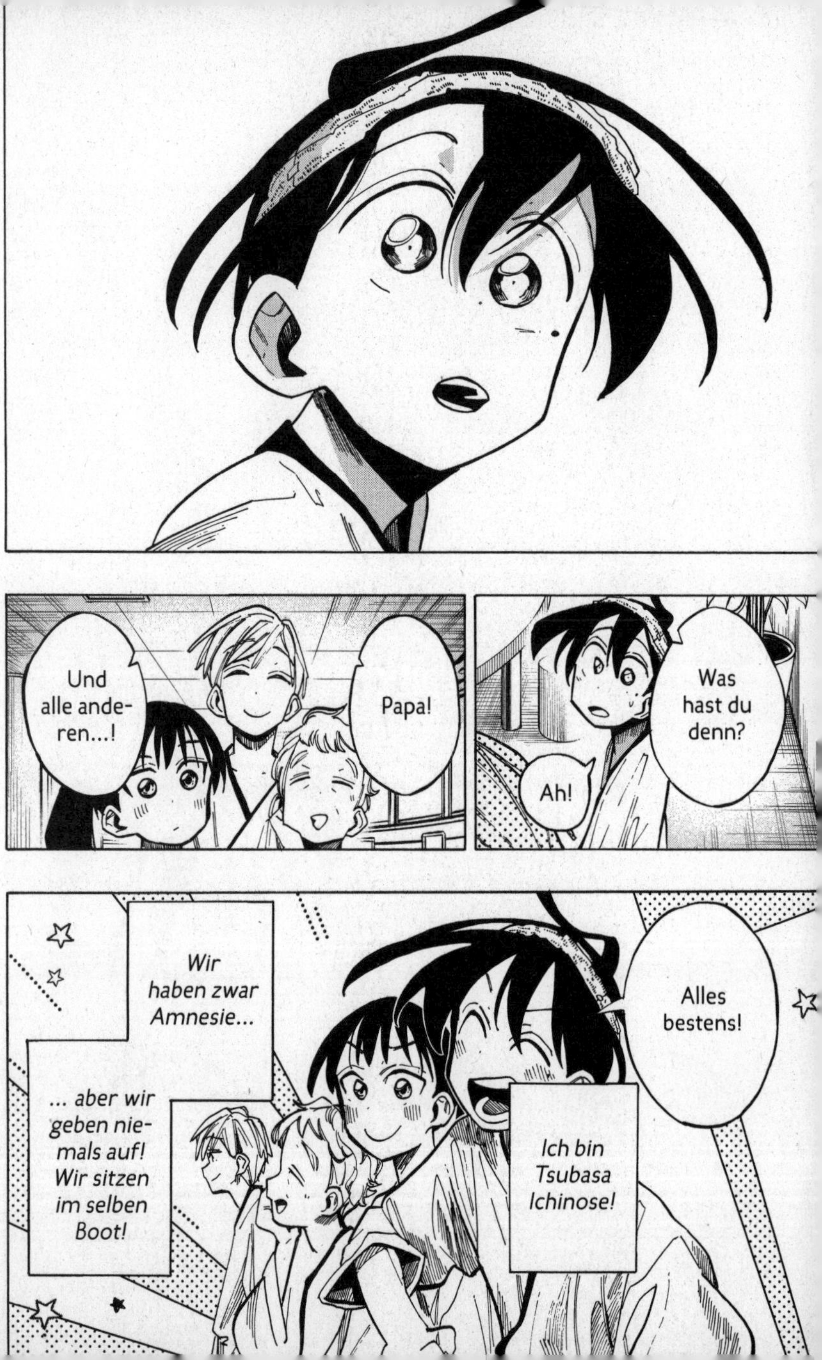
Was hast du denn?
Ah!
Papa!
Und alle anderen...!
Alles bestens!
Ich bin Tsubasa Ichinose!
Wir haben zwar Amnesie...
... aber wir geben niemals auf! Wir sitzen im selben Boot!

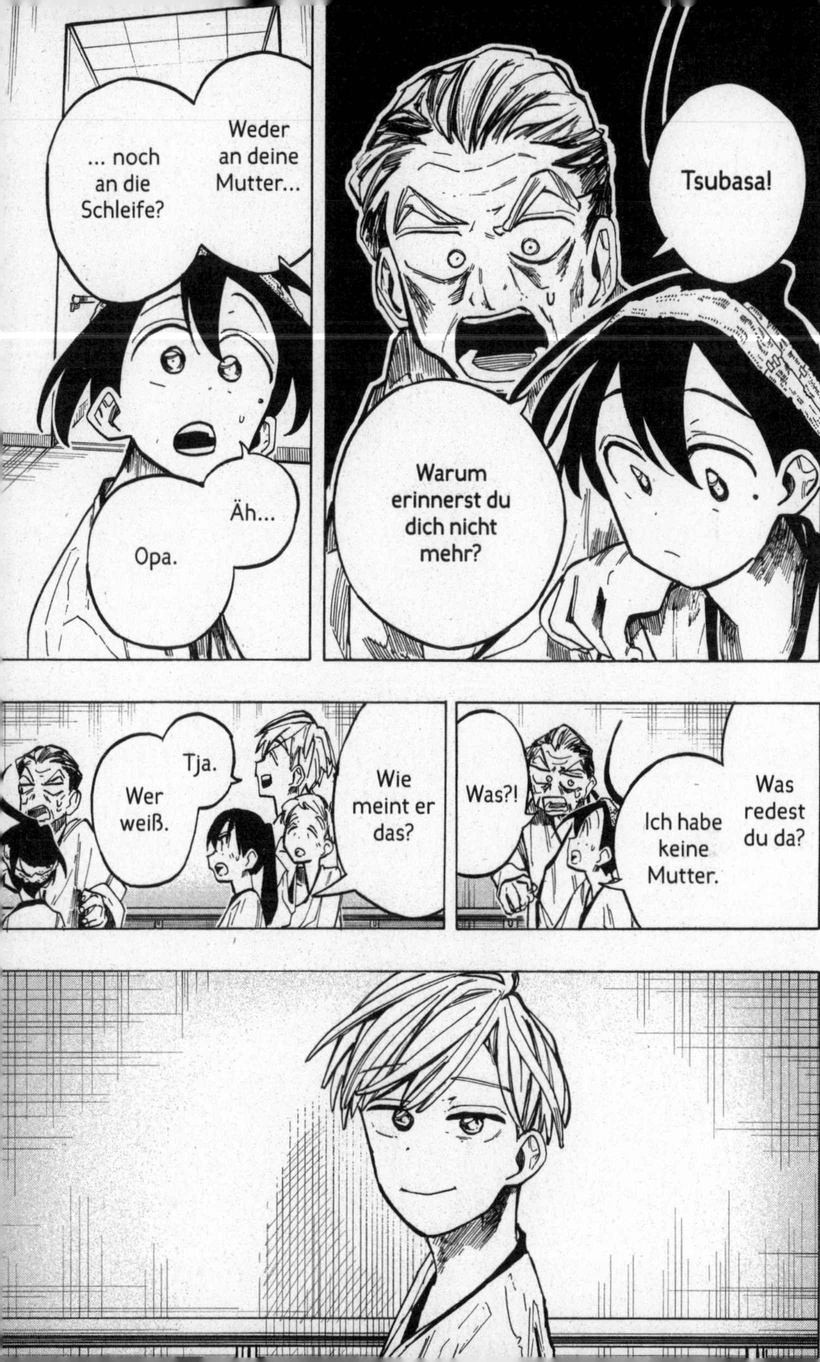
Tsubasa!
Warum erinnerst du dich nicht mehr?
Weder an deine Mutter…
… noch an die Schleife?
Äh…
Opa.
Was redest du da?
Ich habe keine Mutter.
Was?!
Wie meint er das?
Tja.
Wer weiß.

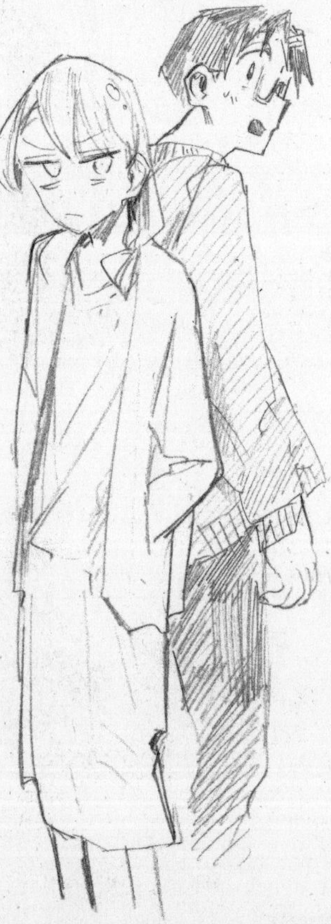

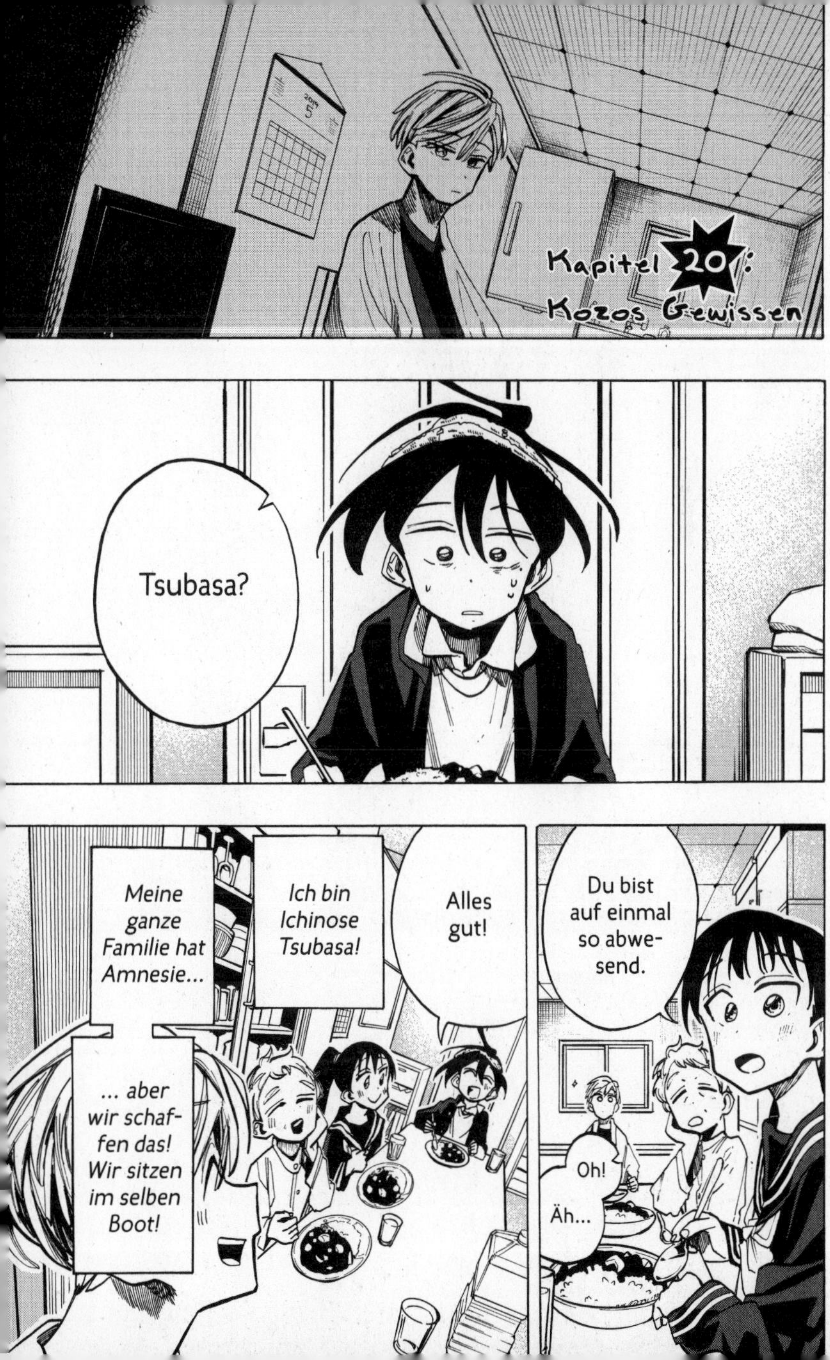
Kapitel 20: Kozos Gewissen
Tsubasa?
Du bist auf einmal so abwesend.
Oh!
Äh...
Alles gut!
Ich bin Ichinose Tsubasa!
Meine ganze Familie hat Amnesie...
... aber wir schaffen das! Wir sitzen im selben Boot!

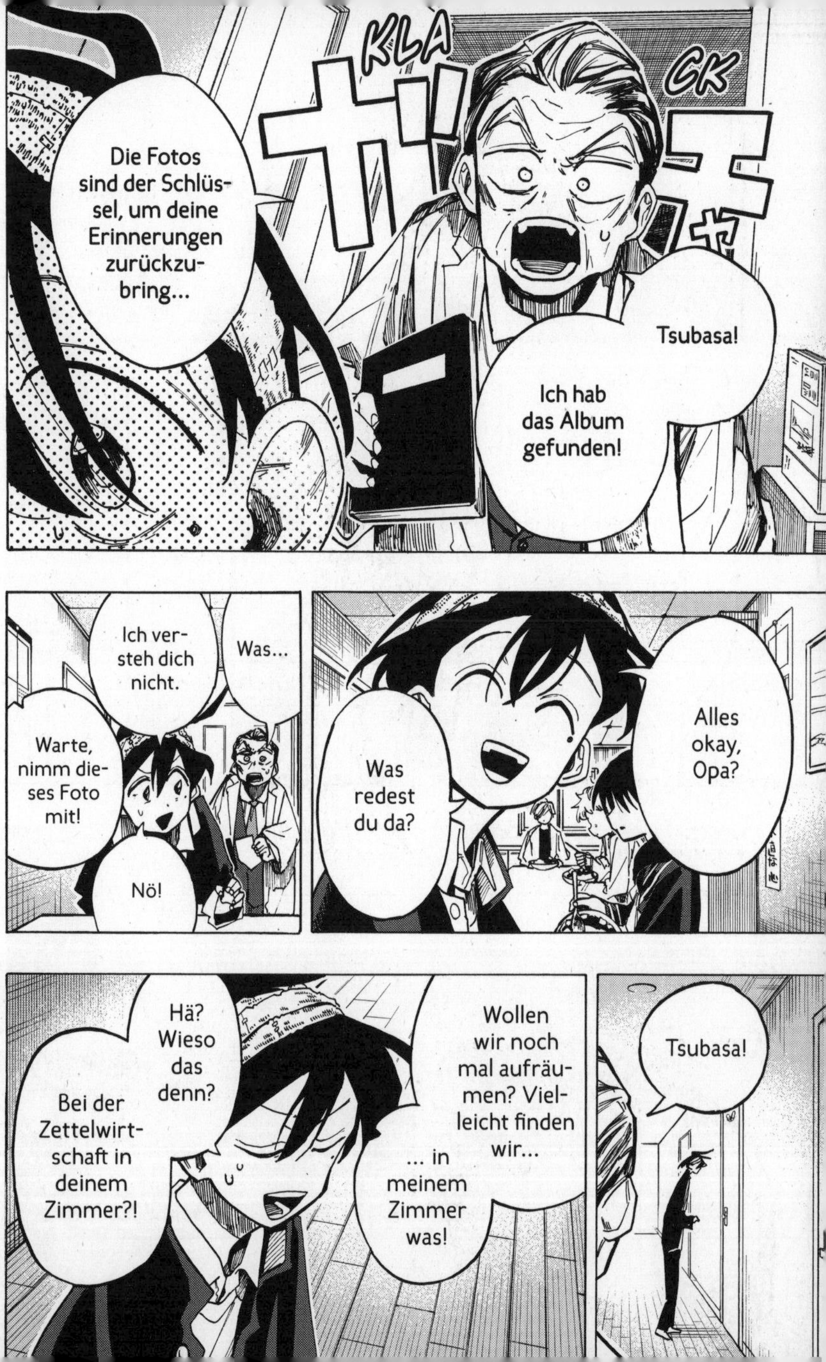
Die Fotos sind der Schlüssel, um deine Erinnerungen zurückzubring…
KLA CK
Tsubasa!
Ich hab das Album gefunden!
Alles okay, Opa?
Was redest du da?
Was…
Ich versteh dich nicht.
Warte, nimm dieses Foto mit!
Nö!
Tsubasa!
Wollen wir noch mal aufräumen? Vielleicht finden wir…
… in meinem Zimmer was!
Hä? Wieso das denn?
Bei der Zettelwirtschaft in deinem Zimmer?!

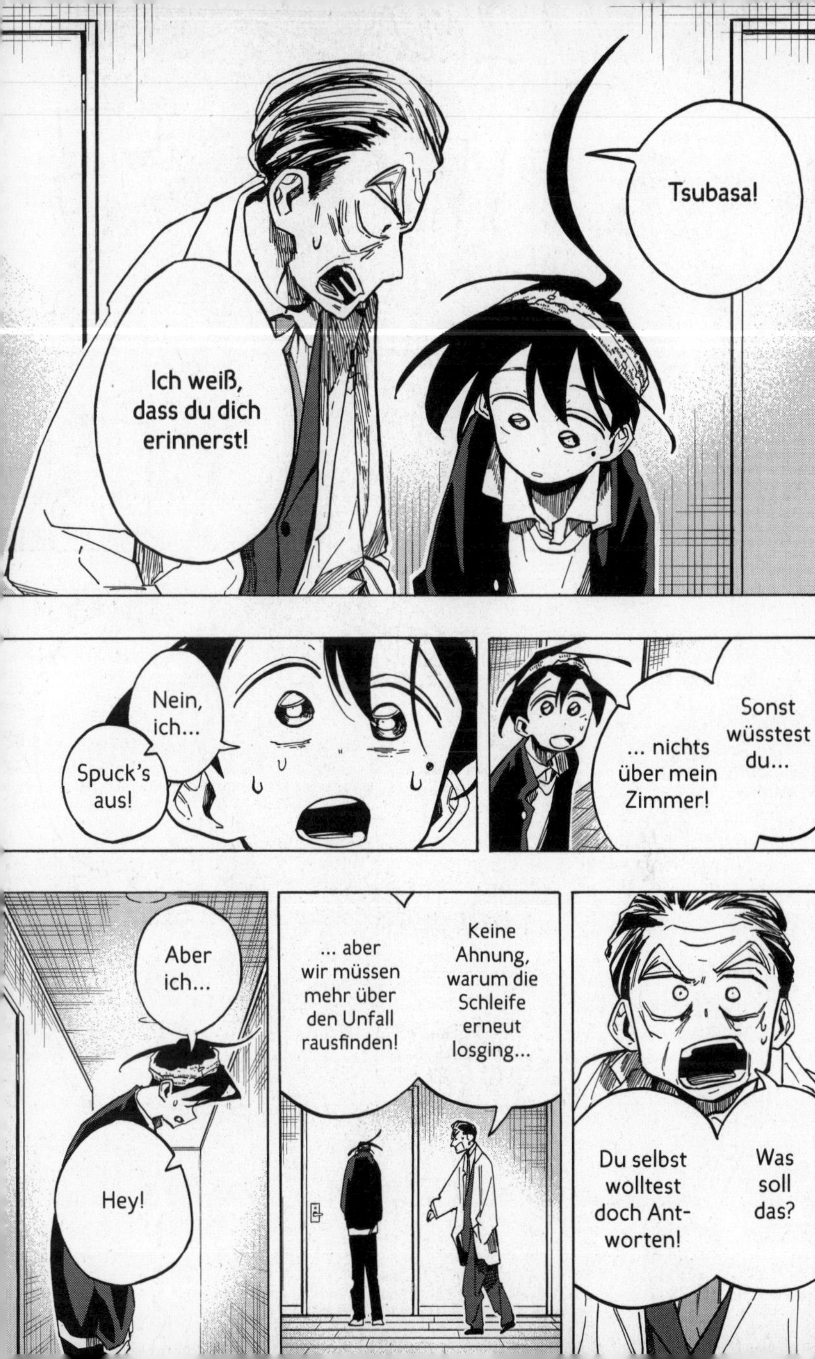
Tsubasa!
Ich weiß, dass du dich erinnerst!
Sonst wüsstest du...
... nichts über mein Zimmer!
Nein, ich...
Spuck's aus!
Was soll das?
Du selbst wolltest doch Antworten!
Keine Ahnung, warum die Schleife erneut losging...
... aber wir müssen mehr über den Unfall rausfinden!
Aber ich...
Hey!

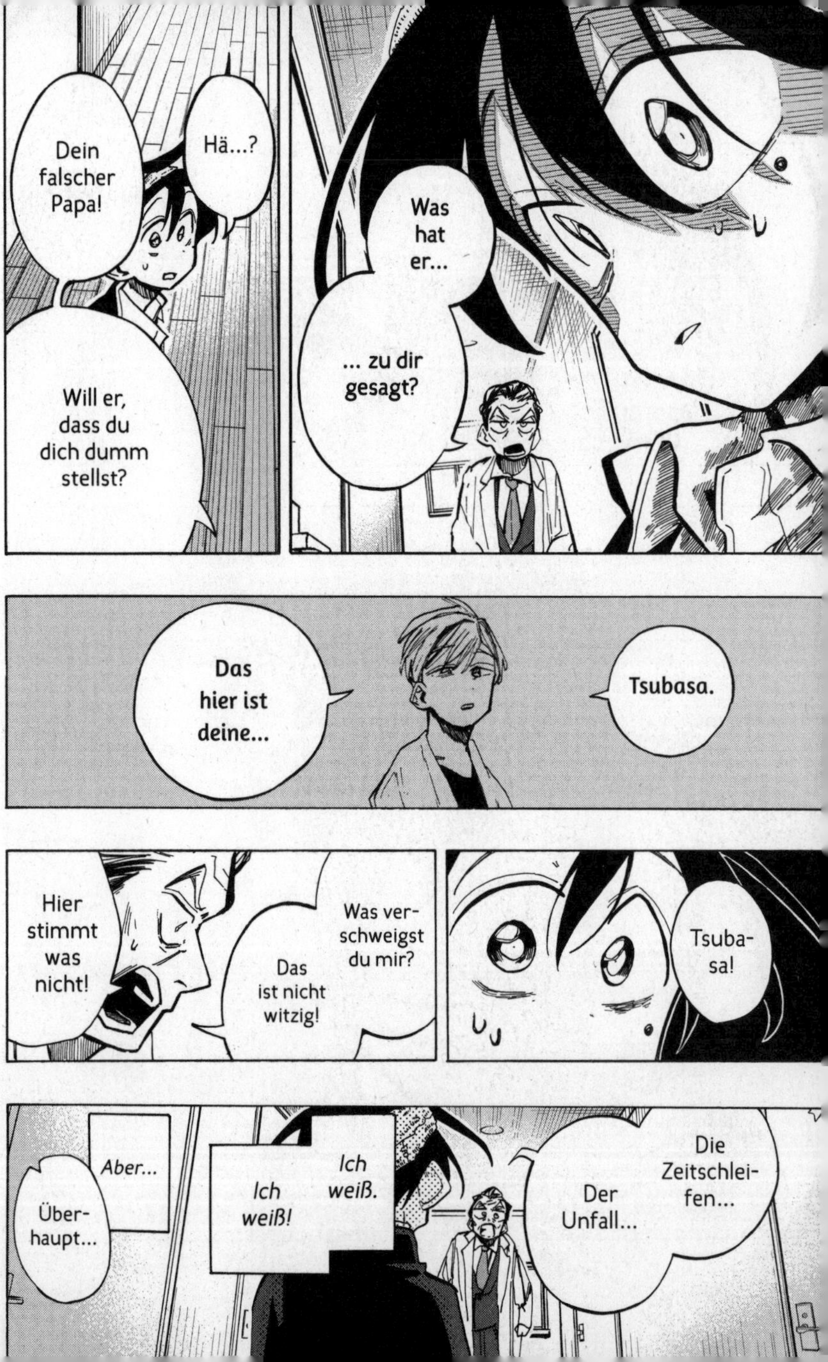
Was hat er...
... zu dir gesagt?
Hä...?
Dein falscher Papa!
Will er, dass du dich dumm stellst?
Tsubasa.
Das hier ist deine...
Tsuba-sa!
Was ver-schweigst du mir?
Das ist nicht witzig!
Hier stimmt was nicht!
Die Zeitschlei-fen...
Der Unfall...
Ich weiß.
Ich weiß!
Aber...
Über-haupt...

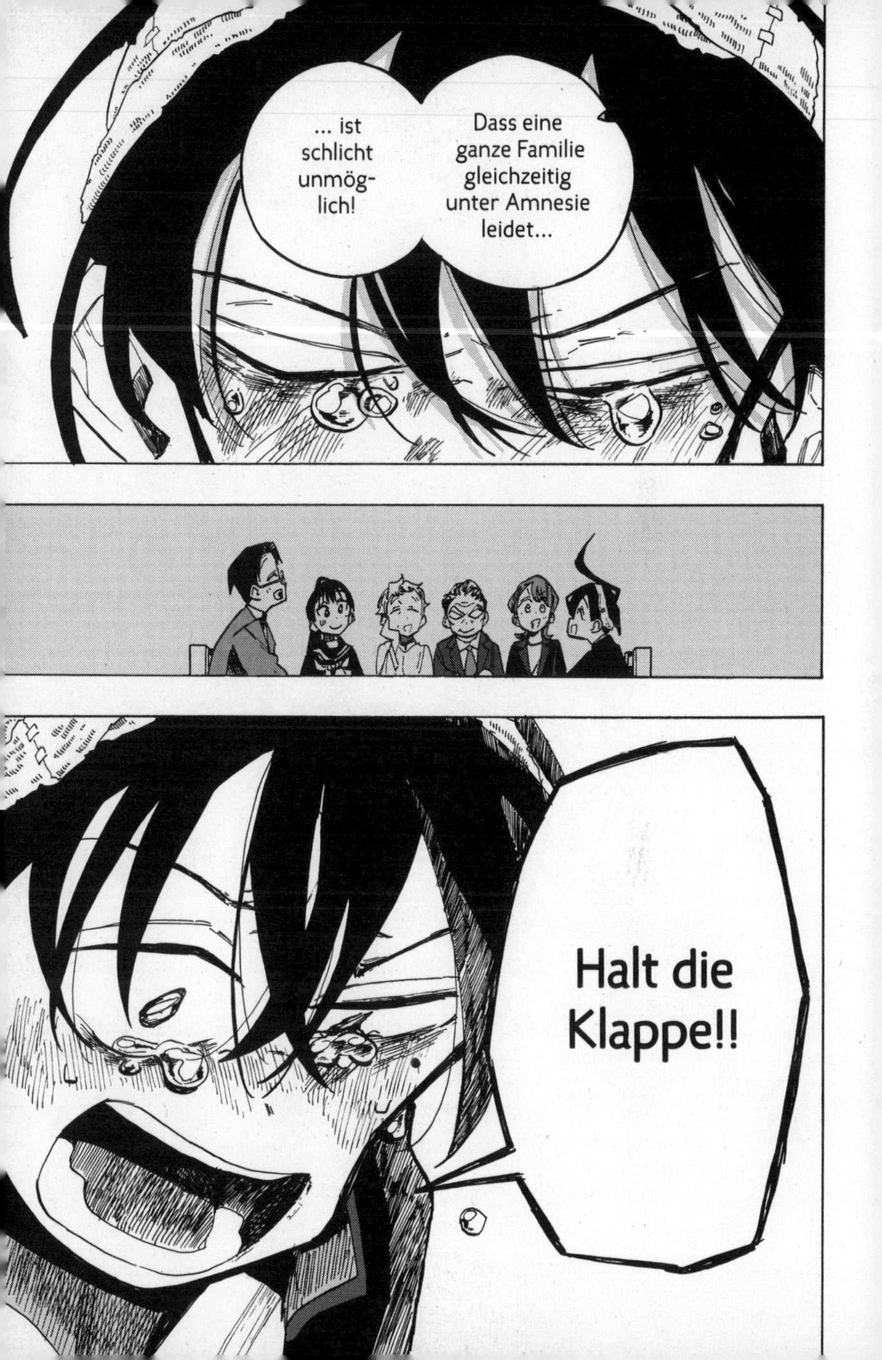
Dass eine ganze Familie gleichzeitig unter Amnesie leidet...
... ist schlicht unmög-lich!
Halt die Klappe!!

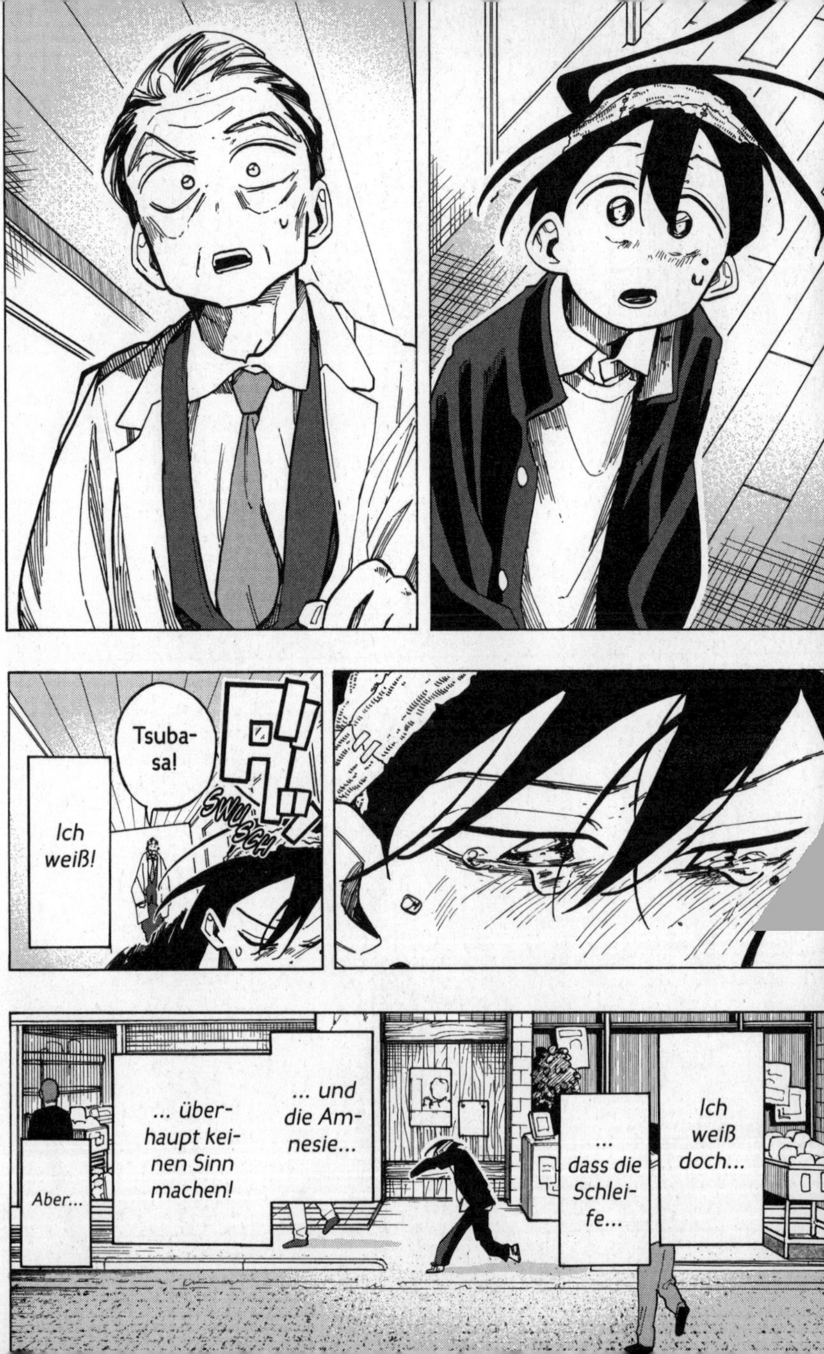
Tsubasa!
SWUSCH
Ich weiß!
Ich weiß doch...
... dass die Schleife...
... und die Amnesie...
... überhaupt keinen Sinn machen!
Aber...

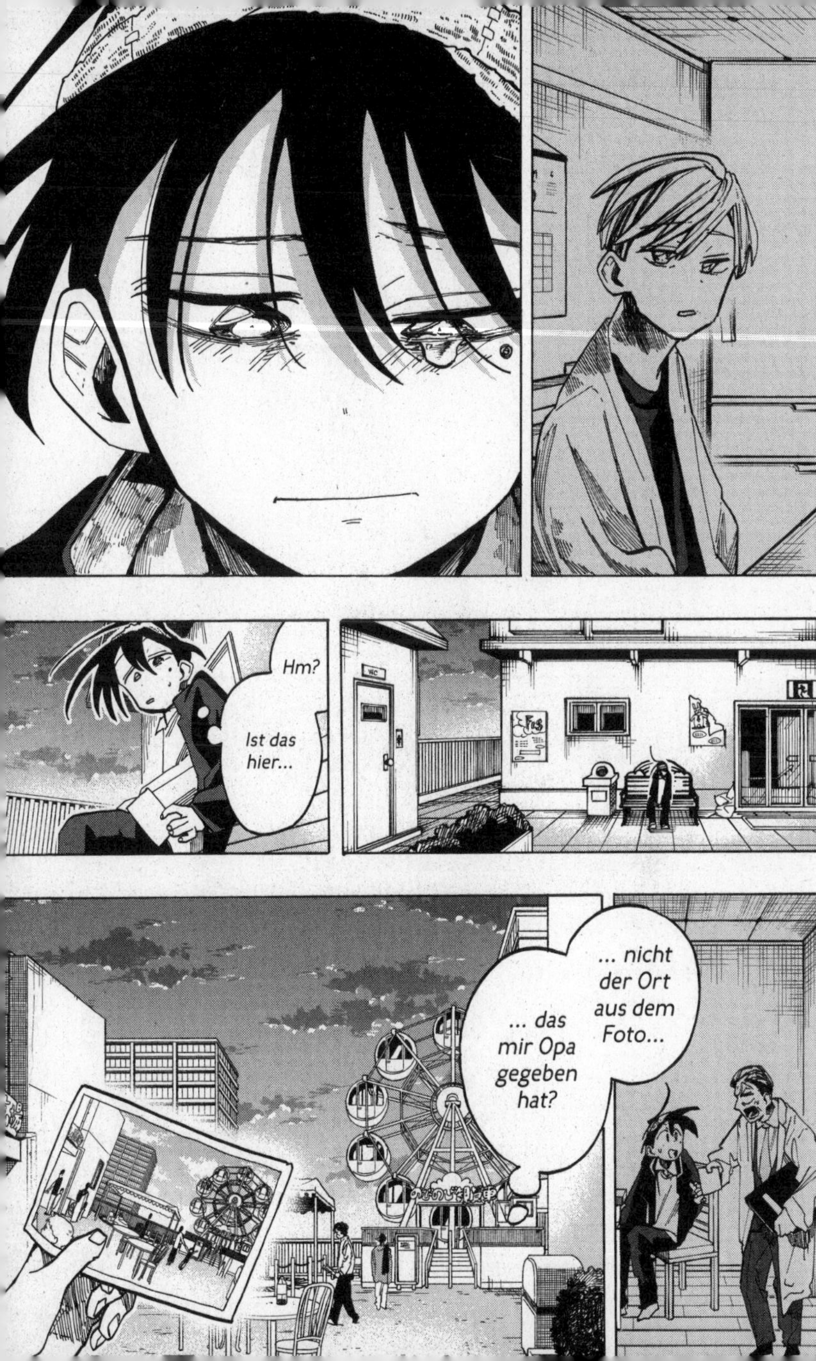

WC
Hm?
Ist das hier...
... nicht der Ort aus dem Foto...
... das mir Opa gegeben hat?

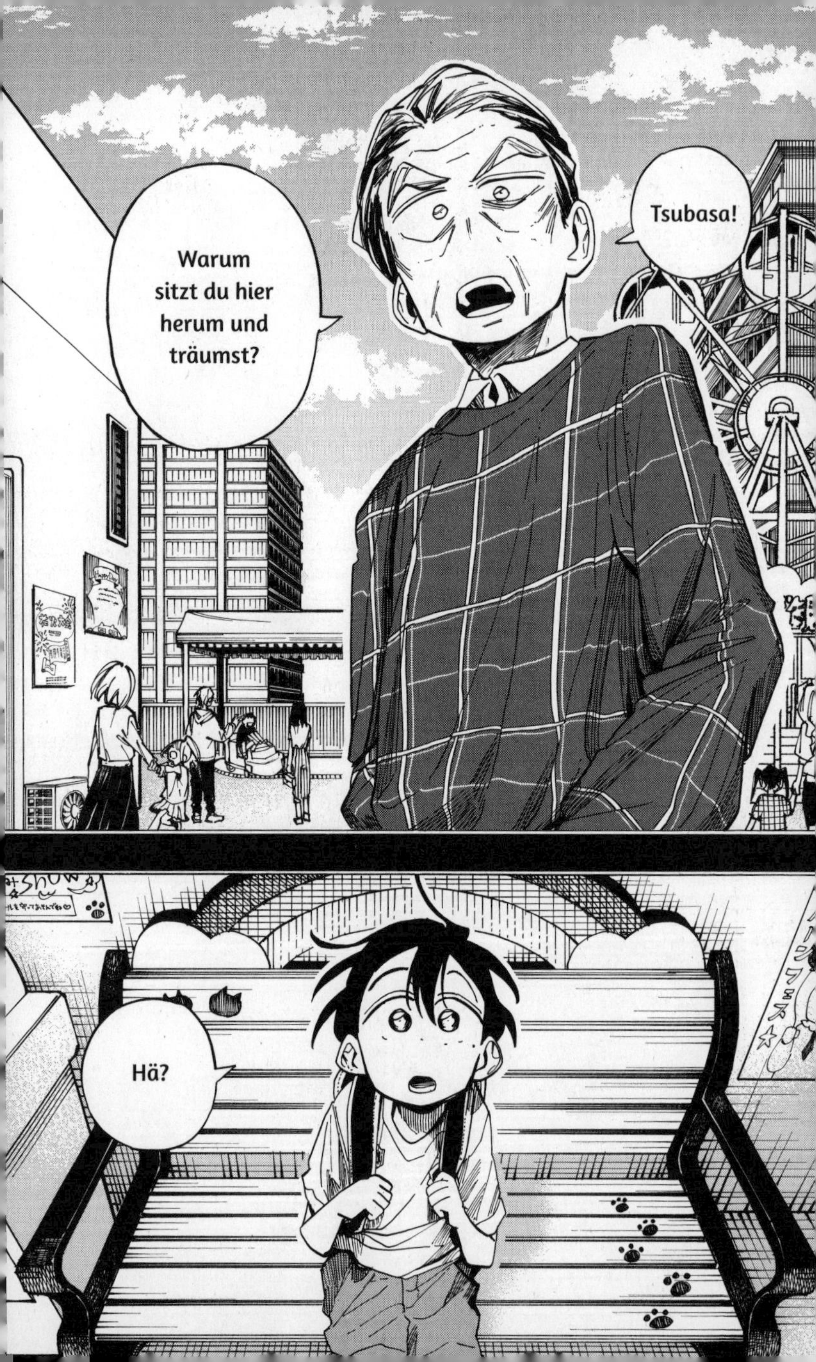
Tsubasa!
Warum sitzt du hier herum und träumst?
Hä?

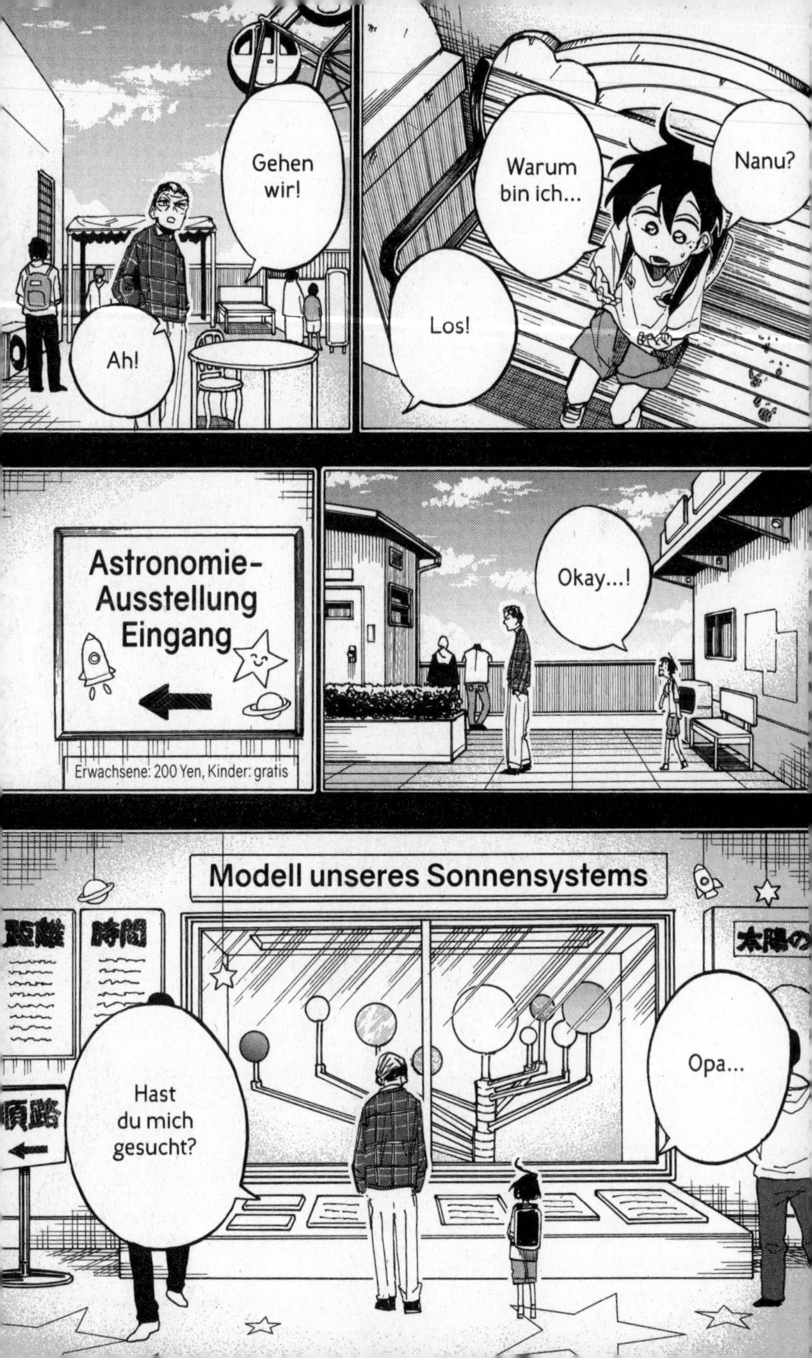
Nanu?
Warum bin ich...
Los!
Gehen wir!
Ah!
Okay...!
Astronomie-Ausstellung Eingang
Erwachsene: 200 Yen, Kinder: gratis
Modell unseres Sonnensystems
距離
時間
順路
Opa...
Hast du mich gesucht?

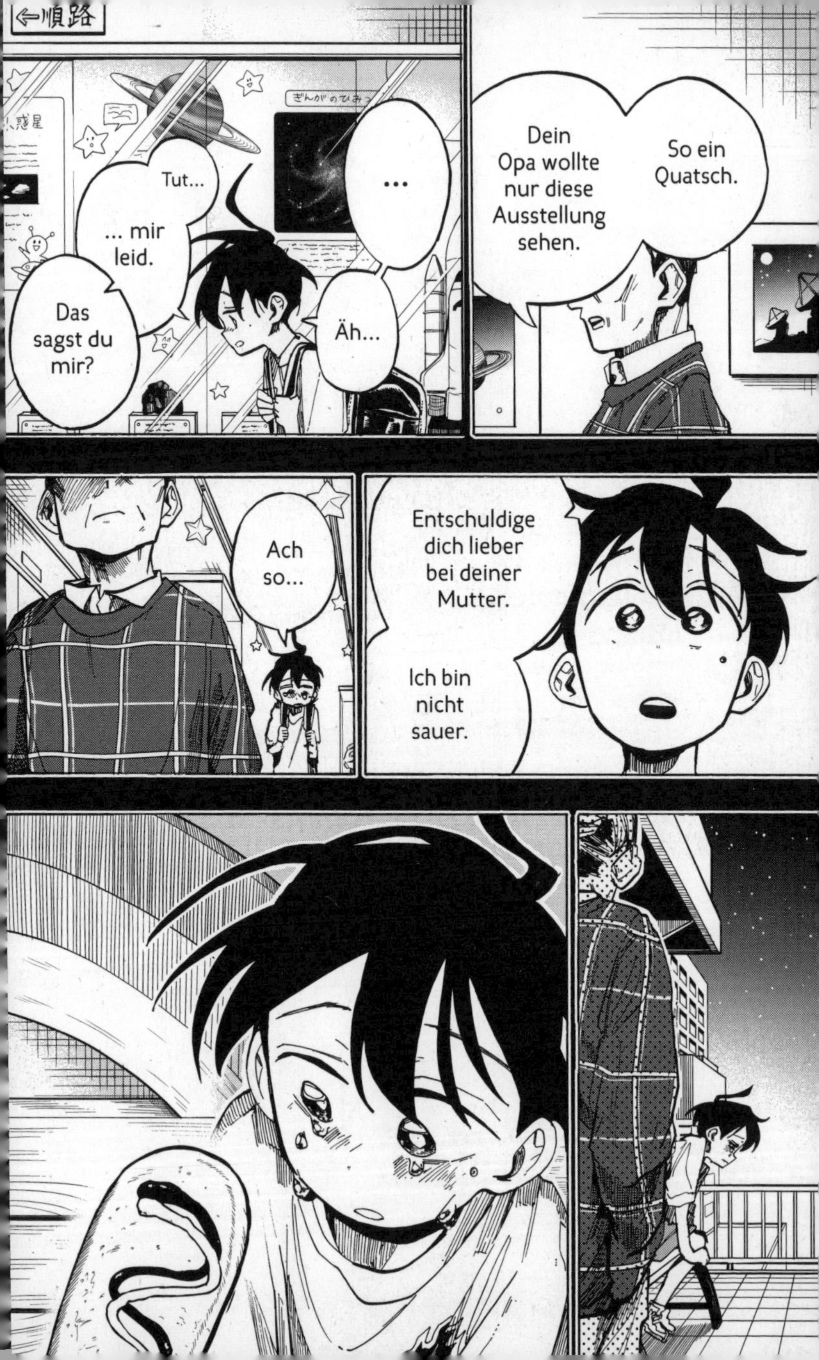

順路
So ein Quatsch.
Dein Opa wollte nur diese Ausstellung sehen.
...
Äh...
Tut... ... mir leid.
Das sagst du mir?
Entschuldige dich lieber bei deiner Mutter.
Ich bin nicht sauer.
Ach so...

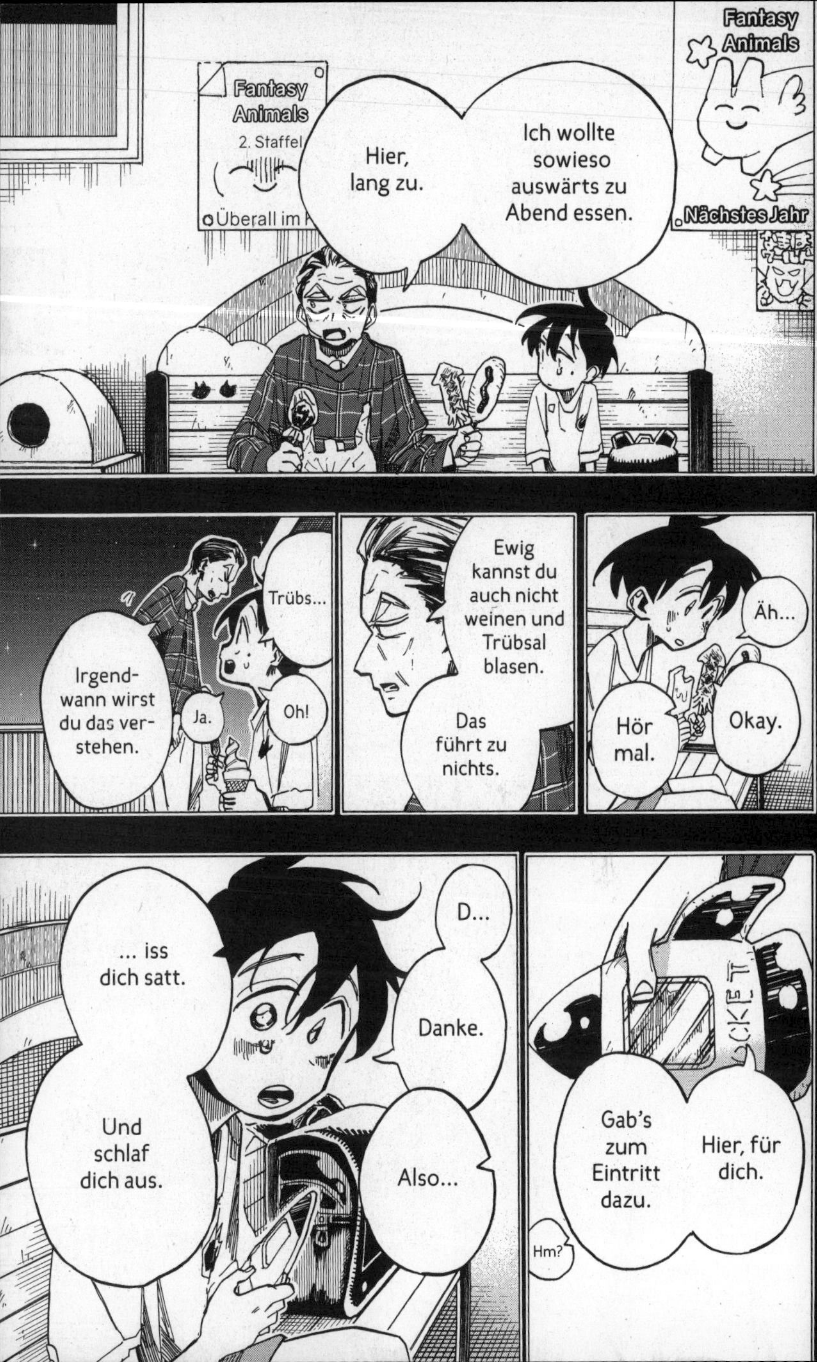
Fantasy Animals
Nächstes Jahr
Fantasy Animals
2. Staffel
Ich wollte sowieso auswärts zu Abend essen.
Hier, lang zu.
Äh...
Okay.
Hör mal.
Ewig kannst du auch nicht weinen und Trübsal blasen.
Das führt zu nichts.
Trübs...
Oh!
Ja.
Irgend-wann wirst du das ver-stehen.
Hier, für dich.
Gab's zum Eintritt dazu.
Hm?
D...
Danke.
Also...
... iss dich satt.
Und schlaf dich aus.

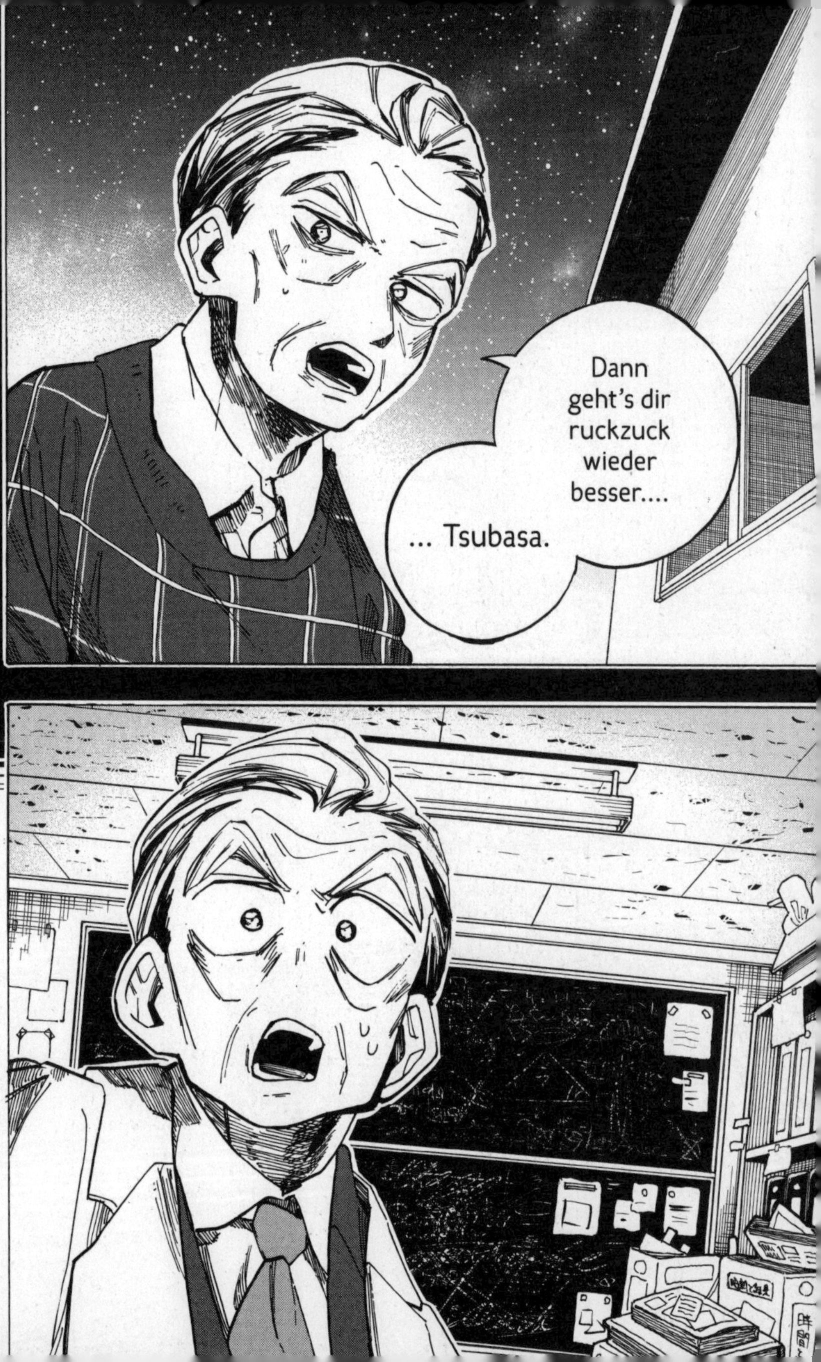
Dann geht's dir ruckzuck wieder besser....
... Tsubasa.

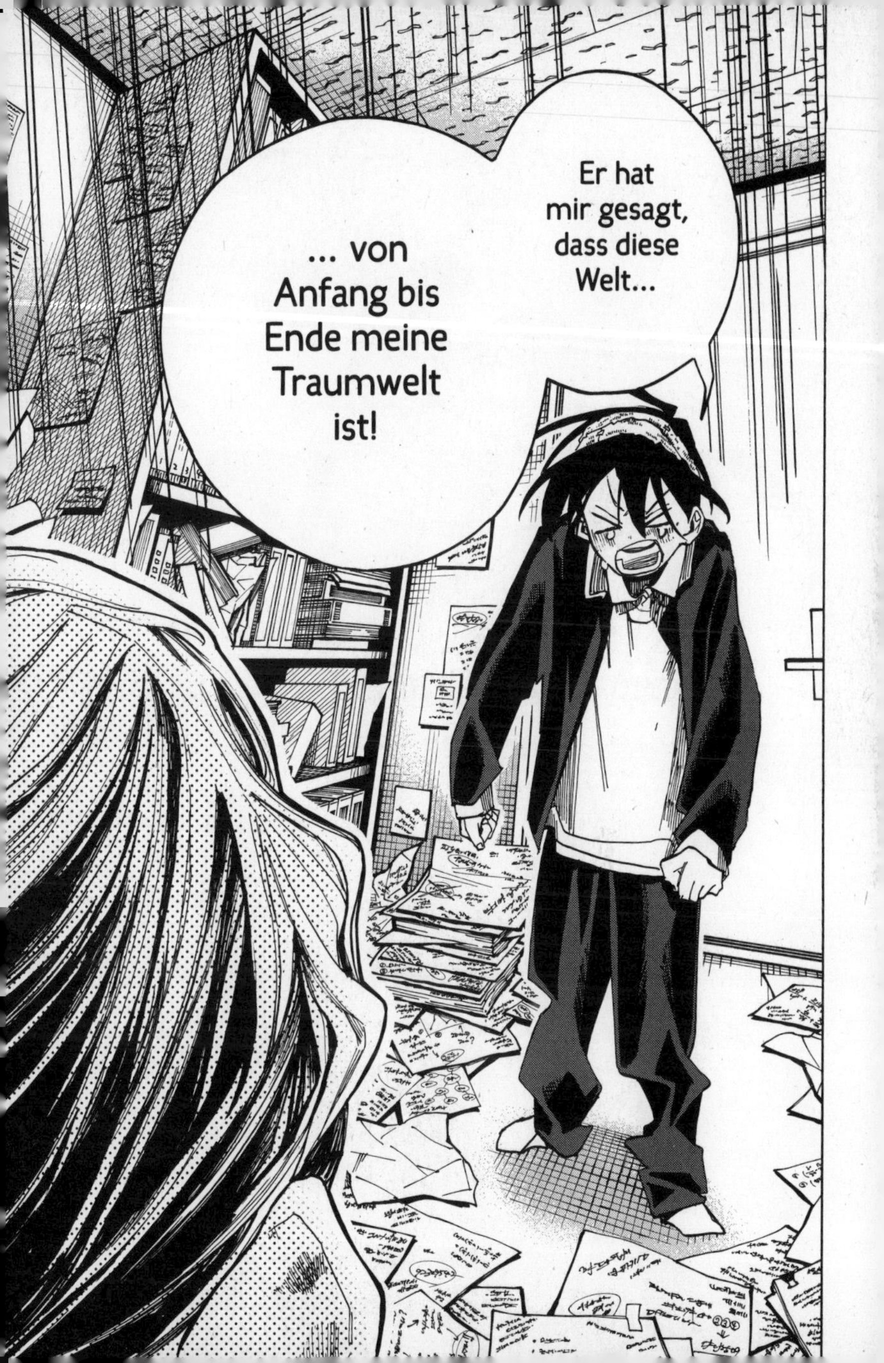
Er hat mir gesagt, dass diese Welt...
... von Anfang bis Ende meine Traumwelt ist!

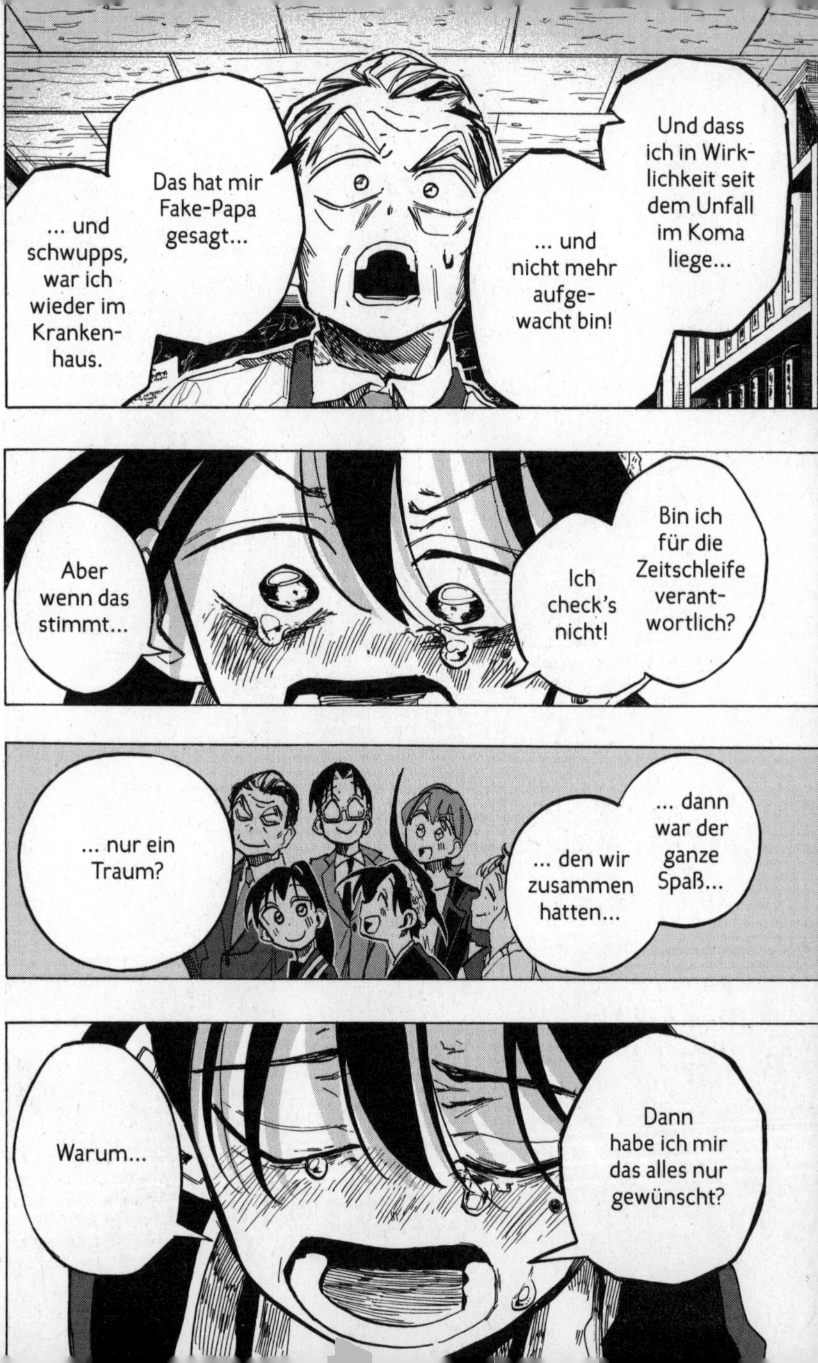
Und dass ich in Wirklichkeit seit dem Unfall im Koma liege...
... und nicht mehr aufgewacht bin!
Das hat mir Fake-Papa gesagt...
... und schwupps, war ich wieder im Krankenhaus.
Bin ich für die Zeitschleife verantwortlich?
Ich check's nicht!
Aber wenn das stimmt...
... dann war der ganze Spaß...
... den wir zusammen hatten...
... nur ein Traum?
Dann habe ich mir das alles nur gewünscht?
Warum...

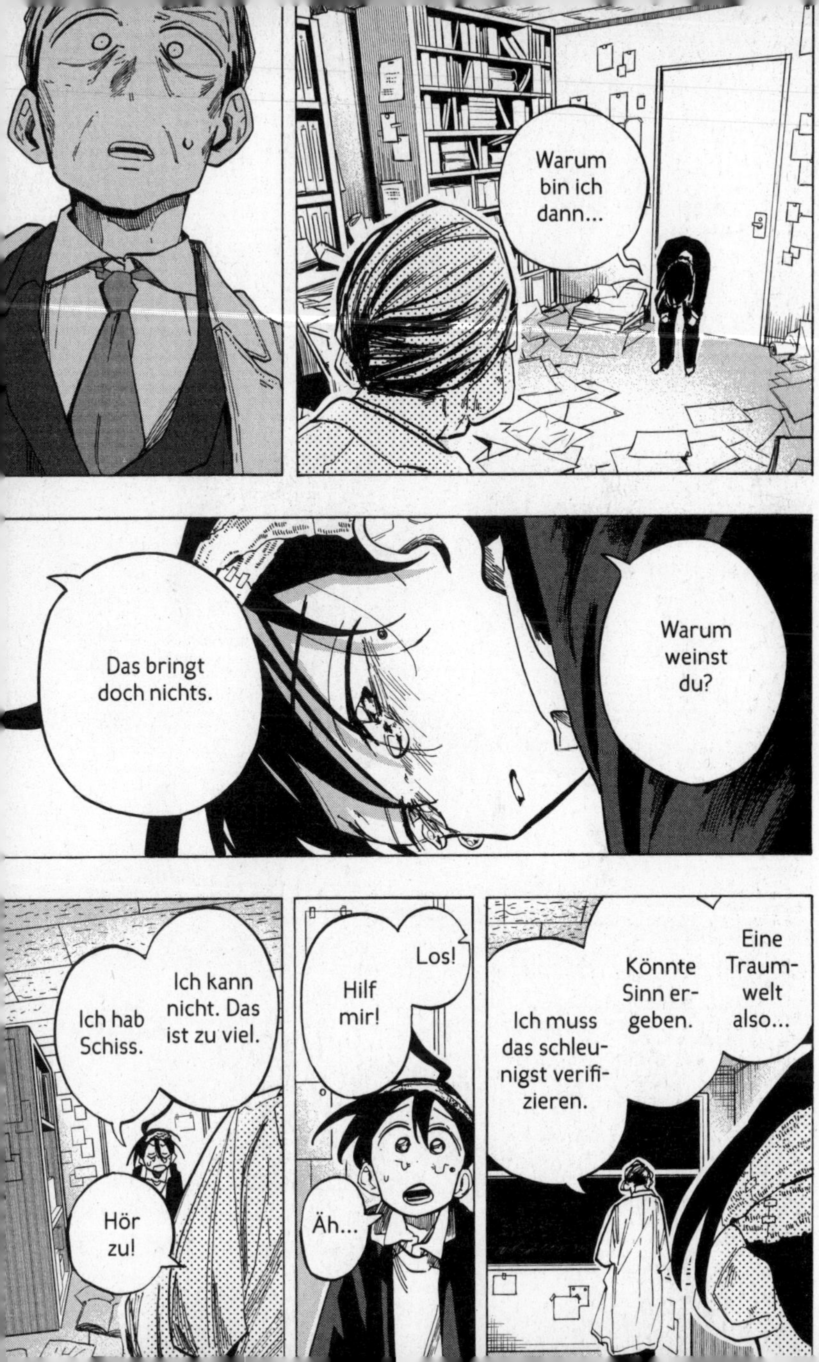
Warum bin ich dann...
Warum weinst du?
Das bringt doch nichts.
Eine Traumwelt also...
Könnte Sinn ergeben.
Ich muss das schleunigst verifizieren.
Los!
Hilf mir!
Äh...
Ich kann nicht. Das ist zu viel.
Ich hab Schiss.
Hör zu!

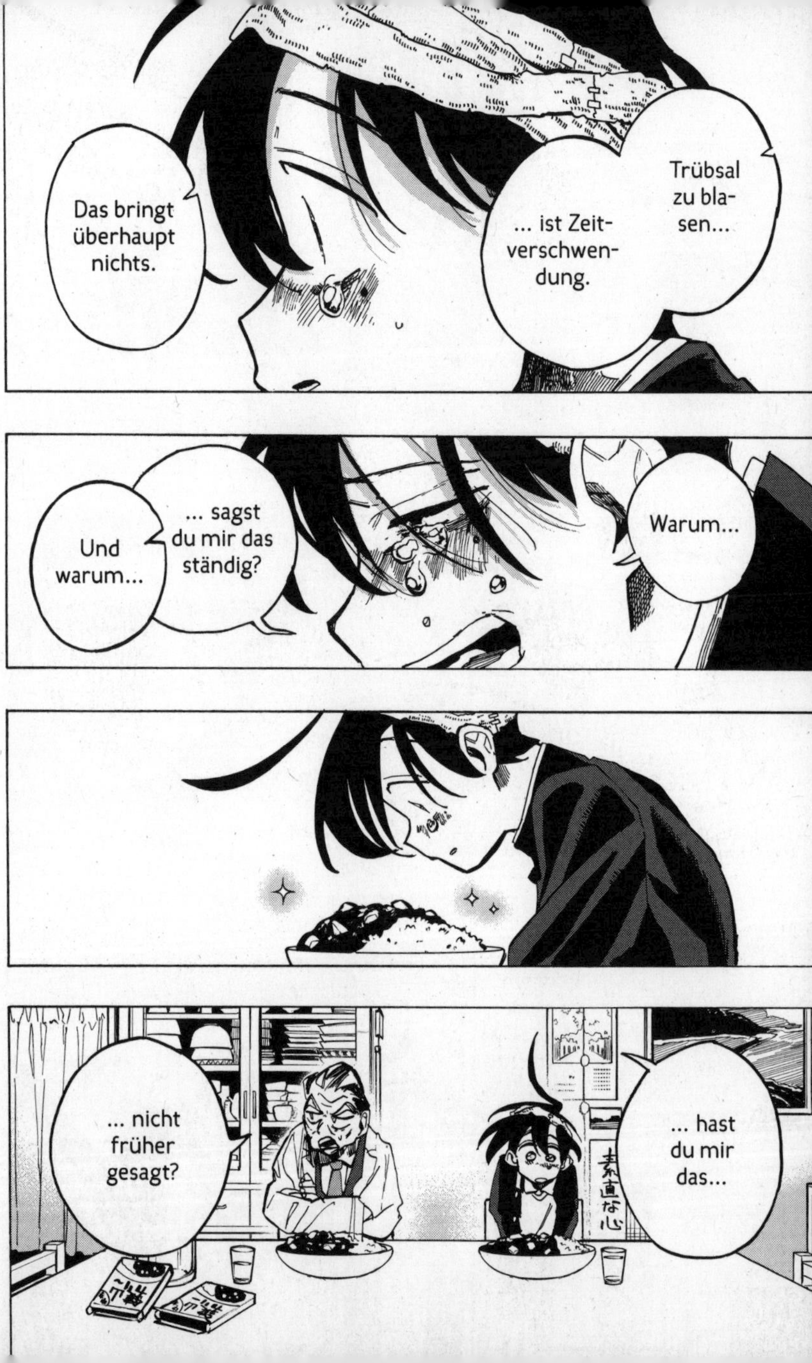
Trübsal zu blasen...
... ist Zeitverschwendung.
Das bringt überhaupt nichts.
Warum...
... sagst du mir das ständig?
Und warum...
... hast du mir das...
素直な心
... nicht früher gesagt?

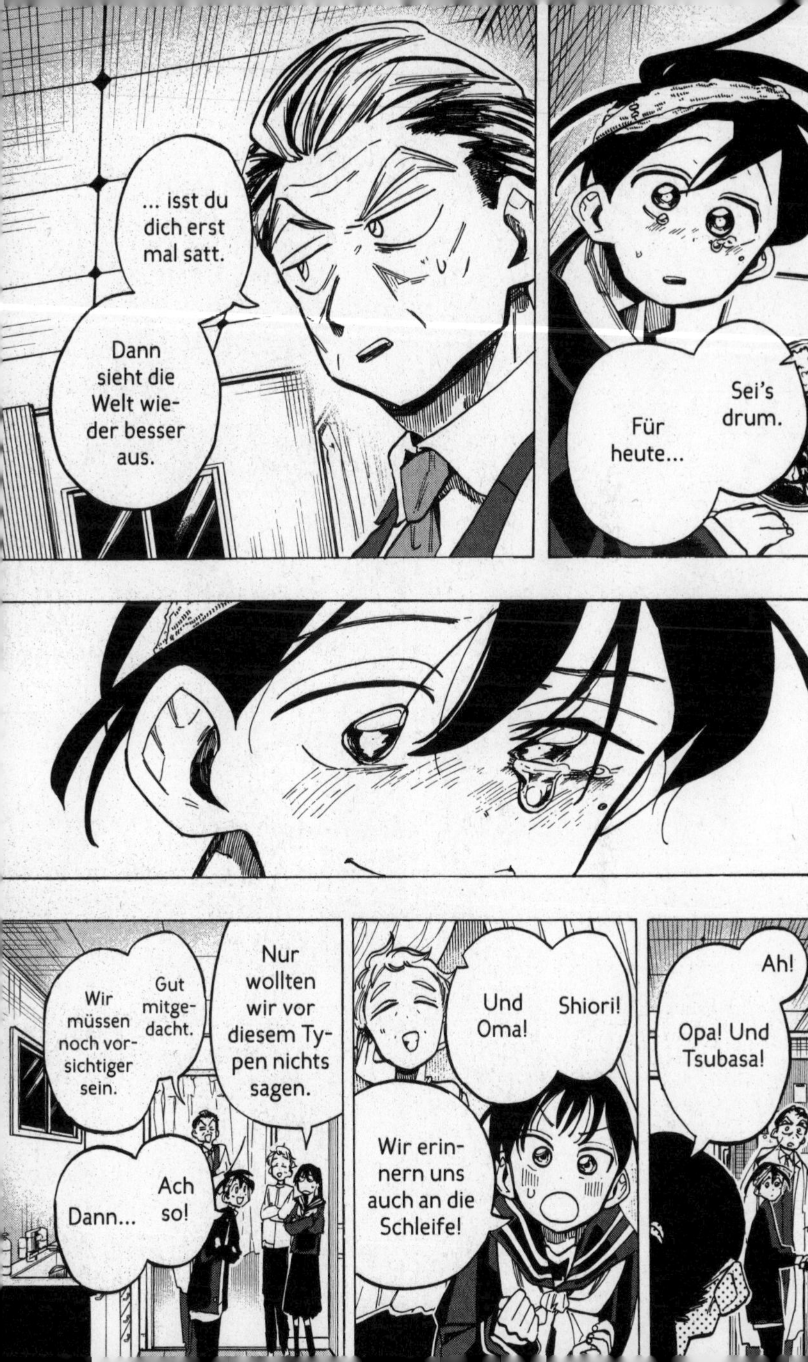
Sei's drum.
Für heute...
... isst du dich erst mal satt.
Dann sieht die Welt wieder besser aus.
Ah!
Opa! Und Tsubasa!
Shiori!
Und Oma!
Wir erinnern uns auch an die Schleife!
Nur wollten wir vor diesem Typen nichts sagen.
Gut mitgedacht.
Wir müssen noch vorsichtiger sein.
Ach so!
Dann...

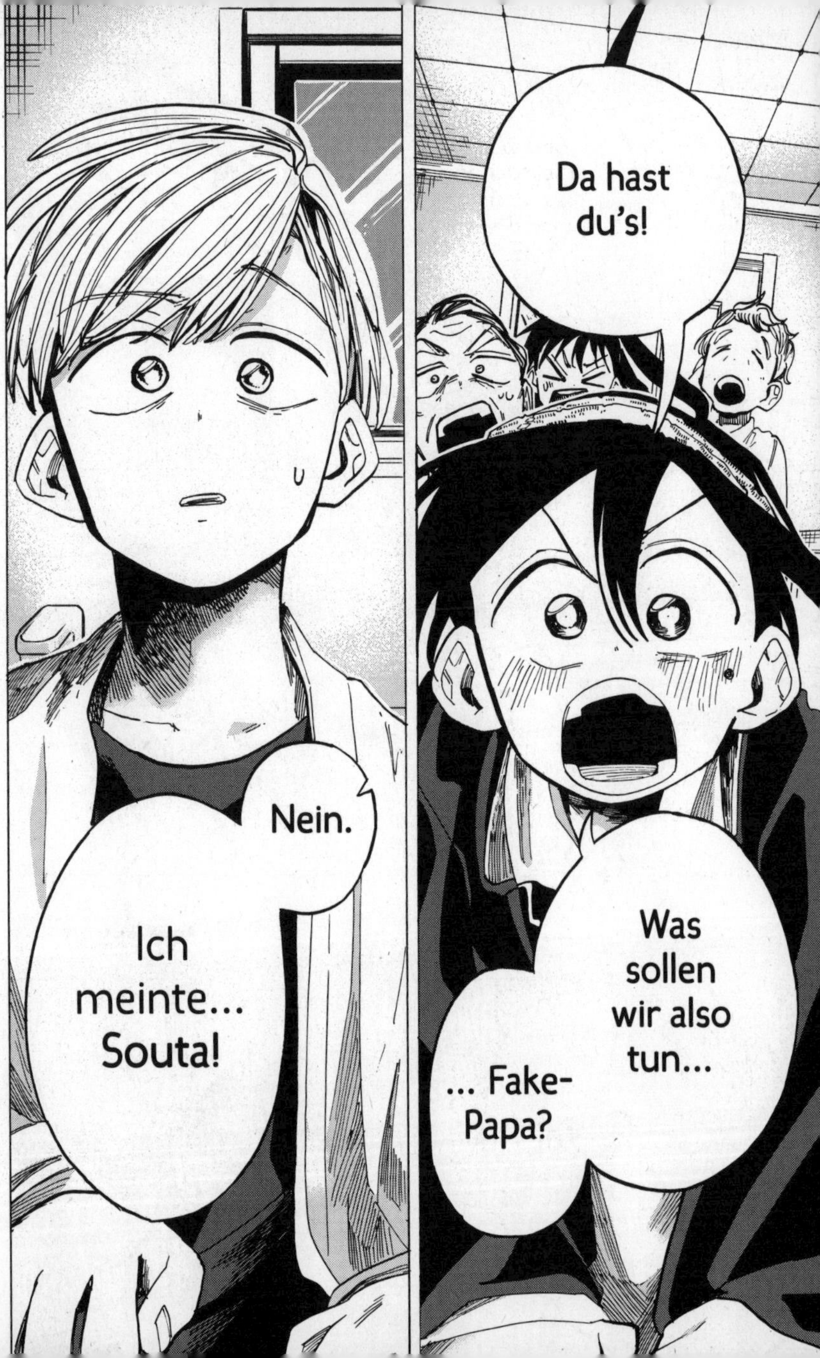
Da hast du's!
Was sollen wir also tun...
... Fake-Papa?
Nein.
Ich meinte... Souta!

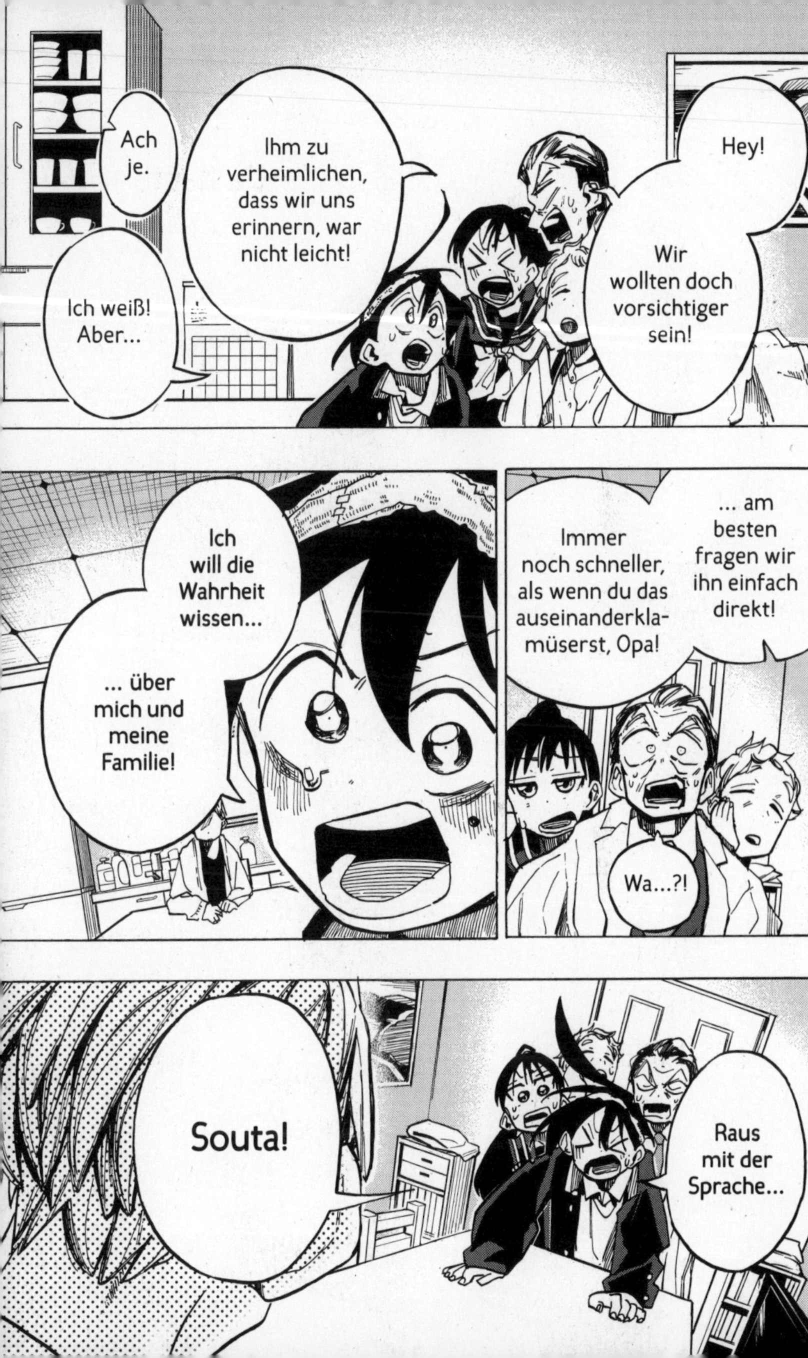
Hey!
Wir wollten doch vorsichtiger sein!
Ihm zu verheimlichen, dass wir uns erinnern, war nicht leicht!
Ach je.
Ich weiß! Aber...
... am besten fragen wir ihn einfach direkt!
Immer noch schneller, als wenn du das auseinanderklamüserst, Opa!
Wa...?!
Ich will die Wahrheit wissen...
... über mich und meine Familie!
Raus mit der Sprache...
Souta!

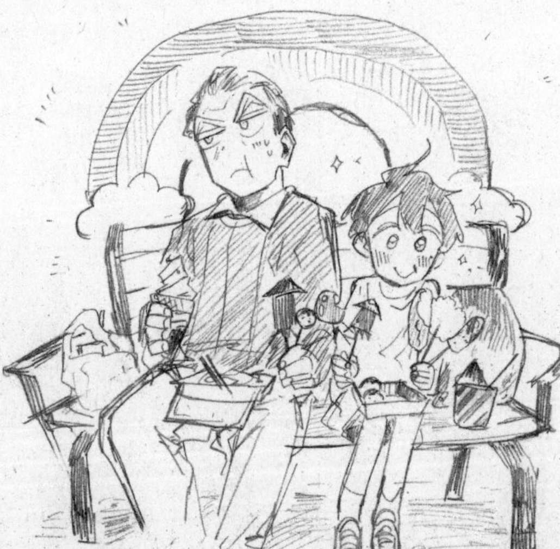

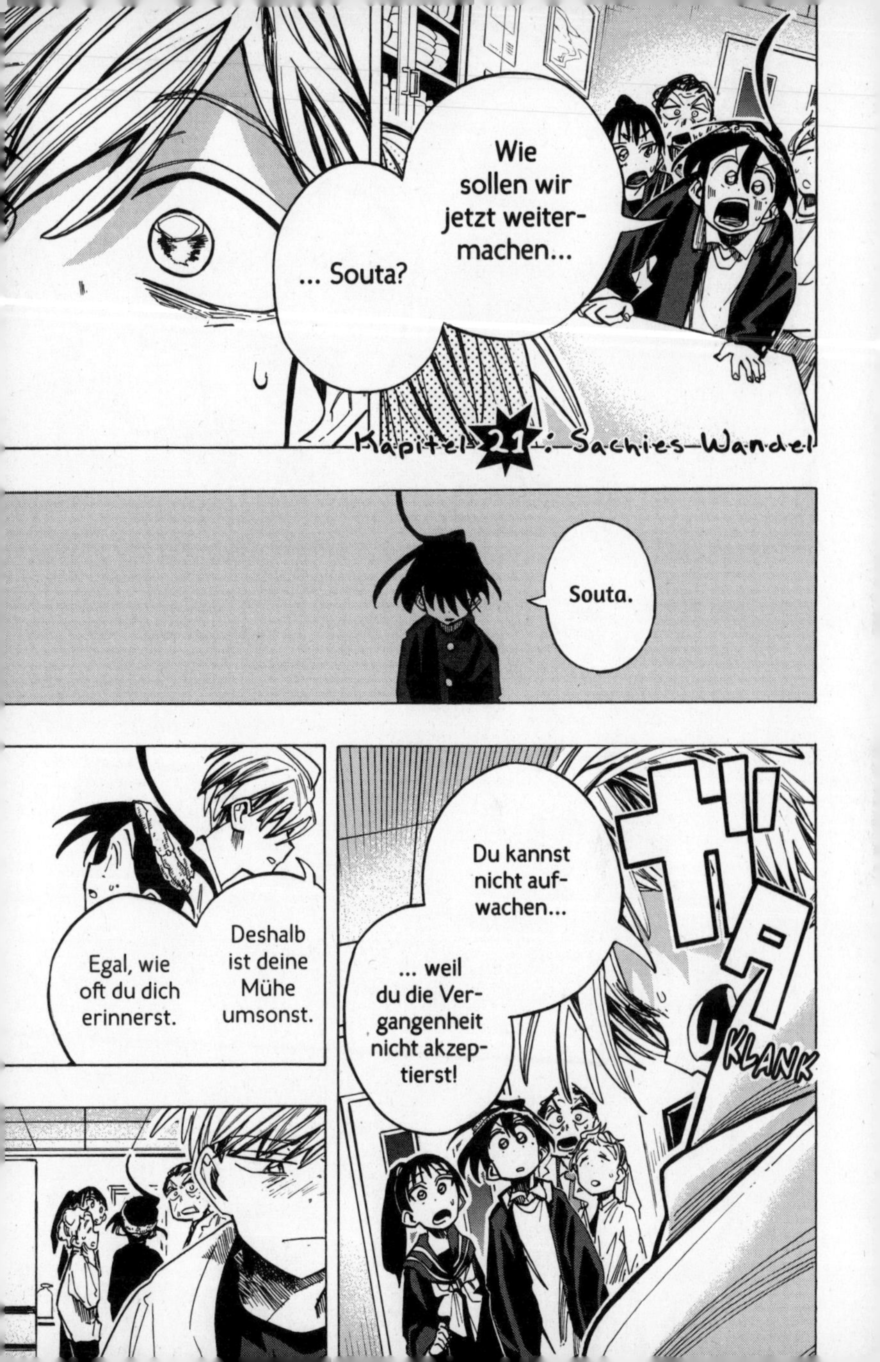

Wie sollen wir jetzt weitermachen...
... Souta?
Kapitel 21: Sachies Wandel
Souta.
Du kannst nicht aufwachen...
... weil du die Vergangenheit nicht akzeptierst!
KLANK
Deshalb ist deine Mühe umsonst.
Egal, wie oft du dich erinnerst.

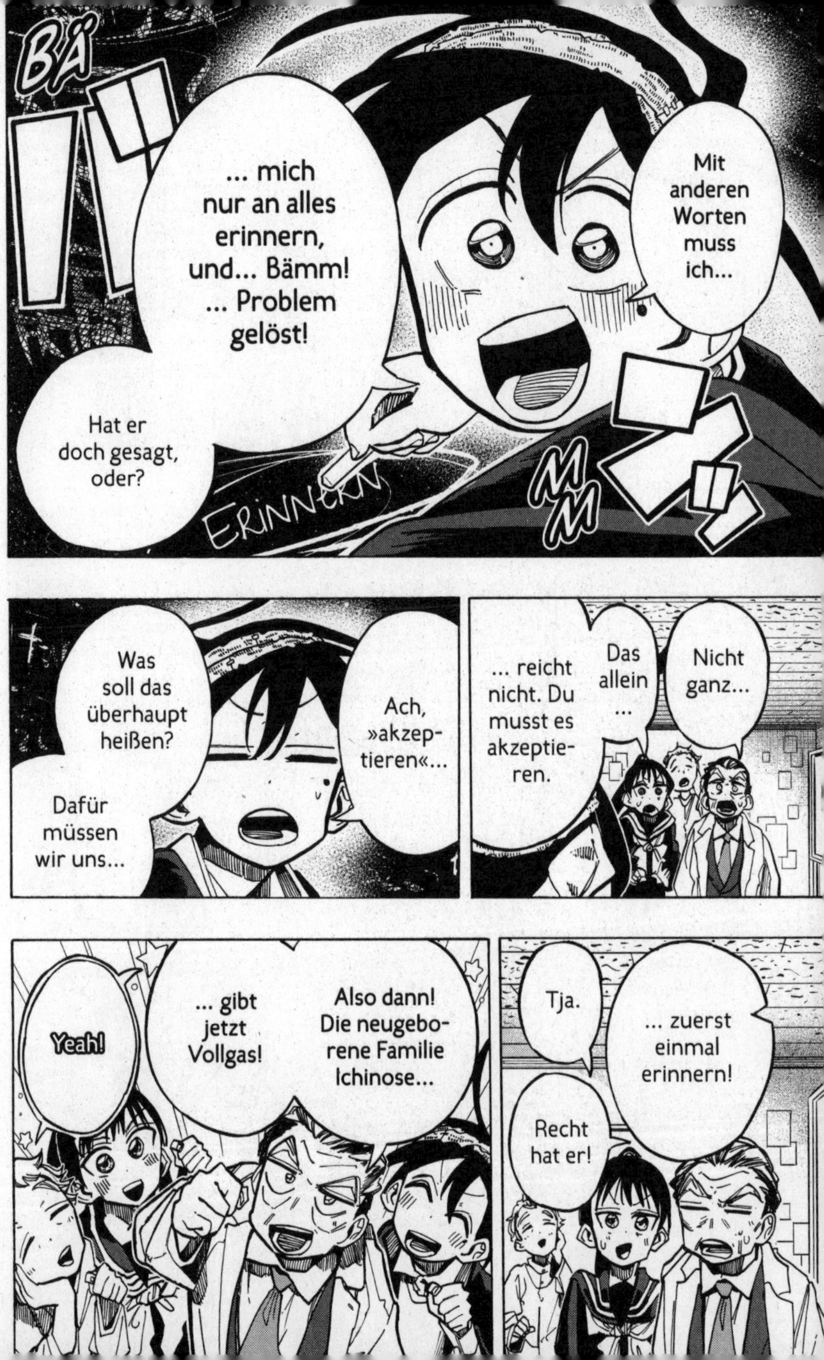
Mit anderen Worten muss ich...
... mich nur an alles erinnern, und... Bämm! ... Problem gelöst!
BÄ
MM
ERINNERN
Hat er doch gesagt, oder?
Nicht ganz...
Das allein ...
... reicht nicht. Du musst es akzeptieren.
Ach, »akzeptieren«...
Was soll das überhaupt heißen?
Dafür müssen wir uns...
... zuerst einmal erinnern!
Tja.
Recht hat er!
Also dann! Die neugeborene Familie Ichinose...
... gibt jetzt Vollgas!
Yeah!

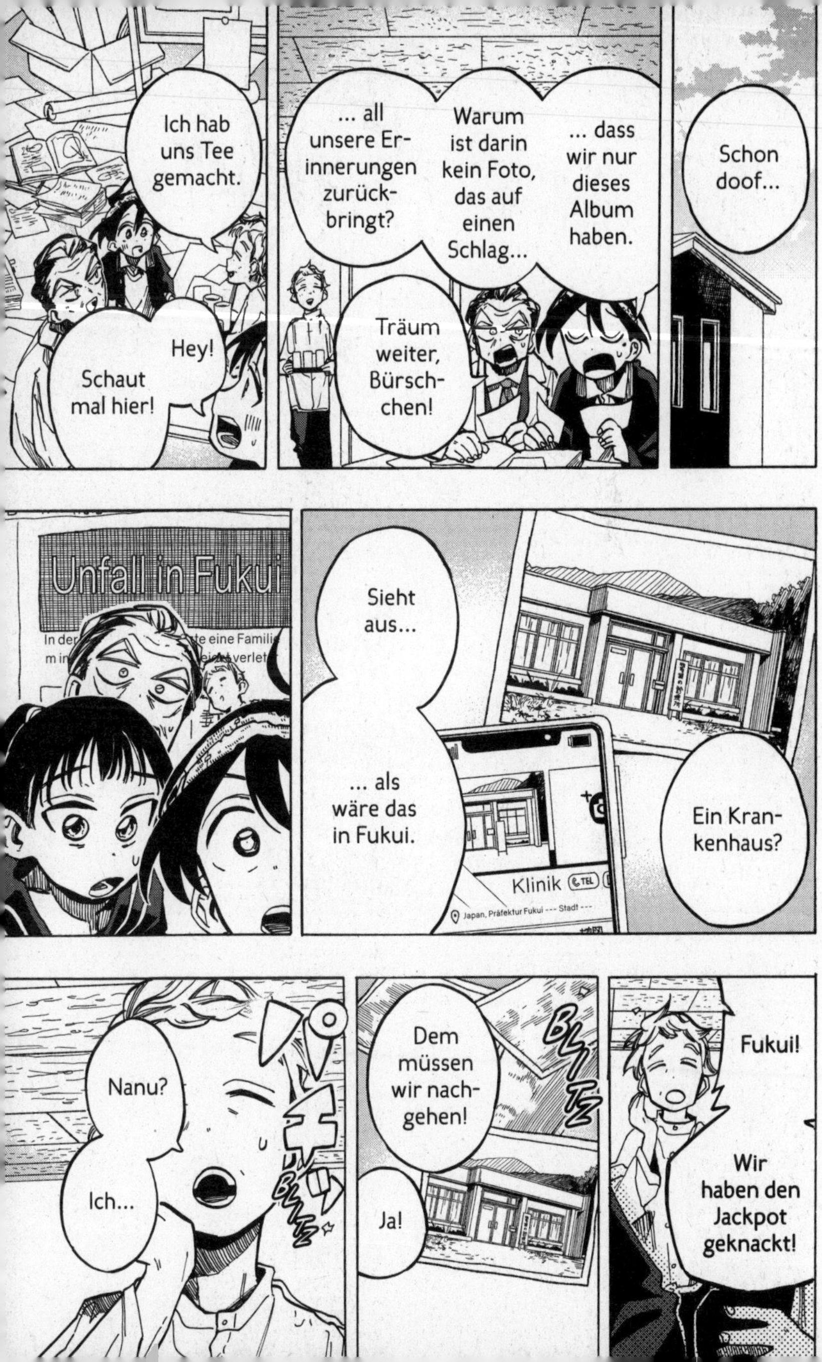
Schon doof...
... dass wir nur dieses Album haben.
Warum ist darin kein Foto, das auf einen Schlag...
... all unsere Erinnerungen zurückbringt?
Träum weiter, Bürschchen!
Ich hab uns Tee gemacht.
Hey!
Schaut mal hier!
Ein Krankenhaus?
Klinik
Japan, Präfektur Fukui --- Stadt ---
Sieht aus...
... als wäre das in Fukui.
Unfall in Fukui
Fukui!
Wir haben den Jackpot geknackt!
BLITZ
Dem müssen wir nachgehen!
Ja!
Nanu?
Ich...

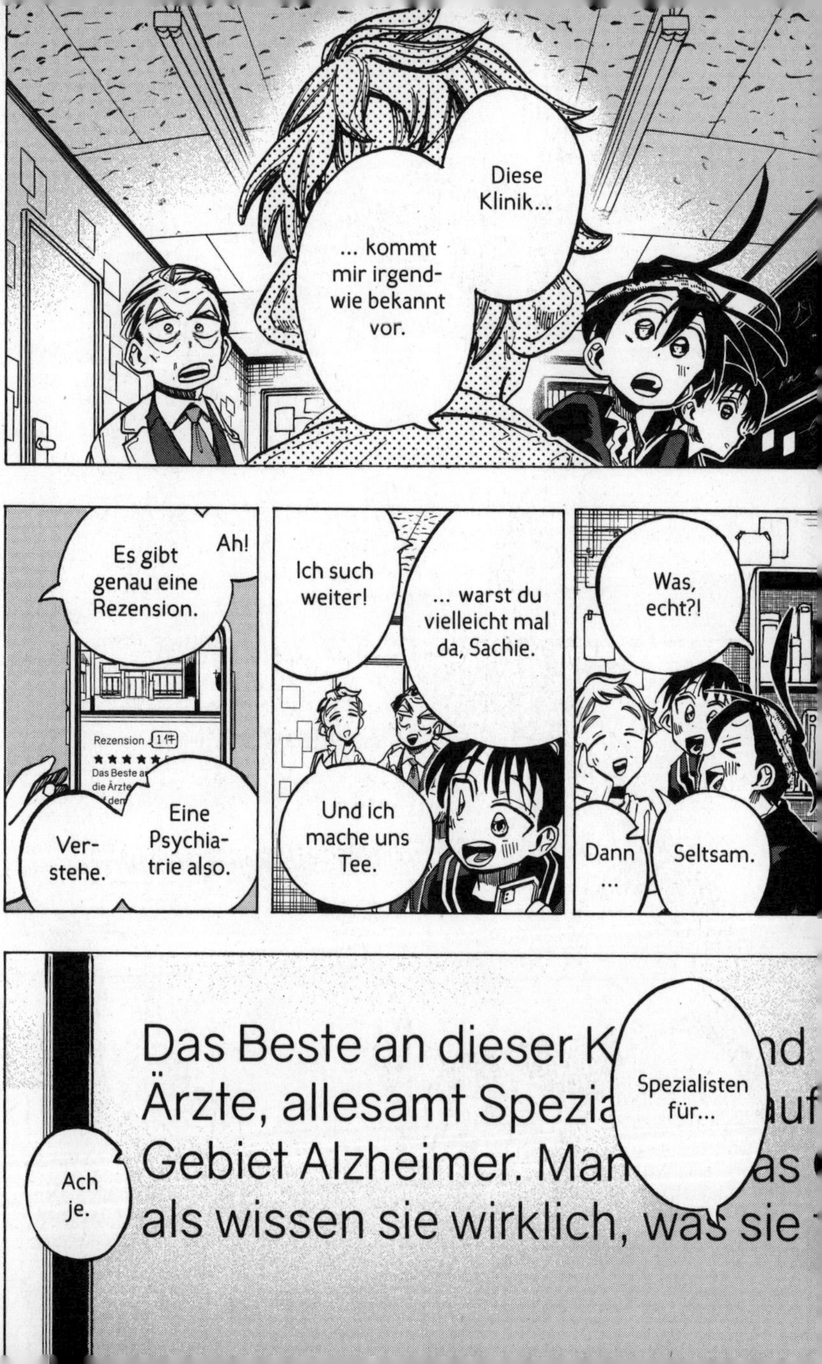
Diese Klinik...
... kommt mir irgendwie bekannt vor.
Was, echt?!
Seltsam.
Dann ...
... warst du vielleicht mal da, Sachie.
Ich such weiter!
Und ich mache uns Tee.
Ah!
Es gibt genau eine Rezension.
Rezension 1件
Eine Psychiatrie also.
Verstehe.
Das Beste an dieser K nd
Ärzte, allesamt Spezia auf
Gebiet Alzheimer. Man as
als wissen sie wirklich, was sie
Spezialisten für...
Ach je.

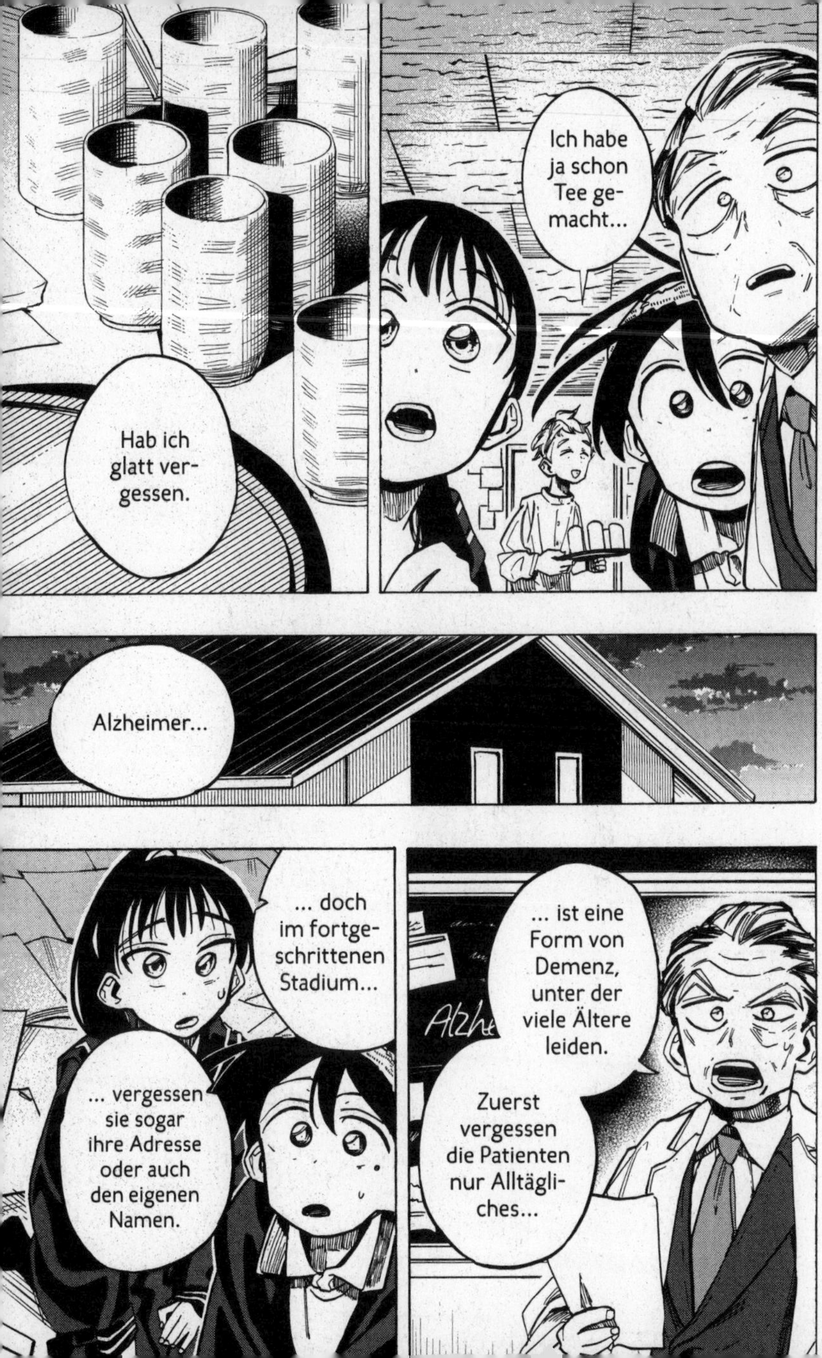
Ich habe ja schon Tee gemacht...
Hab ich glatt vergessen.
Alzheimer...
... ist eine Form von Demenz, unter der viele Ältere leiden.
Alzhe
Zuerst vergessen die Patienten nur Alltägliches...
... doch im fortgeschrittenen Stadium...
... vergessen sie sogar ihre Adresse oder auch den eigenen Namen.

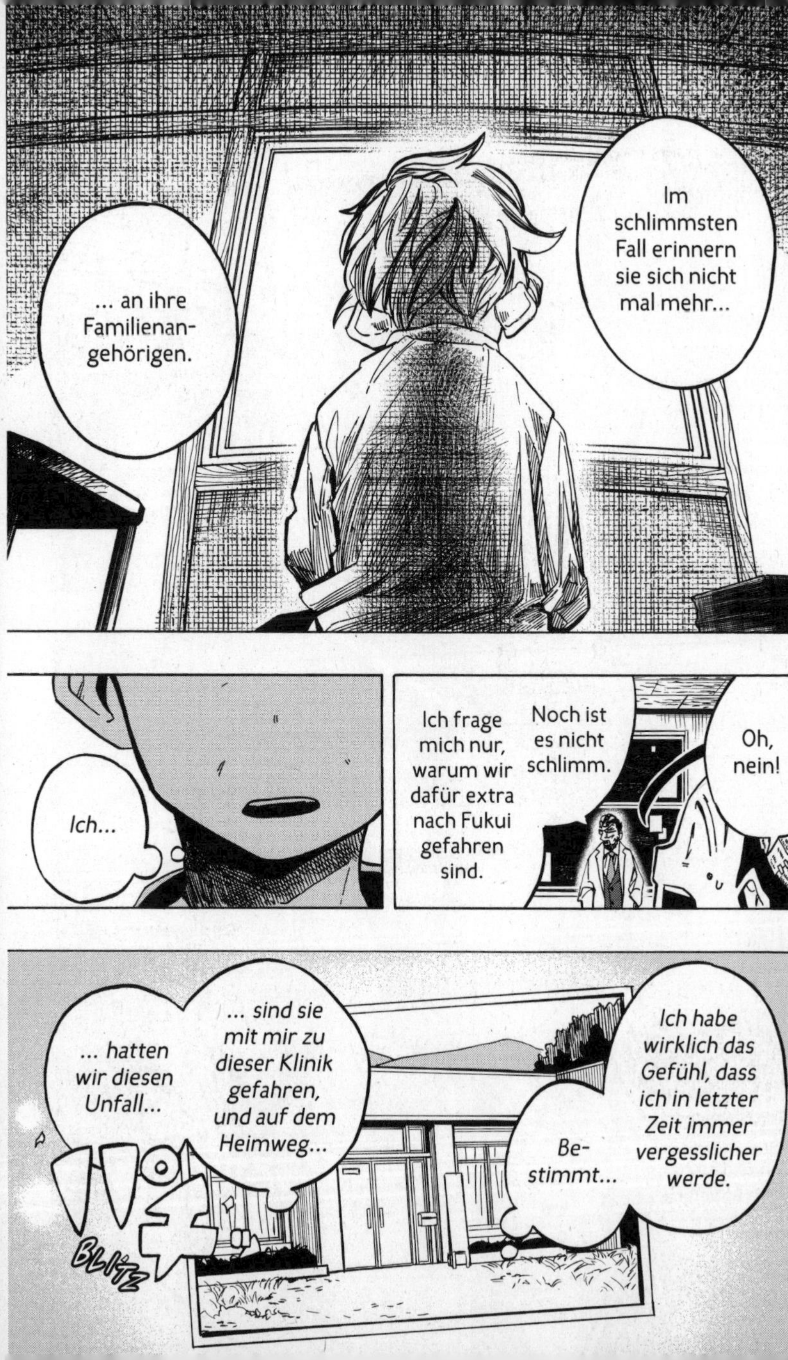
Im schlimmsten Fall erinnern sie sich nicht mal mehr…
… an ihre Familienangehörigen.
Oh, nein!
Noch ist es nicht schlimm.
Ich frage mich nur, warum wir dafür extra nach Fukui gefahren sind.
Ich…
Ich habe wirklich das Gefühl, dass ich in letzter Zeit immer vergesslicher werde.
Bestimmt…
… sind sie mit mir zu dieser Klinik gefahren, und auf dem Heimweg…
… hatten wir diesen Unfall…
BLITZ

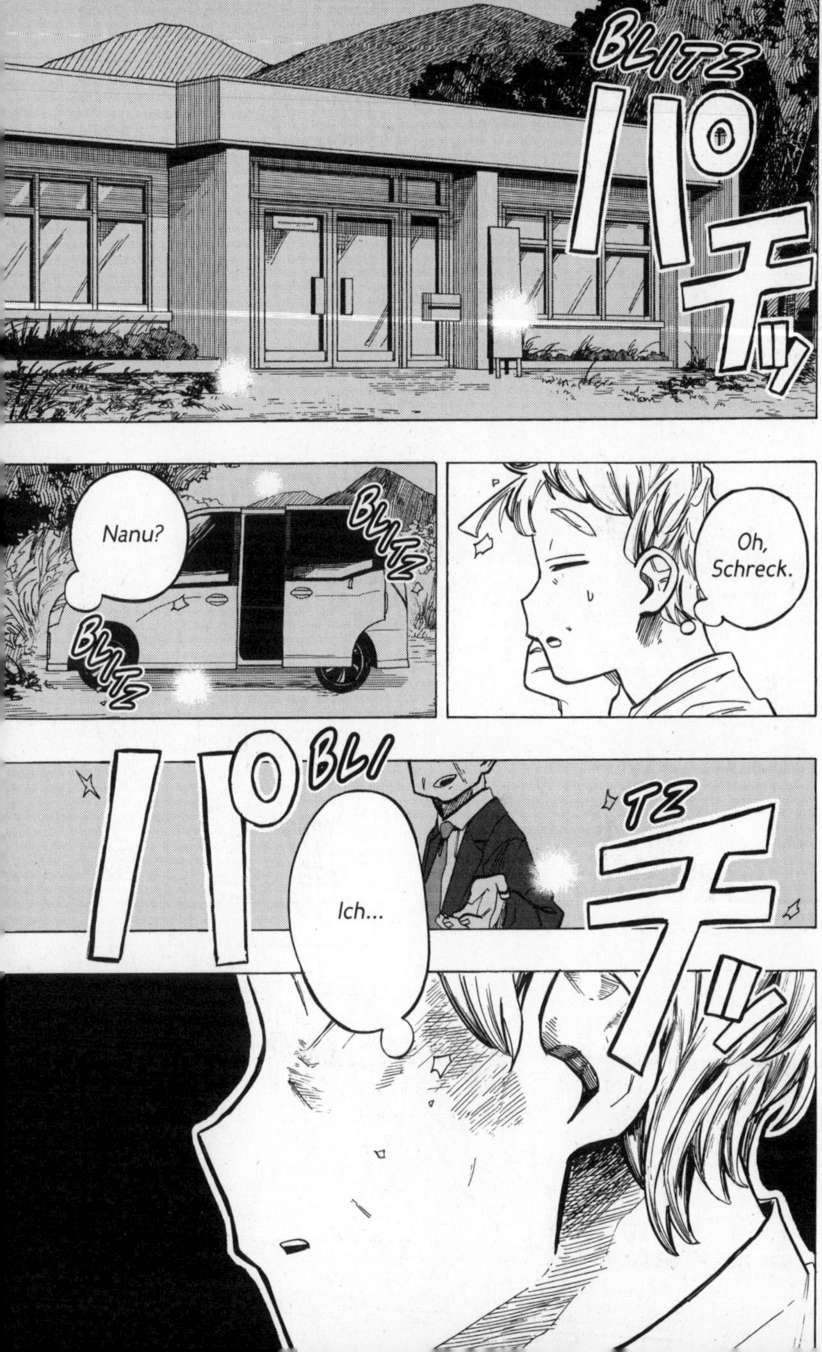
BLITZ
パチッ
Oh, Schreck.
BLITZ
Nanu?
BLITZ
BLITZ
パチッ
Ich...

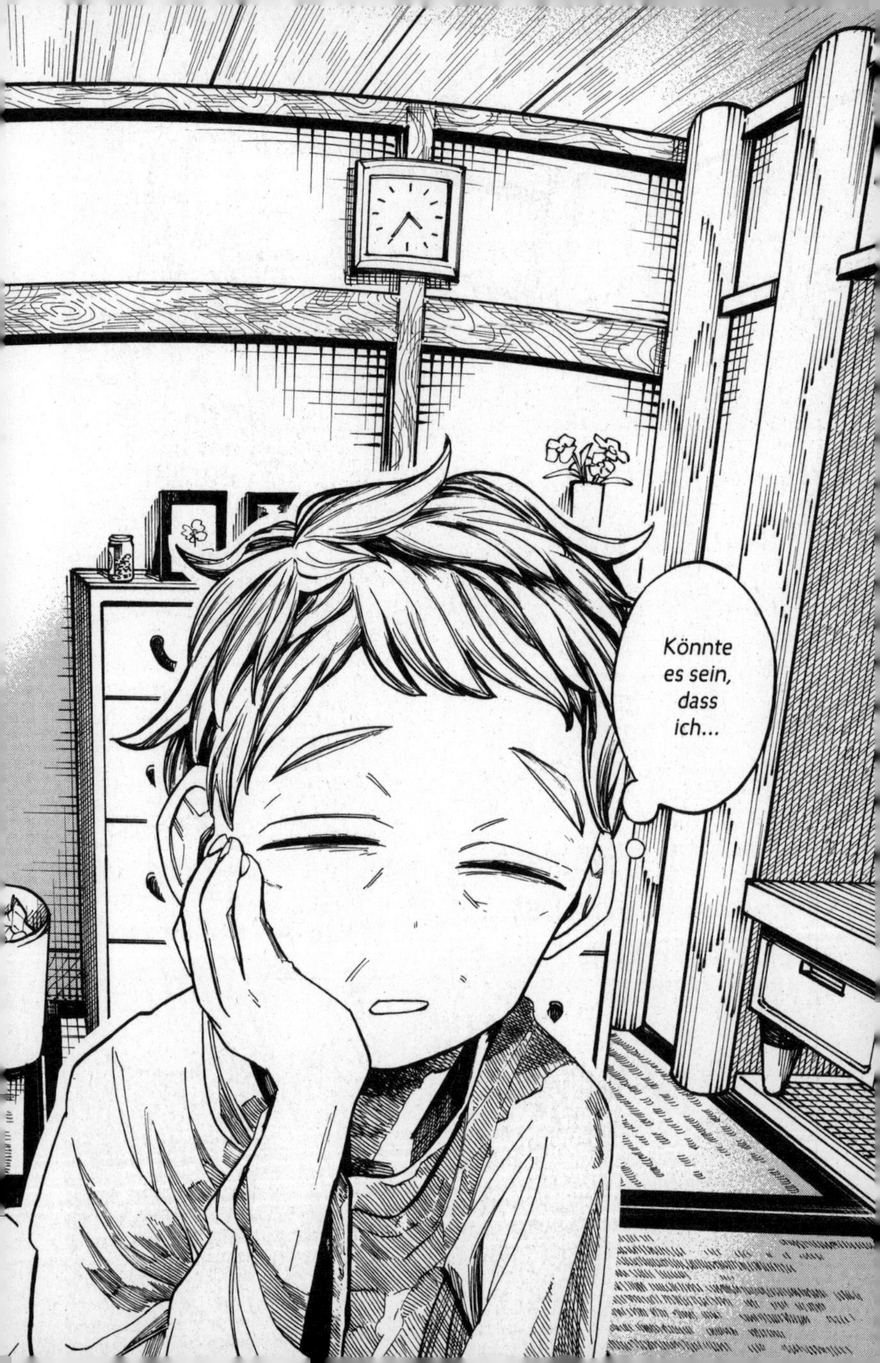
Könnte es sein, dass ich...

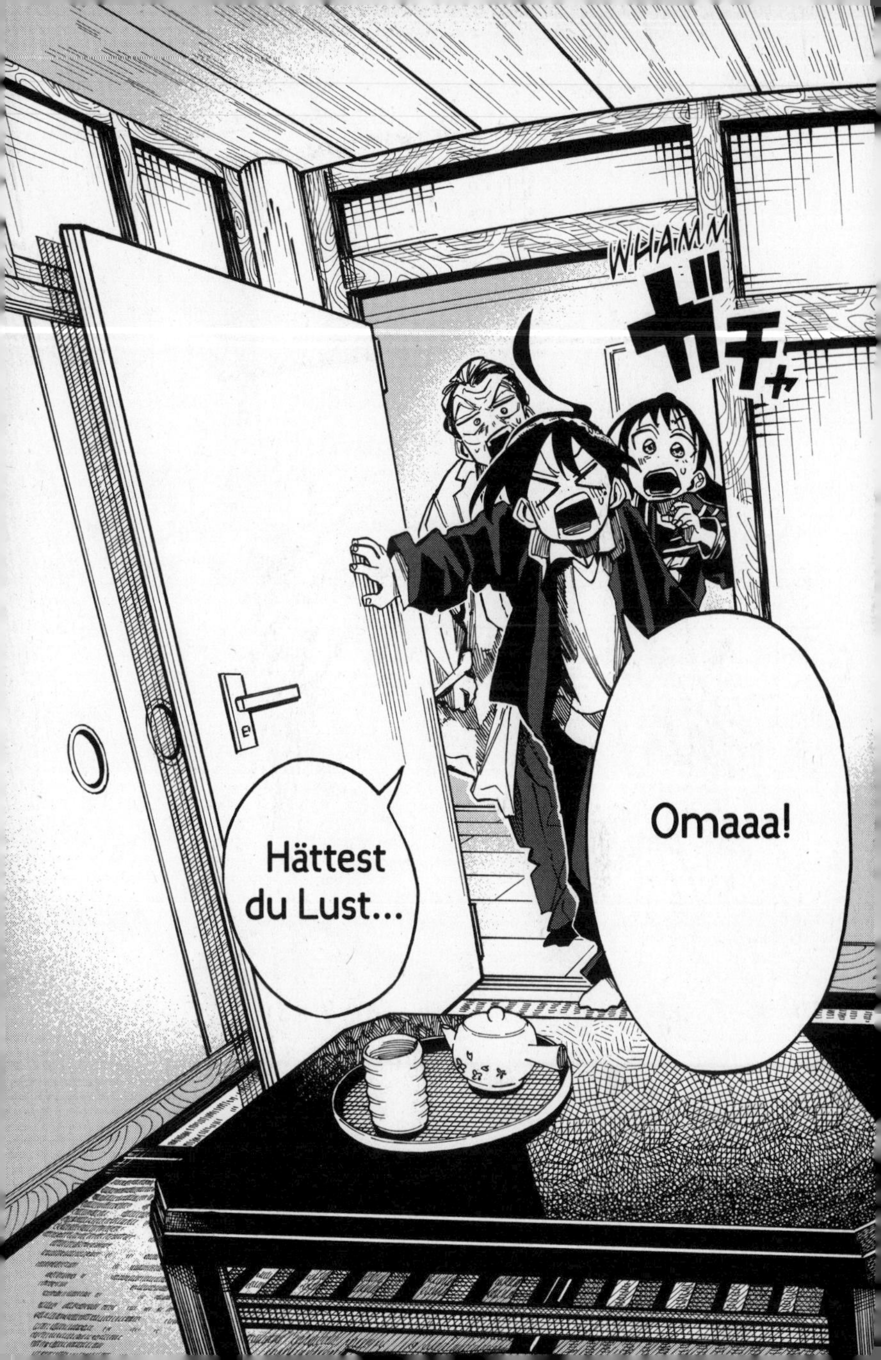
WHAMM
ガチャ
Omaaa!
Hättest du Lust...

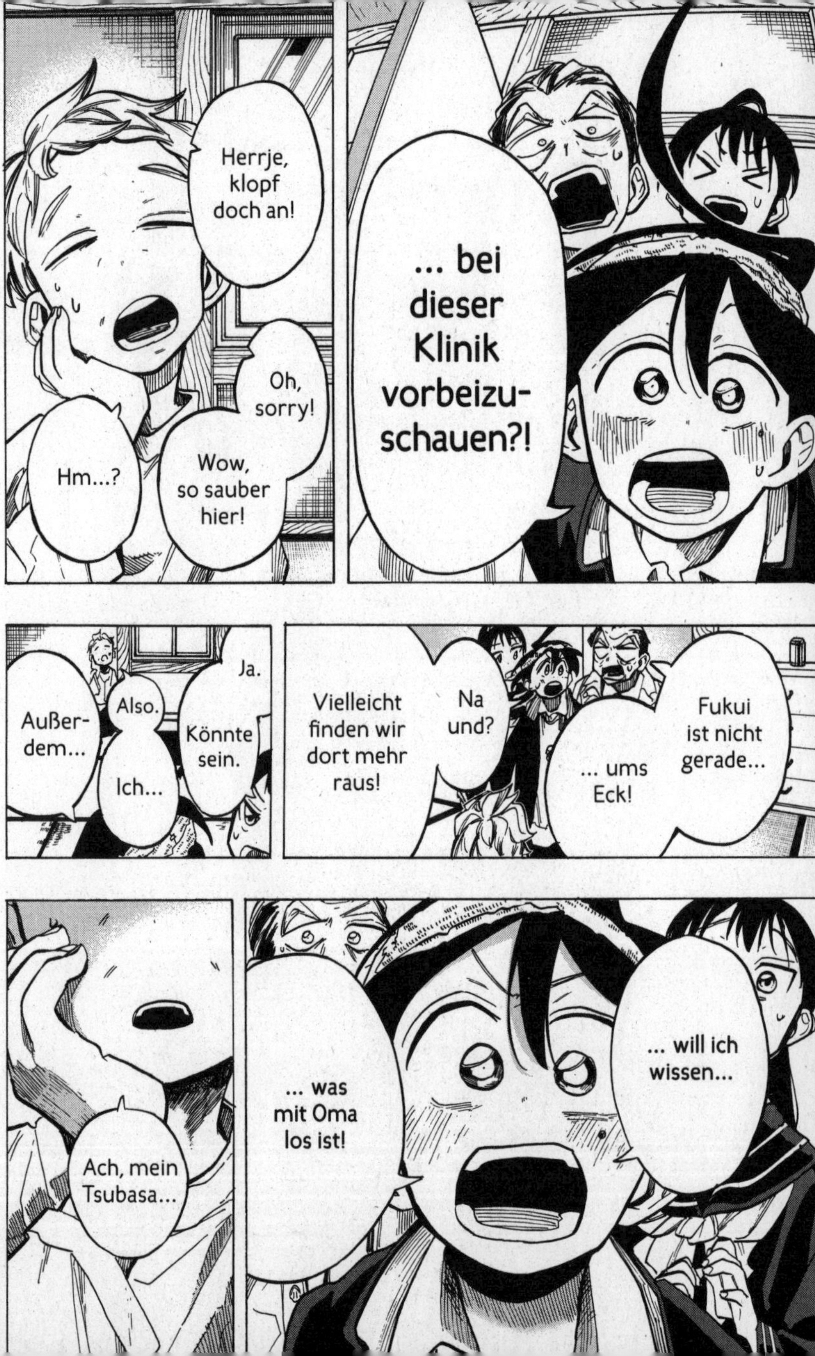
... bei dieser Klinik vorbeizuschauen?!
Herrje, klopf doch an!
Oh, sorry!
Wow, so sauber hier!
Hm...?
Fukui ist nicht gerade...
... ums Eck!
Na und?
Vielleicht finden wir dort mehr raus!
Ja.
Könnte sein.
Also.
Ich...
Außerdem...
... will ich wissen...
... was mit Oma los ist!
Ach, mein Tsubasa...

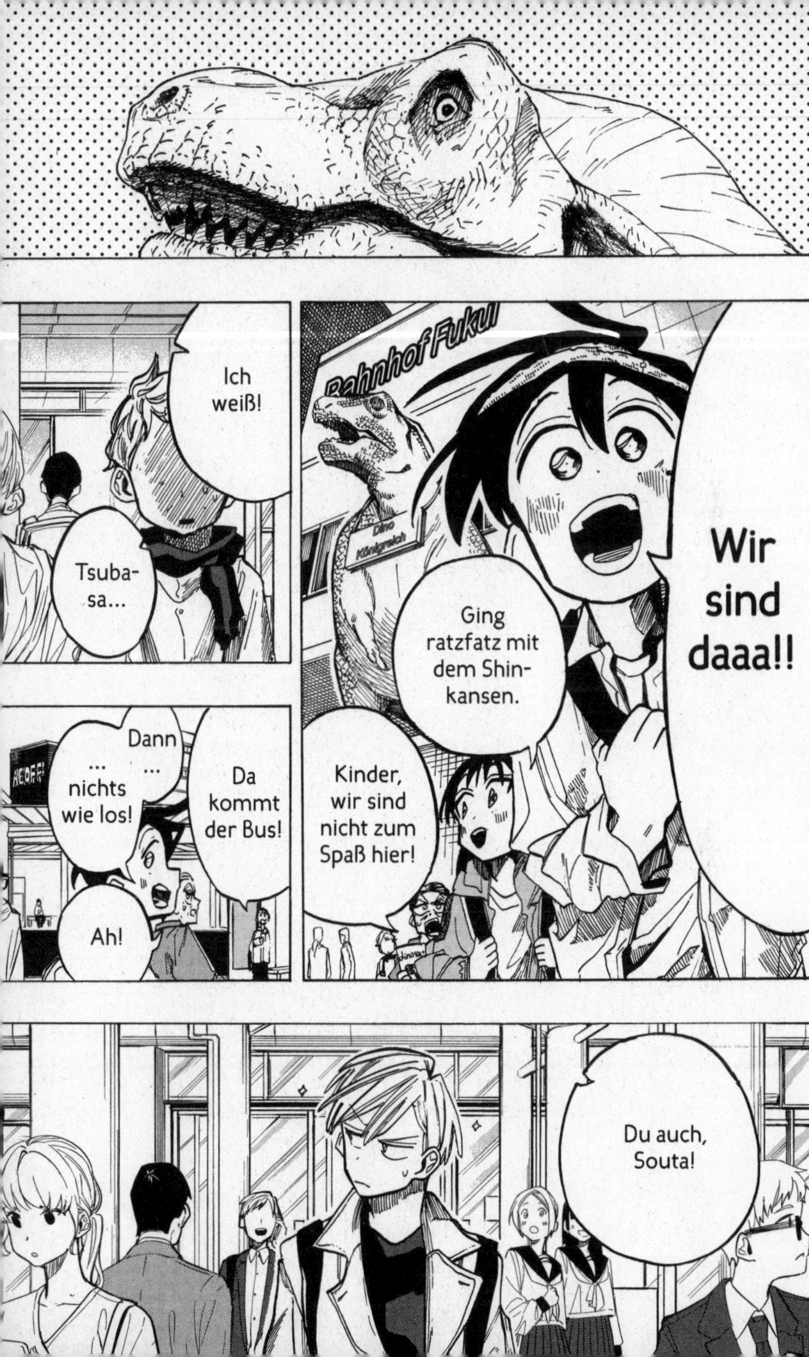
Bahnhof Fukui
Dino Königreich
Wir sind daaa!!
Ging ratzfatz mit dem Shinkansen.
Kinder, wir sind nicht zum Spaß hier!
Ich weiß!
Tsuba-sa...
Da kommt der Bus!
Dann ...
... nichts wie los!
Ah!
Du auch, Souta!

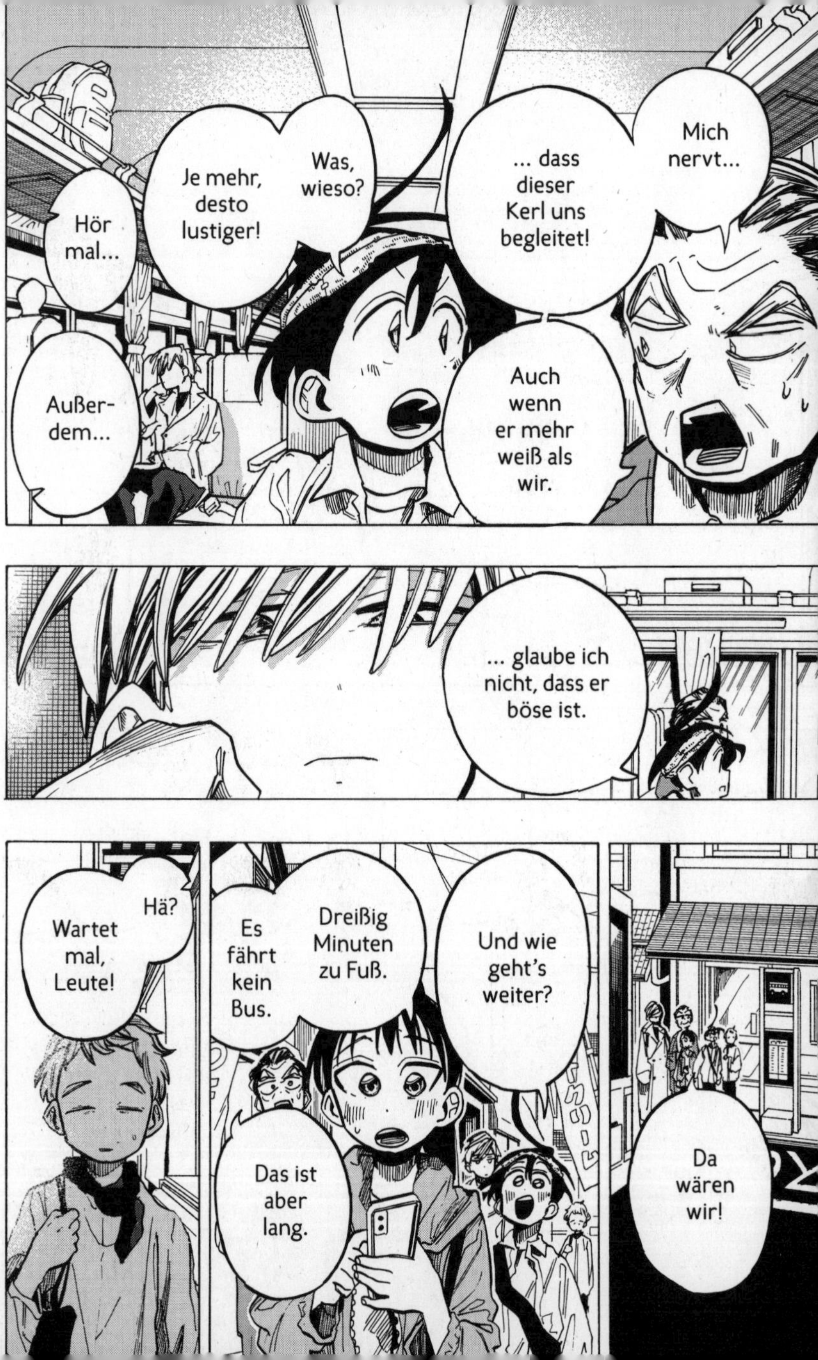

Mich nervt...
... dass dieser Kerl uns begleitet!
Auch wenn er mehr weiß als wir.
Was, wieso?
Je mehr, desto lustiger!
Hör mal...
Außer-dem...
... glaube ich nicht, dass er böse ist.
Da wären wir!
Und wie geht's weiter?
Dreißig Minuten zu Fuß.
Es fährt kein Bus.
Das ist aber lang.
Hä?
Wartet mal, Leute!

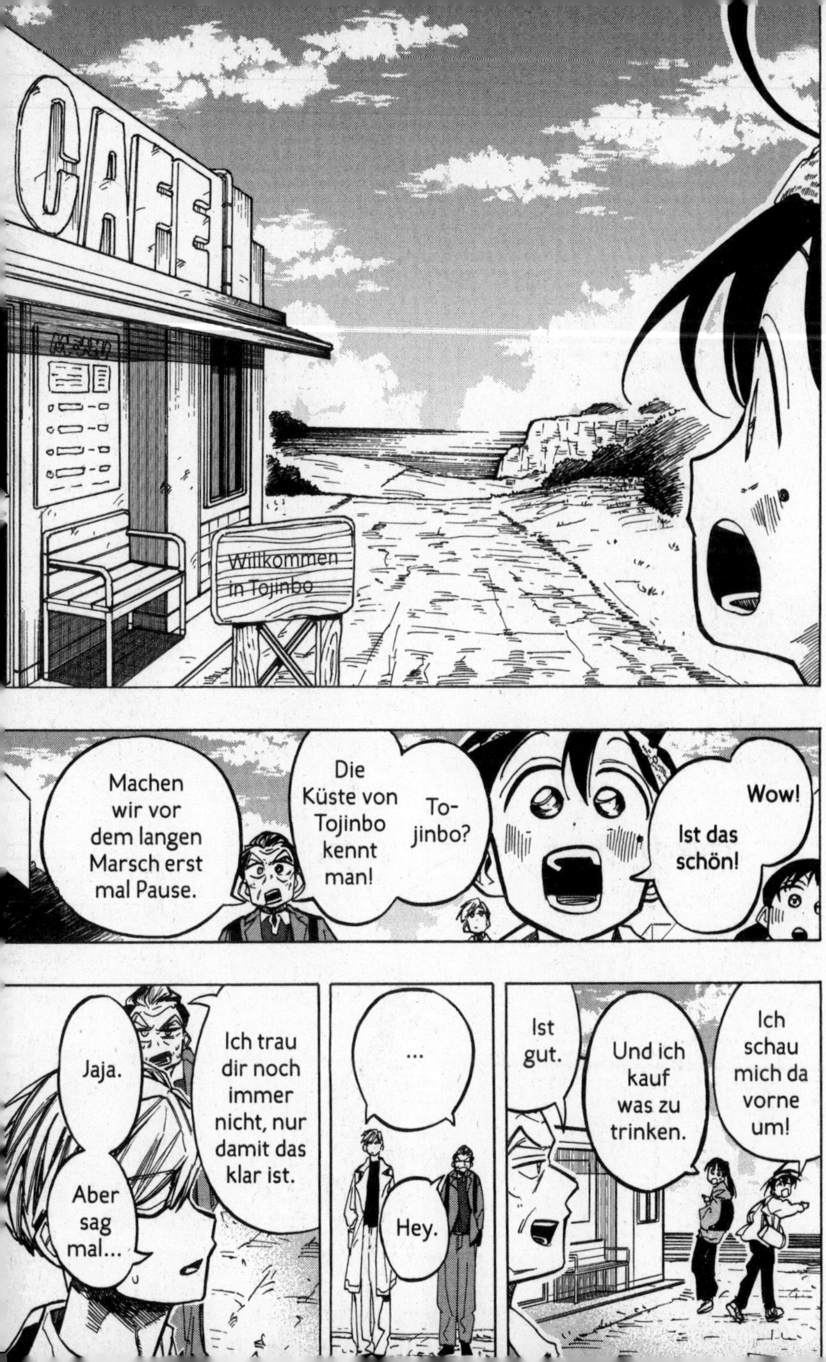
Willkommen in Tojinbo
Wow! Ist das schön!
To-jinbo?
Die Küste von Tojinbo kennt man!
Machen wir vor dem langen Marsch erst mal Pause.
Ich schau mich da vorne um!
Und ich kauf was zu trinken.
Ist gut.
...
Hey.
Ich trau dir noch immer nicht, nur damit das klar ist.
Jaja.
Aber sag mal...

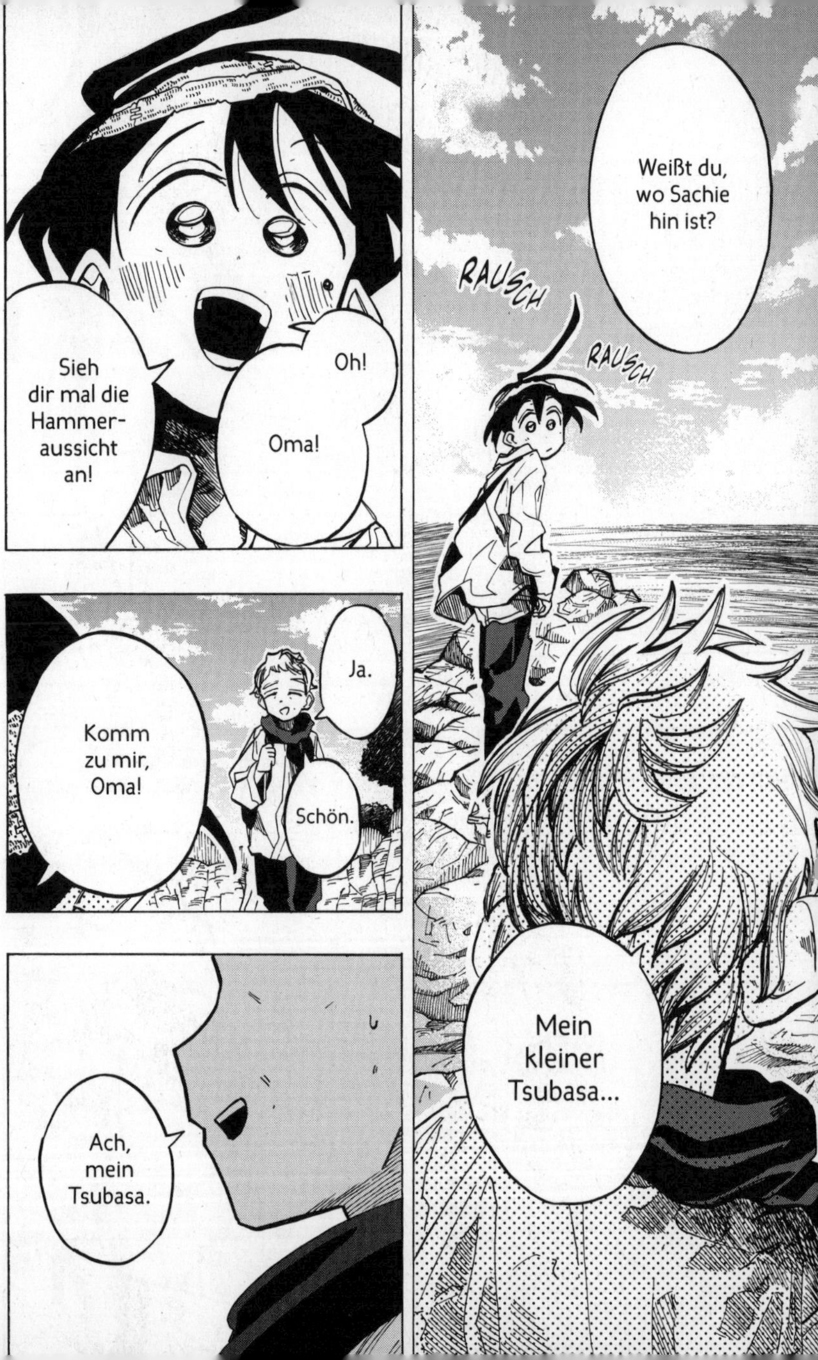
Weißt du, wo Sachie hin ist?
RAUSCH
RAUSCH
Mein kleiner Tsubasa...
Oh! Oma!
Sieh dir mal die Hammer-aussicht an!
Ja.
Schön.
Komm zu mir, Oma!
Ach, mein Tsubasa.

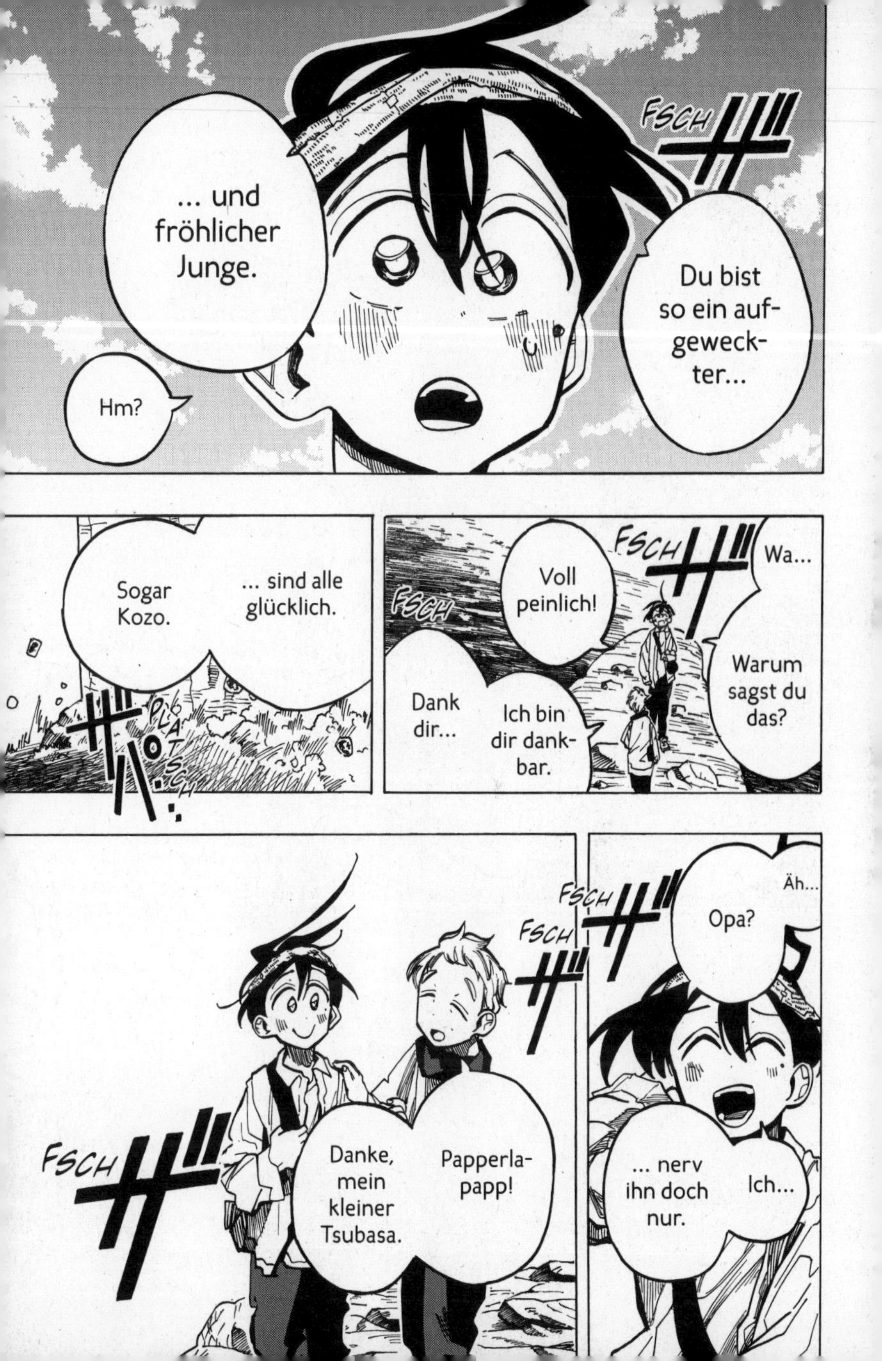
FSCH
Du bist so ein aufgeweckter...
... und fröhlicher Junge.
Hm?
FSCH
Wa...
Warum sagst du das?
Voll peinlich!
FSCH
Ich bin dir dankbar.
Dank dir...
... sind alle glücklich.
Sogar Kozo.
PLATSCH
FSCH
FSCH
Äh...
Opa?
Ich...
... nerv ihn doch nur.
Papperlapapp!
Danke, mein kleiner Tsubasa.
FSCH

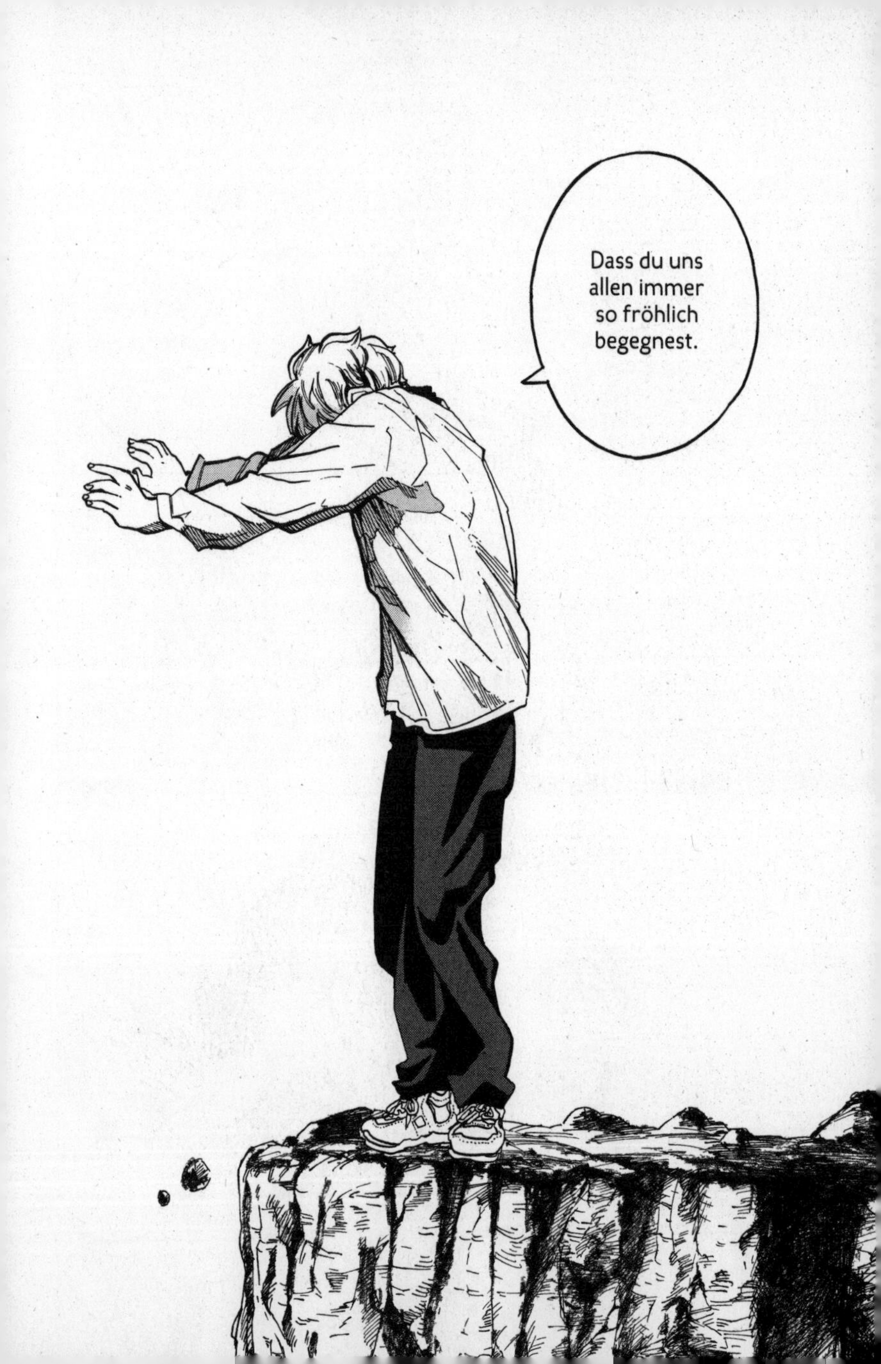
Dass du uns allen immer so fröhlich begegnest.

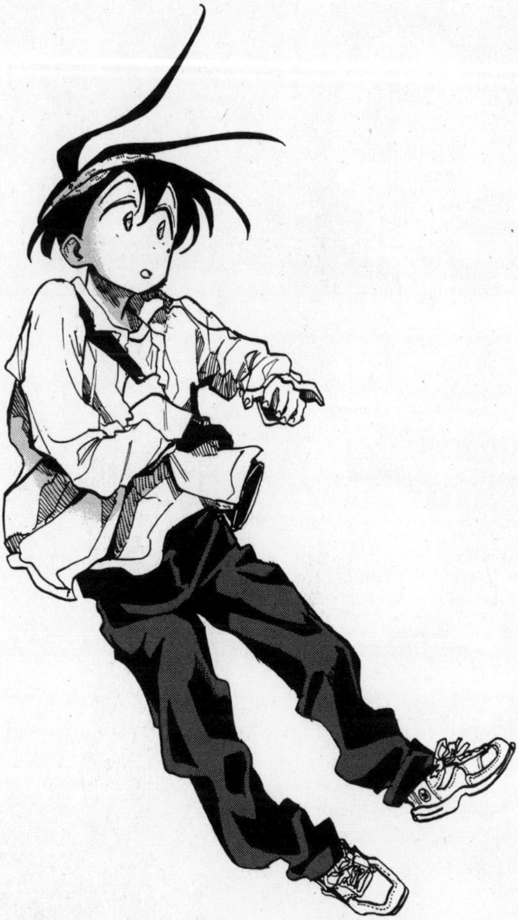

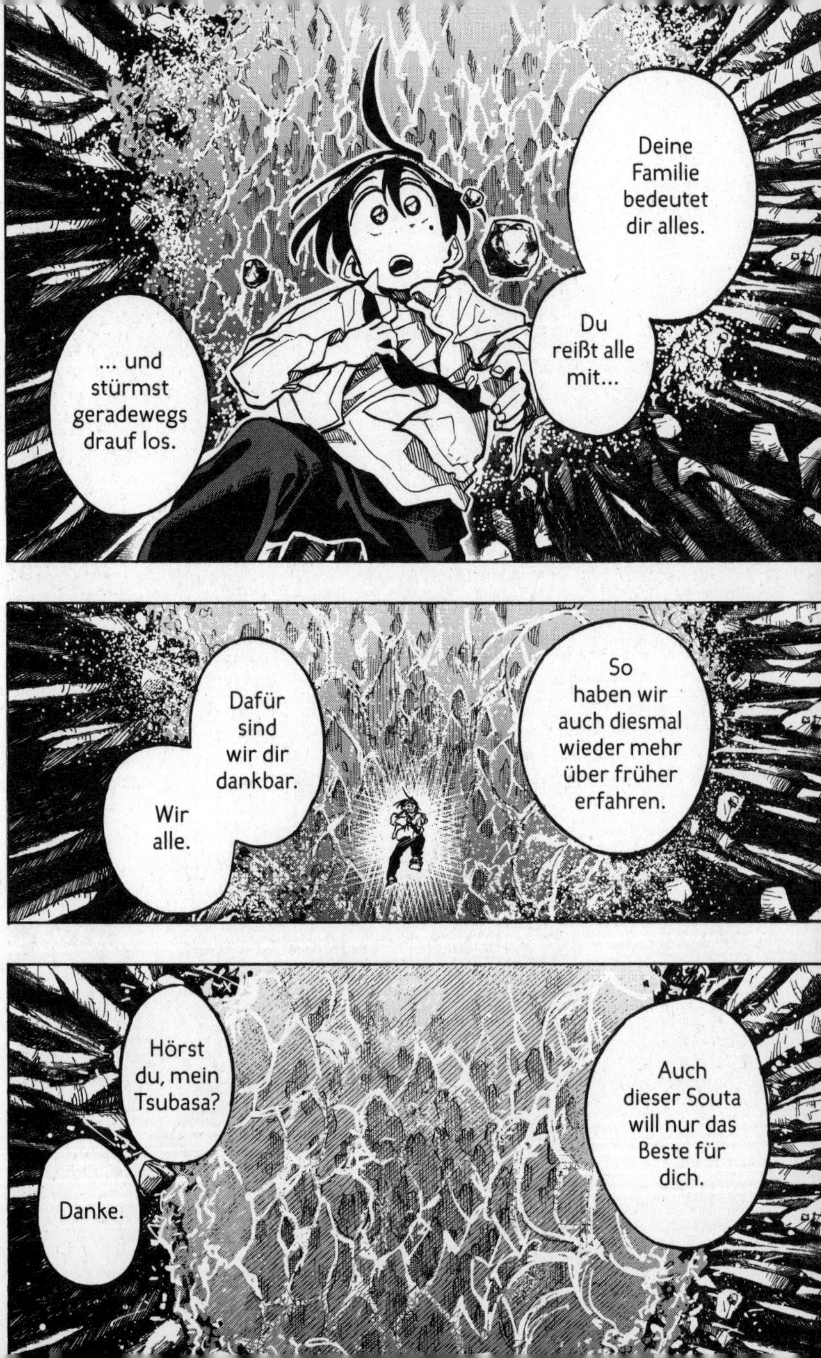
Deine Familie bedeutet dir alles.
Du reißt alle mit...
... und stürmst geradewegs drauf los.
So haben wir auch diesmal wieder mehr über früher erfahren.
Dafür sind wir dir dankbar.
Wir alle.
Auch dieser Souta will nur das Beste für dich.
Hörst du, mein Tsubasa?
Danke.

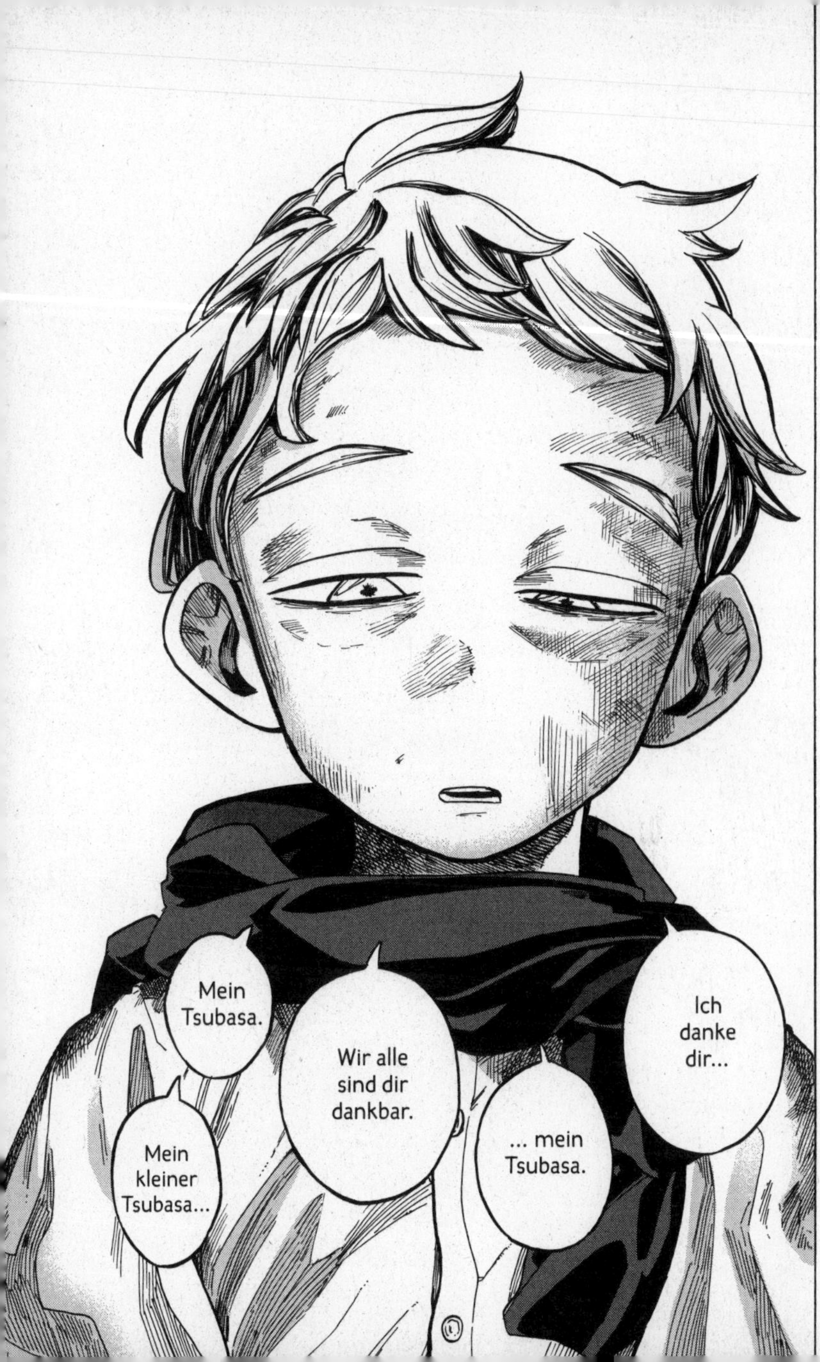
Ich danke dir…
… mein Tsubasa.
Wir alle sind dir dankbar.
Mein Tsubasa.
Mein kleiner Tsubasa…

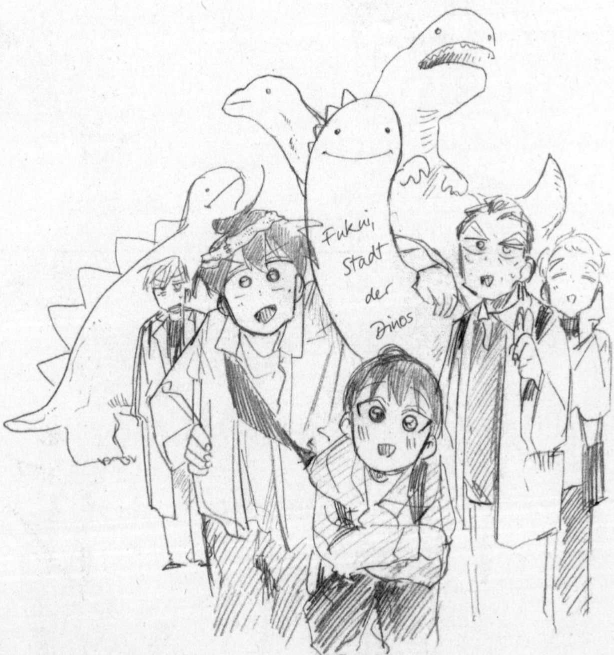
Fukui, Stadt der Dinos

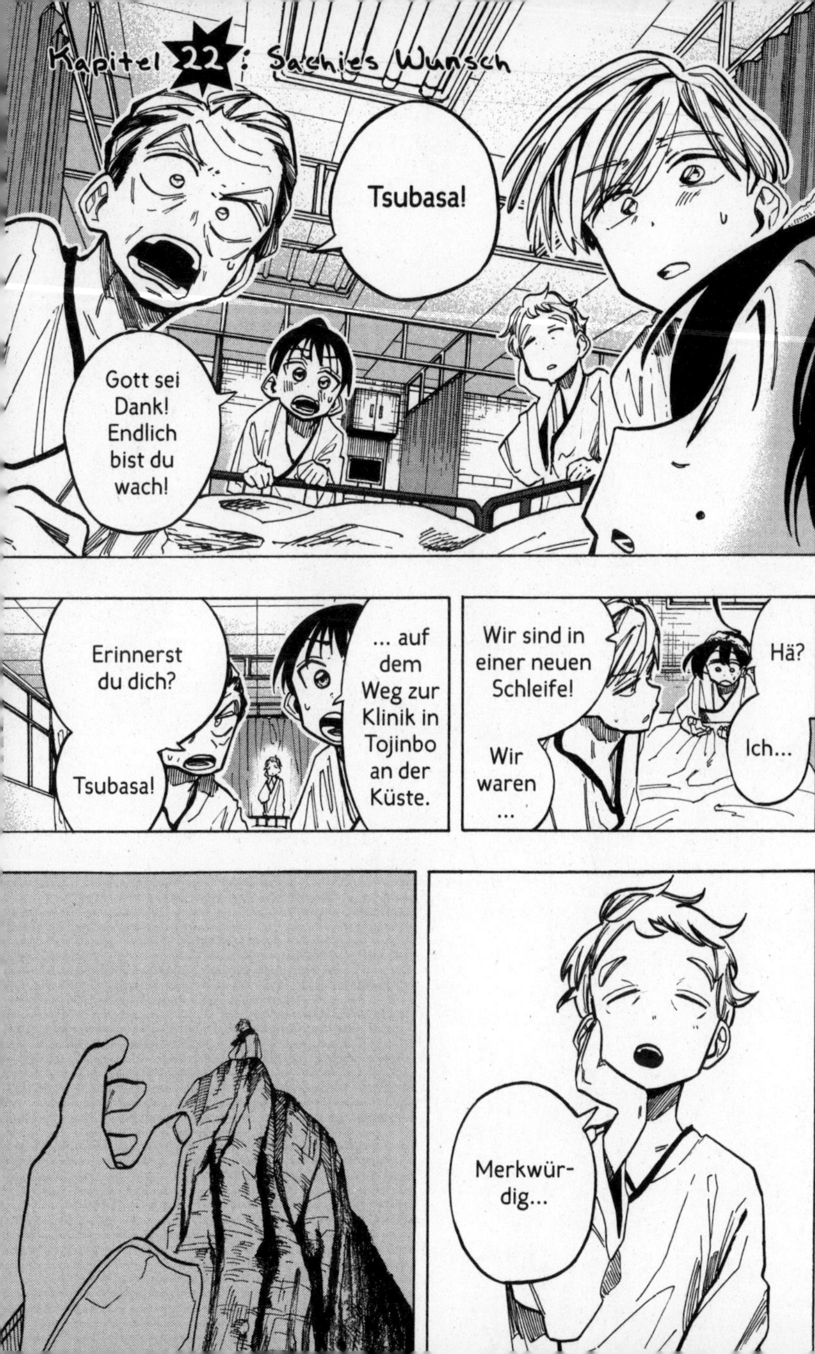
Kapitel 22: Sachies Wunsch
Tsubasa!
Gott sei Dank! Endlich bist du wach!
Hä?
Ich...
Wir sind in einer neuen Schleife!
Wir waren ...
... auf dem Weg zur Klinik in Tojinbo an der Küste.
Erinnerst du dich?
Tsubasa!
Merkwür-dig...

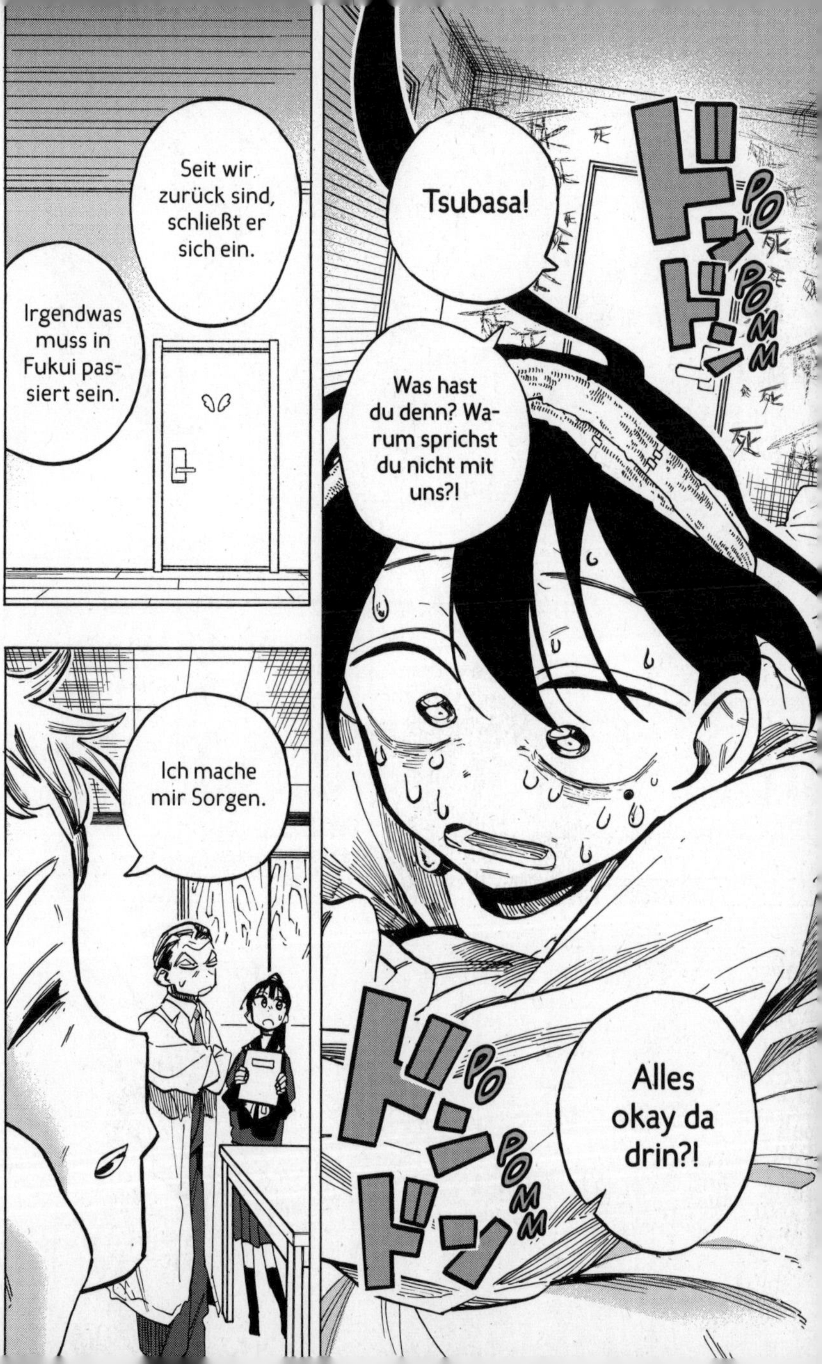
Tsubasa!
PO POMM
Was hast du denn? Warum sprichst du nicht mit uns?!
Seit wir zurück sind, schließt er sich ein.
Irgendwas muss in Fukui passiert sein.
Alles okay da drin?!
PO POMM
Ich mache mir Sorgen.

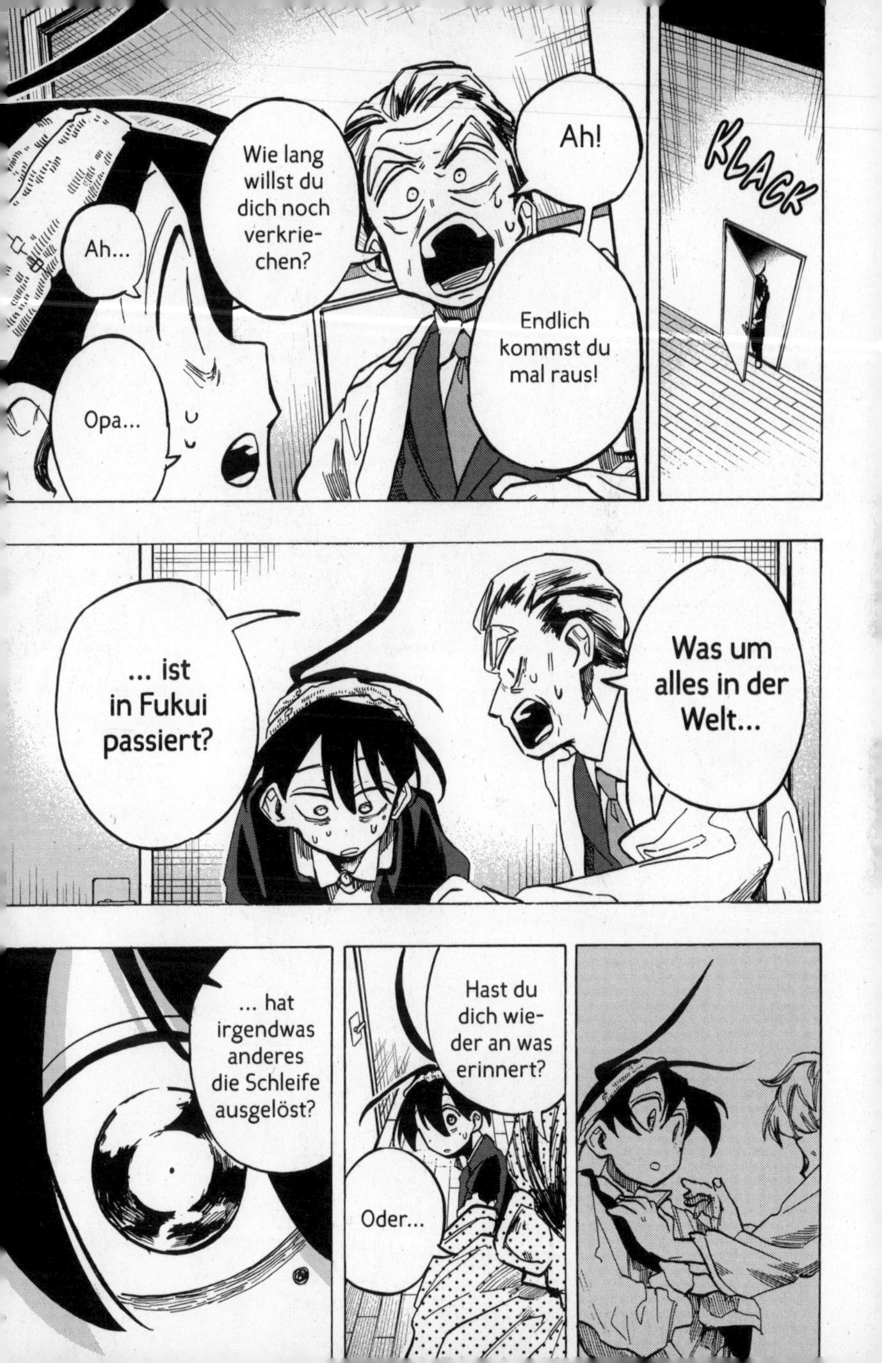
KLACK
Ah!
Endlich kommst du mal raus!
Wie lang willst du dich noch verkriechen?
Ah…
Opa…
Was um alles in der Welt…
… ist in Fukui passiert?
Hast du dich wieder an was erinnert?
Oder…
… hat irgendwas anderes die Schleife ausgelöst?

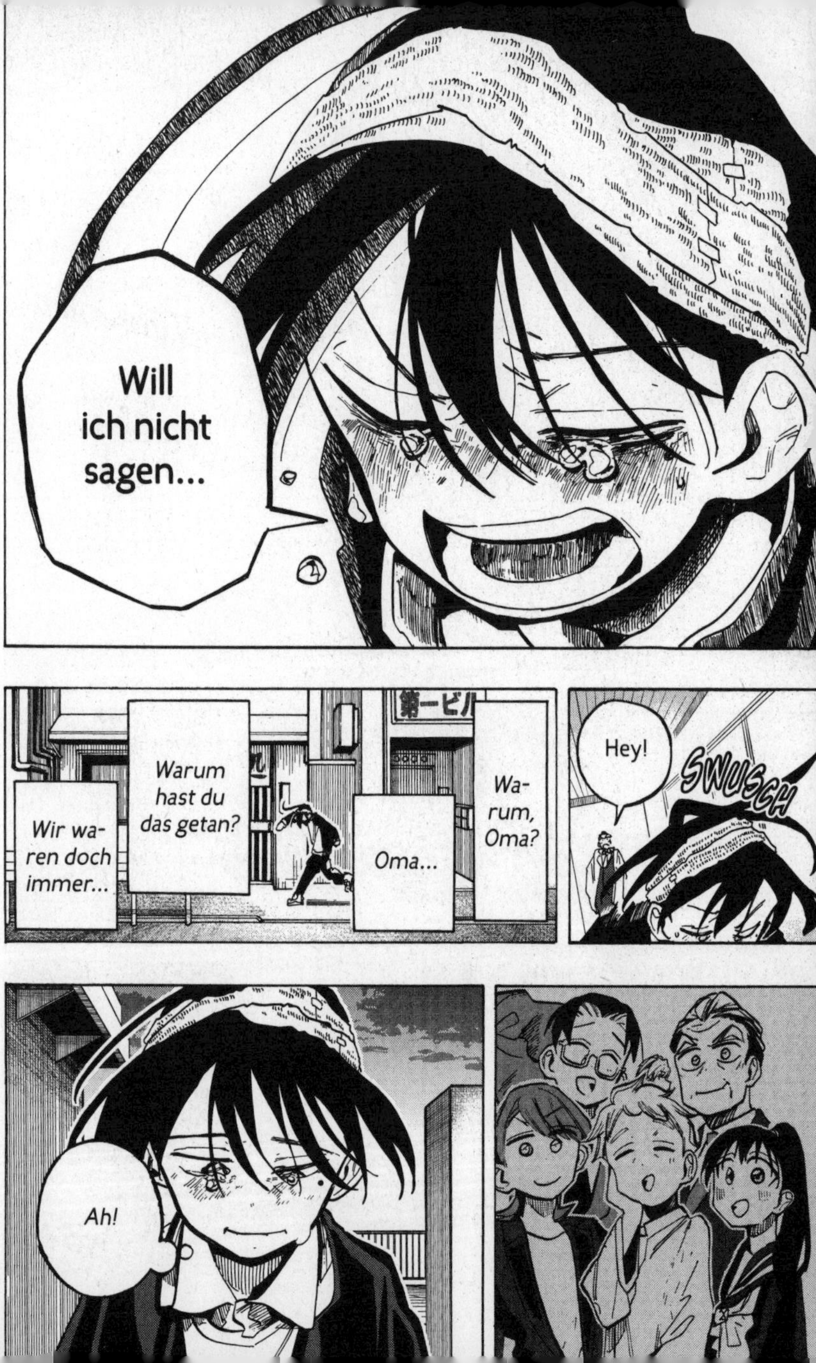
Will ich nicht sagen…
Hey!
SWUSCH
Wa-rum, Oma?
Oma…
第一ビル
Warum hast du das getan?
Wir wa-ren doch immer…
Ah!

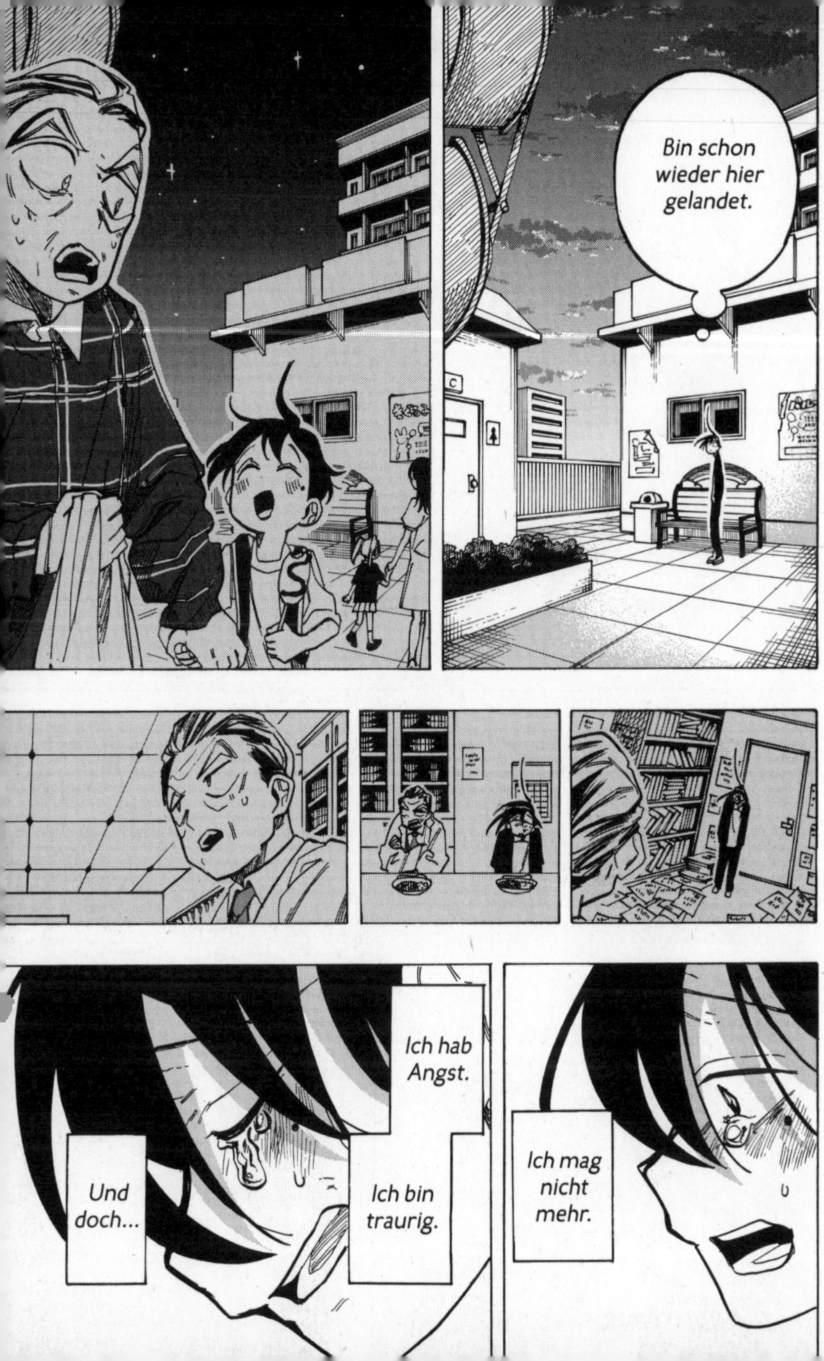
Bin schon wieder hier gelandet.
Ich mag nicht mehr.
Ich hab Angst.
Ich bin traurig.
Und doch...

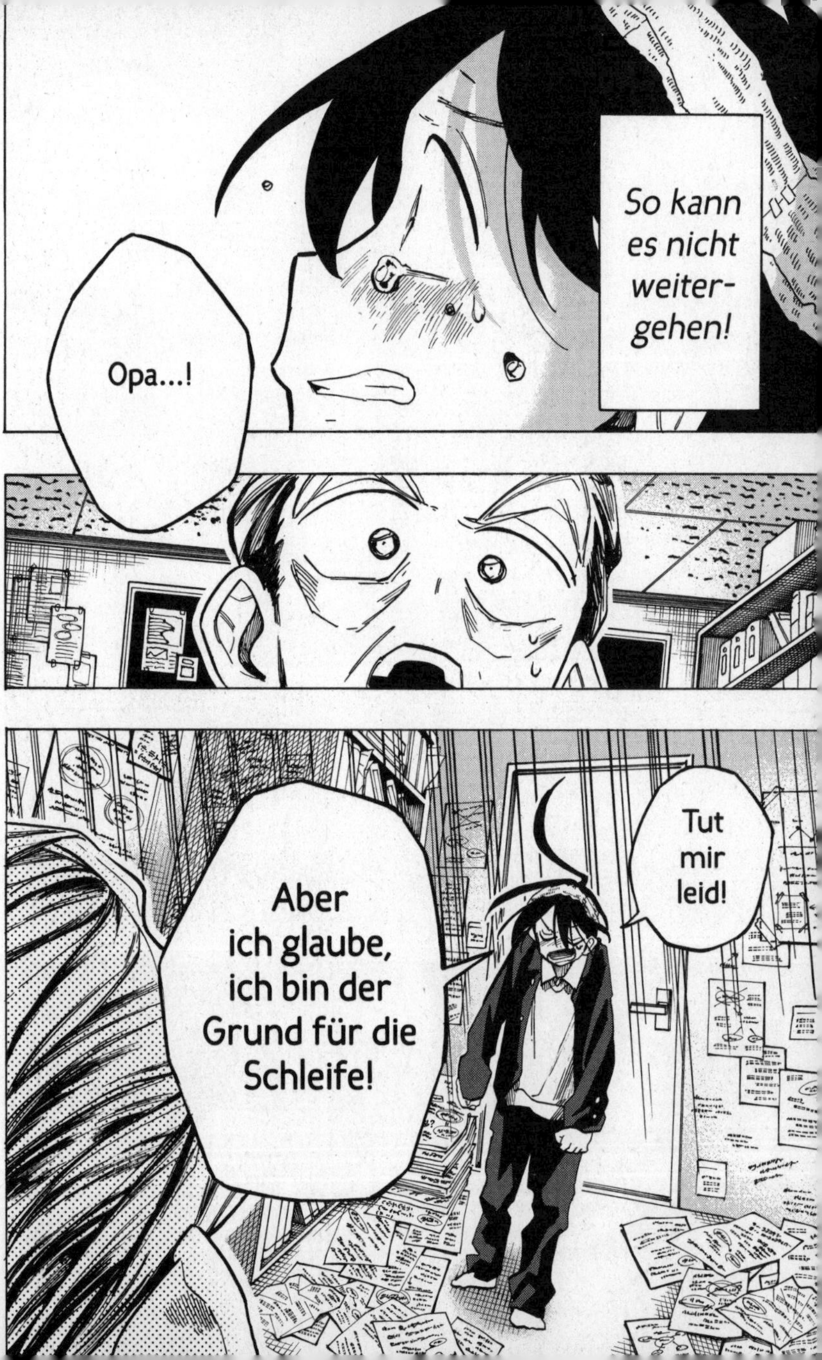

So kann es nicht weiter-gehen!
Opa...!
Tut mir leid!
Aber ich glaube, ich bin der Grund für die Schleife!

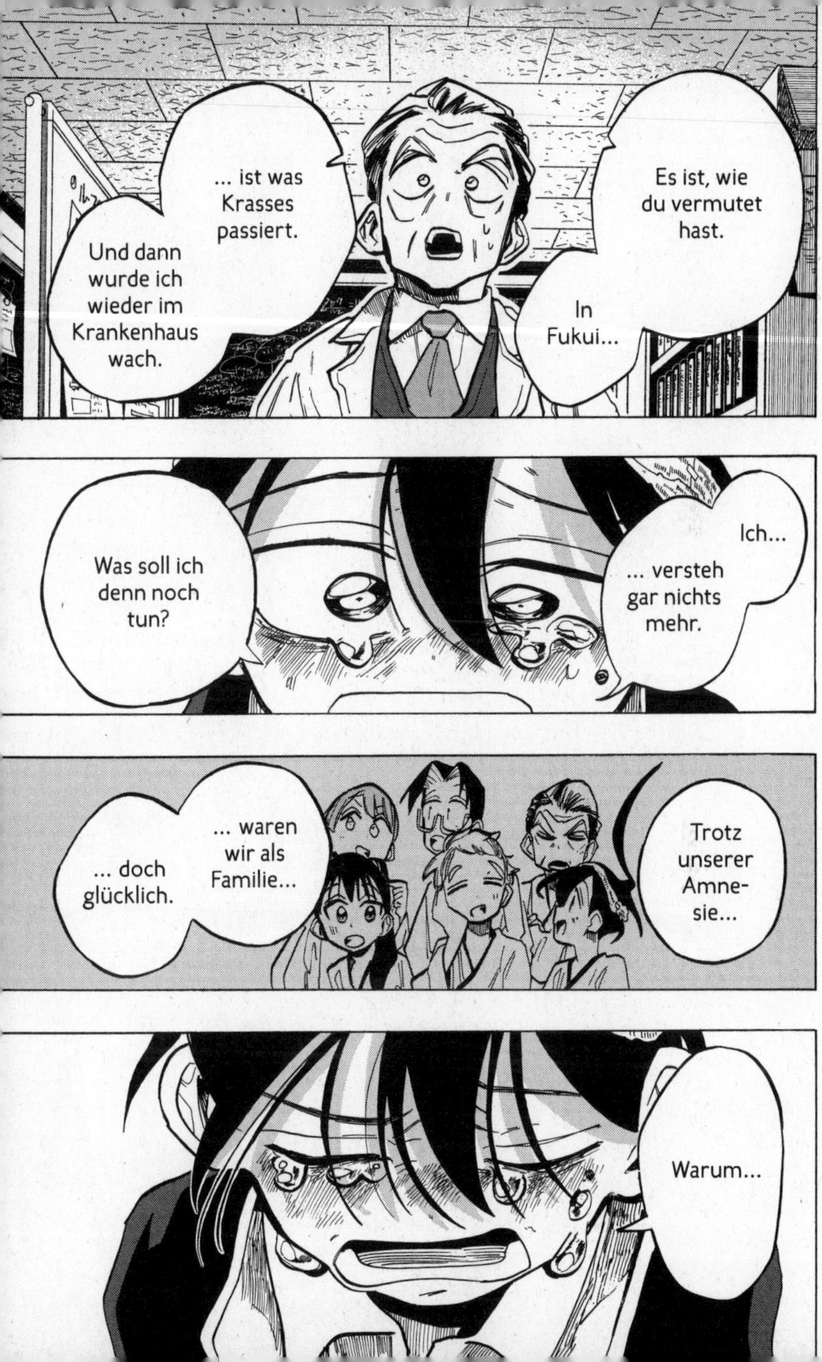
Es ist, wie du vermutet hast.
In Fukui...
... ist was Krasses passiert.
Und dann wurde ich wieder im Krankenhaus wach.
Ich...
... versteh gar nichts mehr.
Was soll ich denn noch tun?
Trotz unserer Amnesie...
... waren wir als Familie...
... doch glücklich.
Warum...

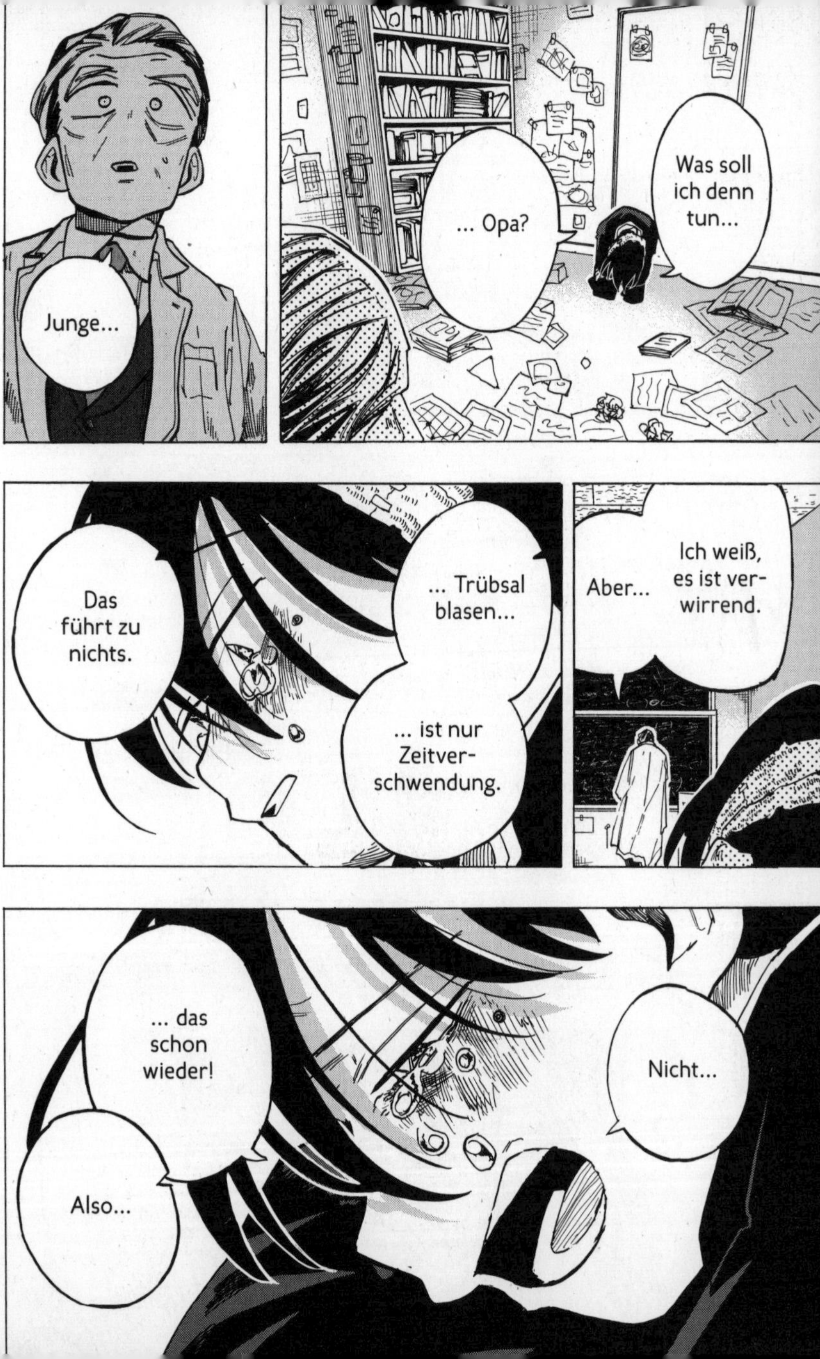
Was soll ich denn tun...
... Opa?
Junge...
Ich weiß, es ist verwirrend.
Aber...
... Trübsal blasen...
... ist nur Zeitverschwendung.
Das führt zu nichts.
Nicht...
... das schon wieder!
Also...

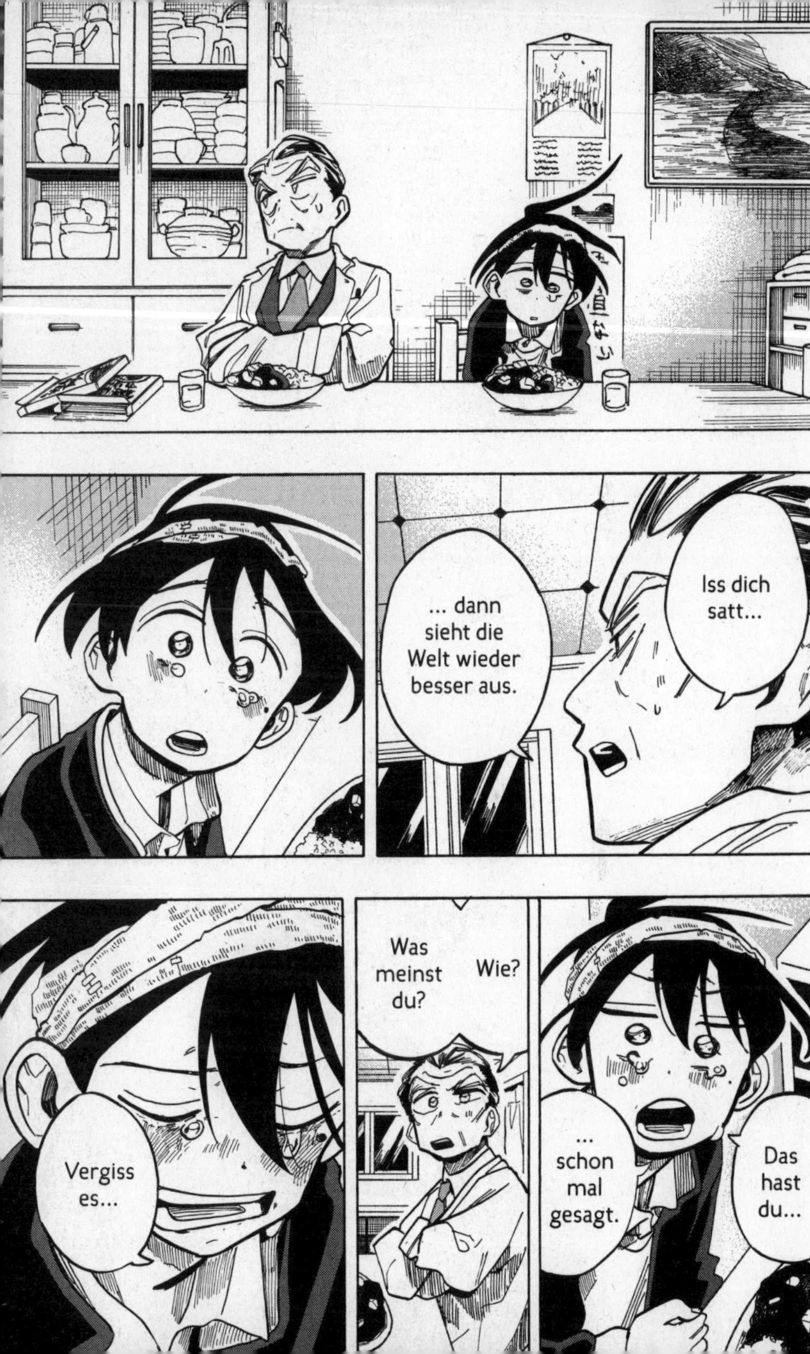
Iss dich satt...
... dann sieht die Welt wieder besser aus.
Das hast du...
... schon mal gesagt.
Wie?
Was meinst du?
Vergiss es...

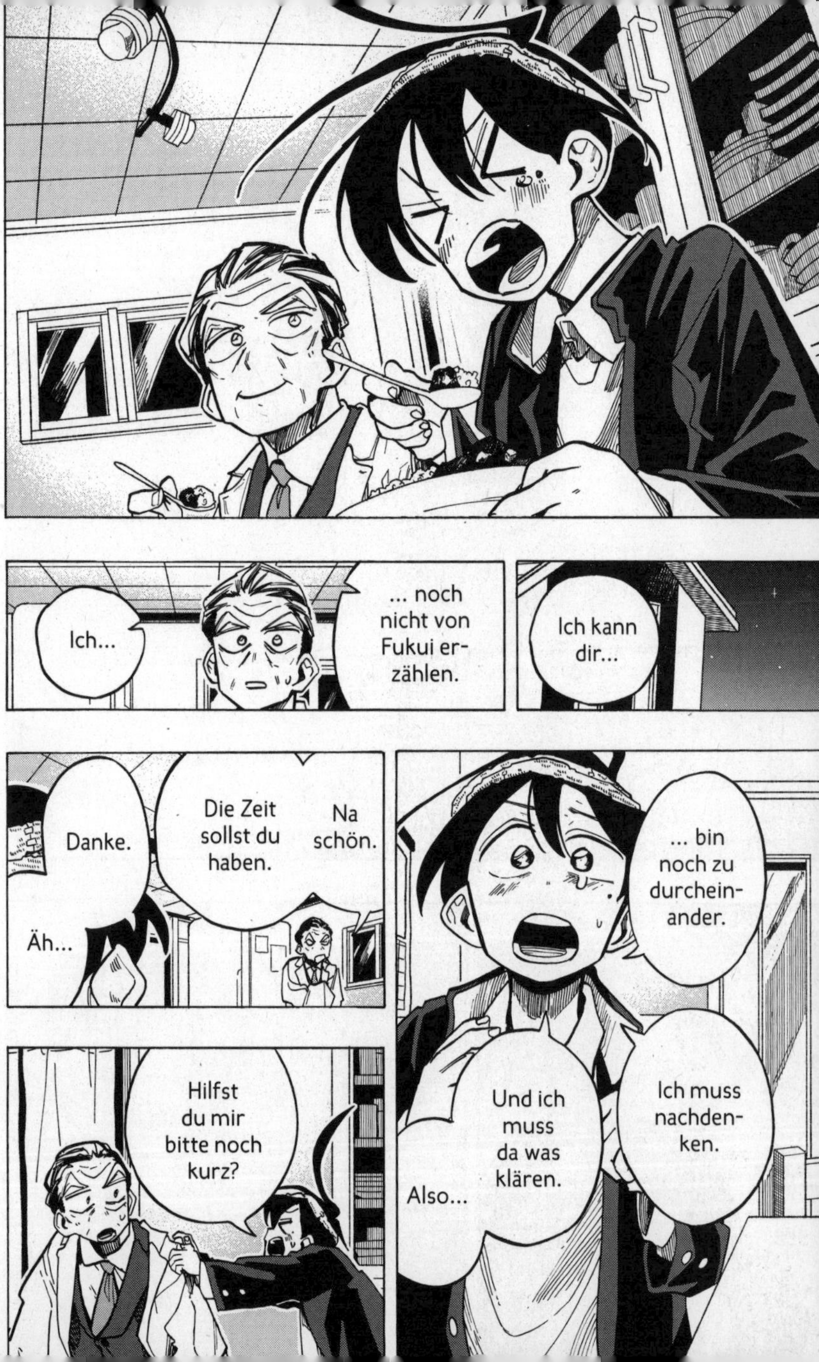
Ich kann dir...
... noch nicht von Fukui erzählen.
Ich...
... bin noch zu durcheinander.
Ich muss nachdenken.
Und ich muss da was klären.
Also...
Na schön.
Die Zeit sollst du haben.
Danke.
Äh...
Hilfst du mir bitte noch kurz?

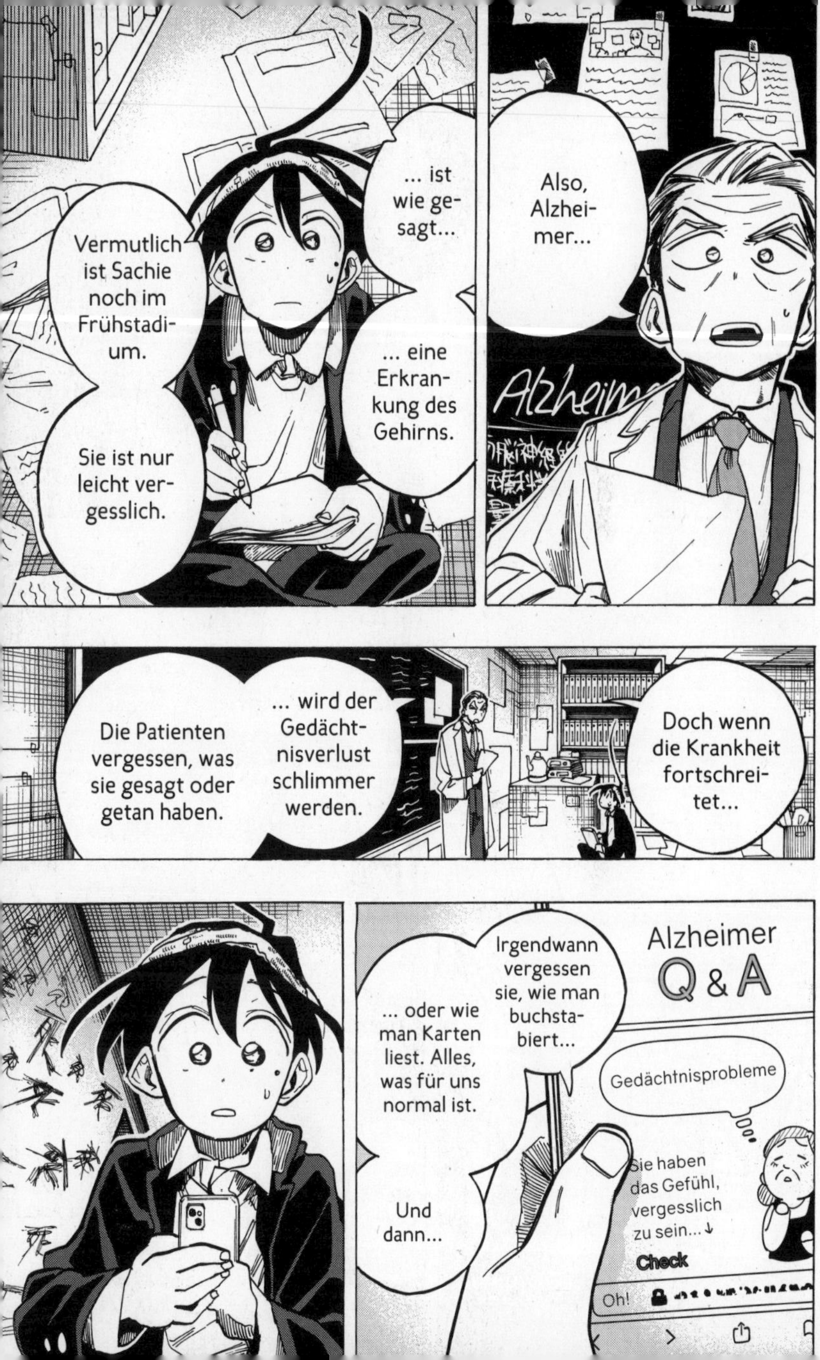
Also, Alzheimer...
... ist wie gesagt...
... eine Erkrankung des Gehirns.
Vermutlich ist Sachie noch im Frühstadium.
Sie ist nur leicht vergesslich.
Doch wenn die Krankheit fortschreitet...
... wird der Gedächtnisverlust schlimmer werden.
Die Patienten vergessen, was sie gesagt oder getan haben.
Alzheimer Q & A
Gedächtnisprobleme
Sie haben das Gefühl, vergesslich zu sein... ↓
Check
Oh!
Irgendwann vergessen sie, wie man buchstabiert...
... oder wie man Karten liest. Alles, was für uns normal ist.
Und dann...

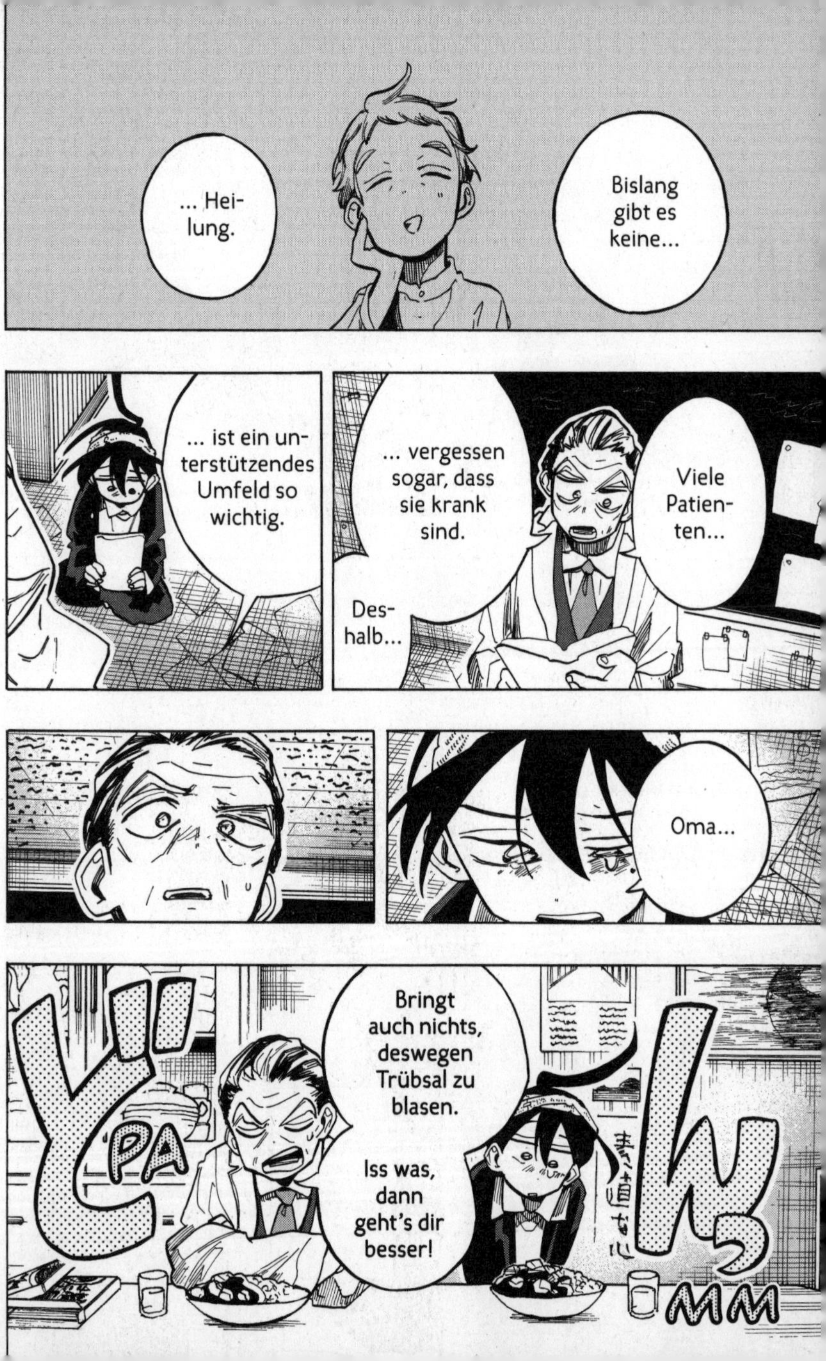
Bislang gibt es keine...
... Heilung.
Viele Patienten...
... vergessen sogar, dass sie krank sind.
Deshalb...
... ist ein unterstützendes Umfeld so wichtig.
Oma...
MM
Bringt auch nichts, deswegen Trübsal zu blasen.
Iss was, dann geht's dir besser!
PA

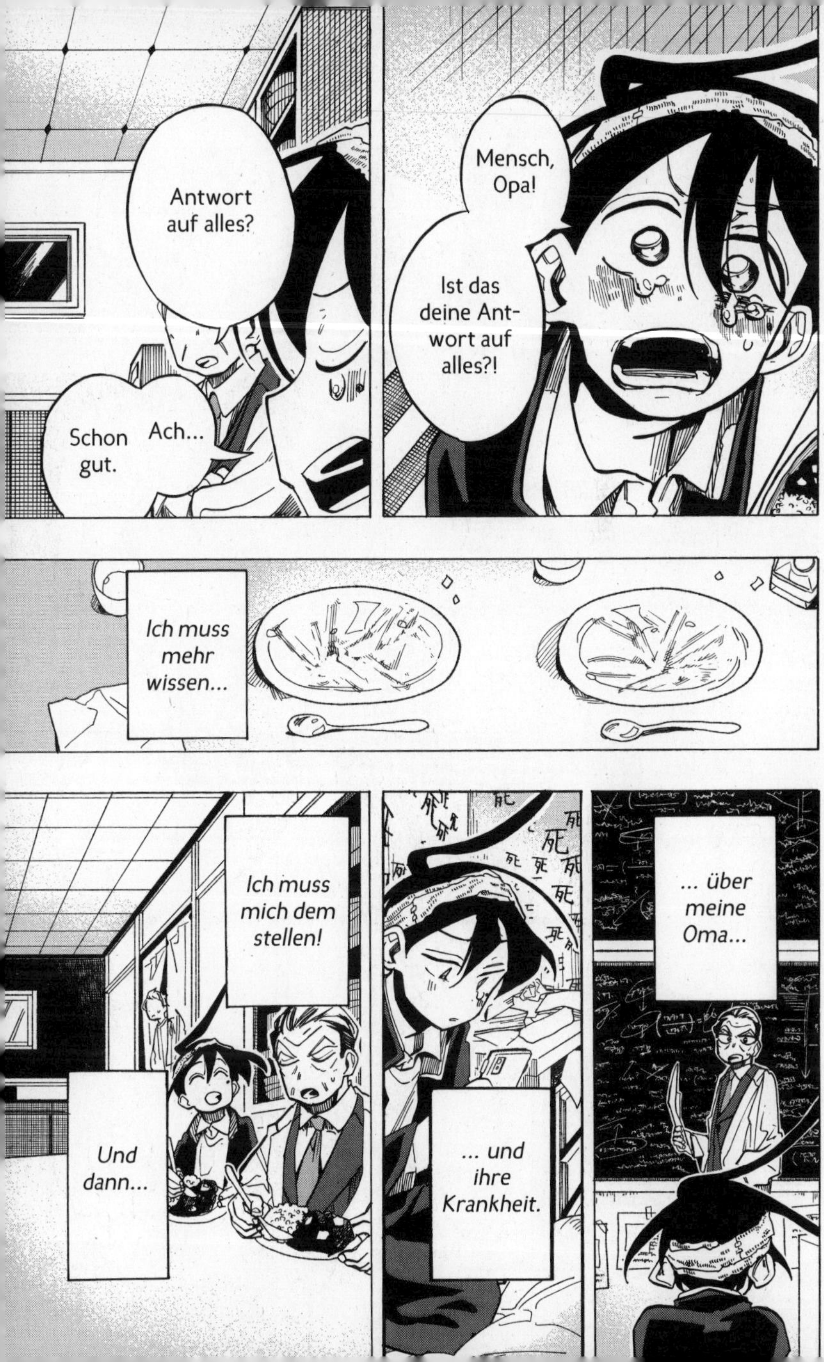

Mensch, Opa!
Ist das deine Antwort auf alles?!
Antwort auf alles?
Ach...
Schon gut.
Ich muss mehr wissen...
... über meine Oma...
... und ihre Krankheit.
Ich muss mich dem stellen!
Und dann...

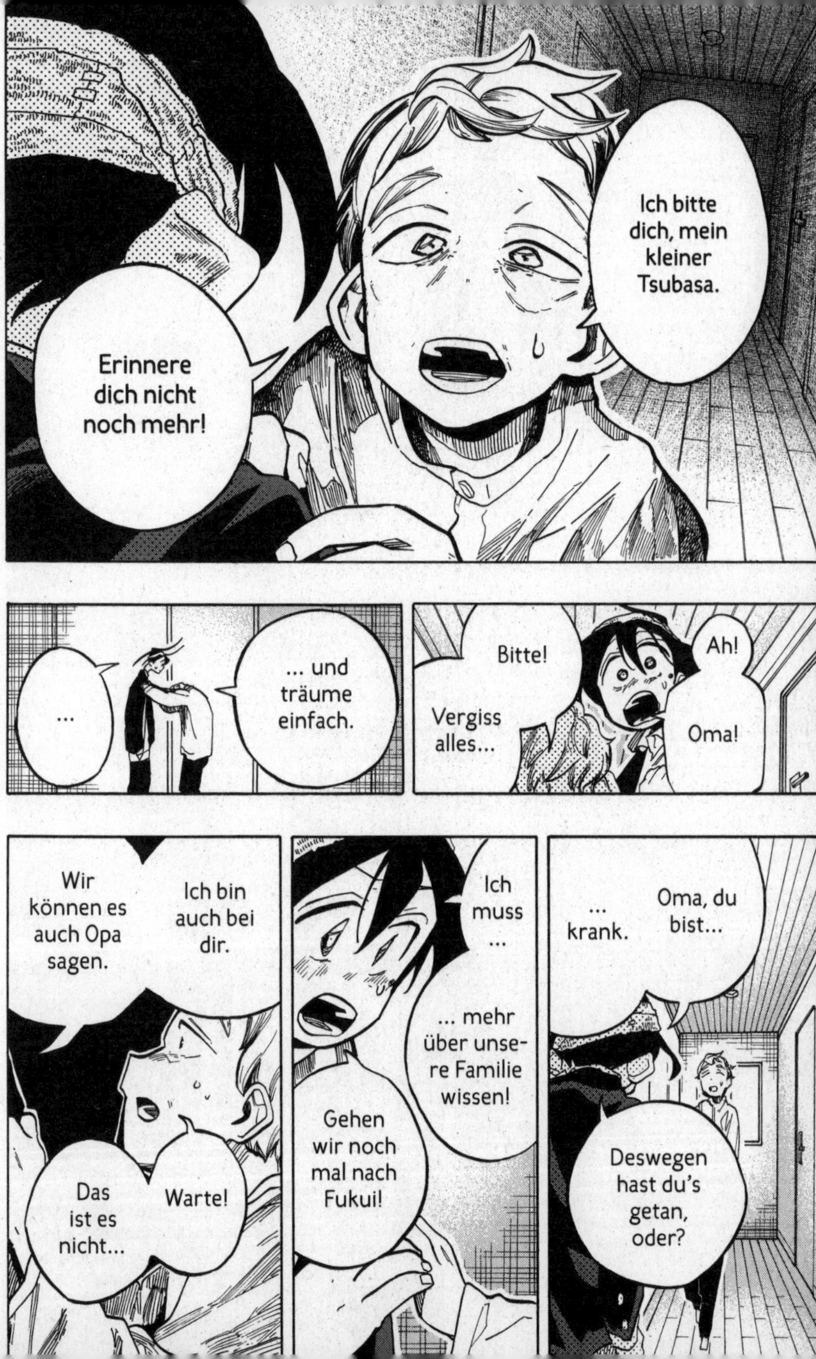
Ich bitte dich, mein kleiner Tsubasa.
Erinnere dich nicht noch mehr!
Ah!
Oma!
Bitte!
Vergiss alles...
... und träume einfach.
...
Oma, du bist...
... krank.
Deswegen hast du's getan, oder?
Ich muss ...
... mehr über unse-re Familie wissen!
Gehen wir noch mal nach Fukui!
Ich bin auch bei dir.
Wir können es auch Opa sagen.
Warte!
Das ist es nicht...

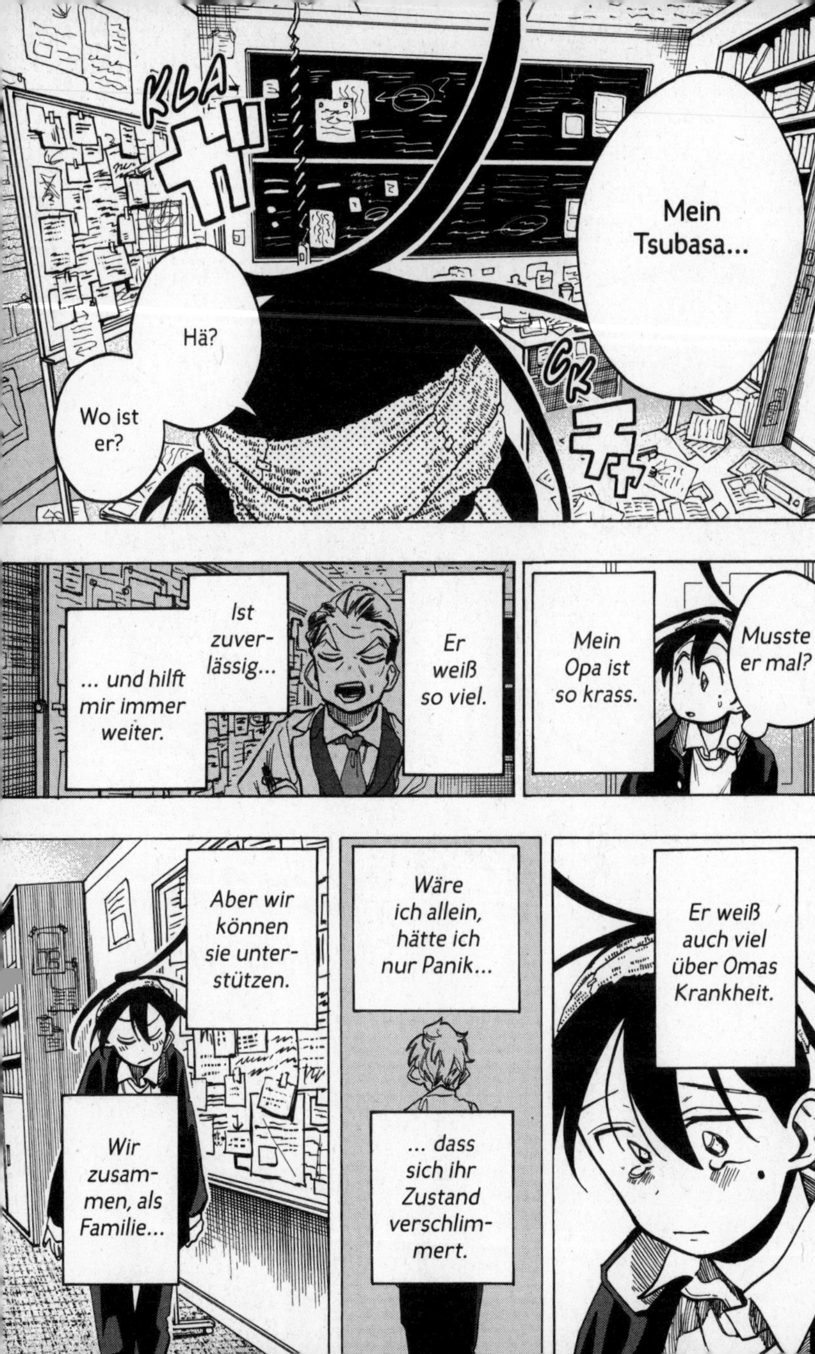
Mein Tsubasa...
CK
KLA
Hä?
Wo ist er?
Musste er mal?
Mein Opa ist so krass.
Er weiß so viel.
Ist zuverlässig...
... und hilft mir immer weiter.
Er weiß auch viel über Omas Krankheit.
Wäre ich allein, hätte ich nur Panik...
... dass sich ihr Zustand verschlimmert.
Aber wir können sie unterstützen.
Wir zusammen, als Familie...

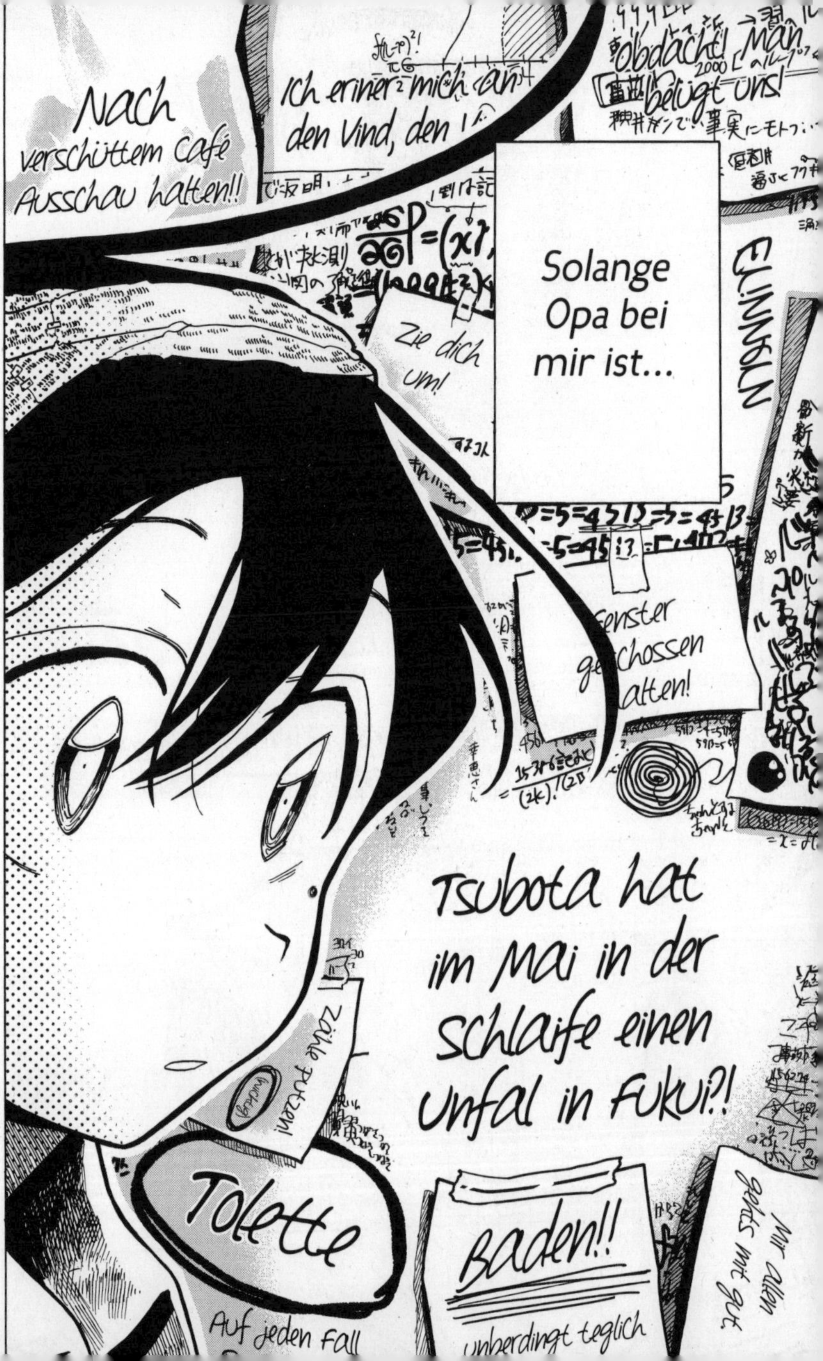
Solange Opa bei mir ist…
Obdacht! Man belugt uns!
Ich eriner mich an den Vind, den
Nach verschüttem café Ausschau hatten!!
Zie dich um!
Tsubota hat im Mai in der Schlaife einen Unfal in Fukui?!
Mir allen gehts mit gut.
Baden!!
unberdingt teglich
Zähle Putzen!
Tolette
Auf jeden Fall

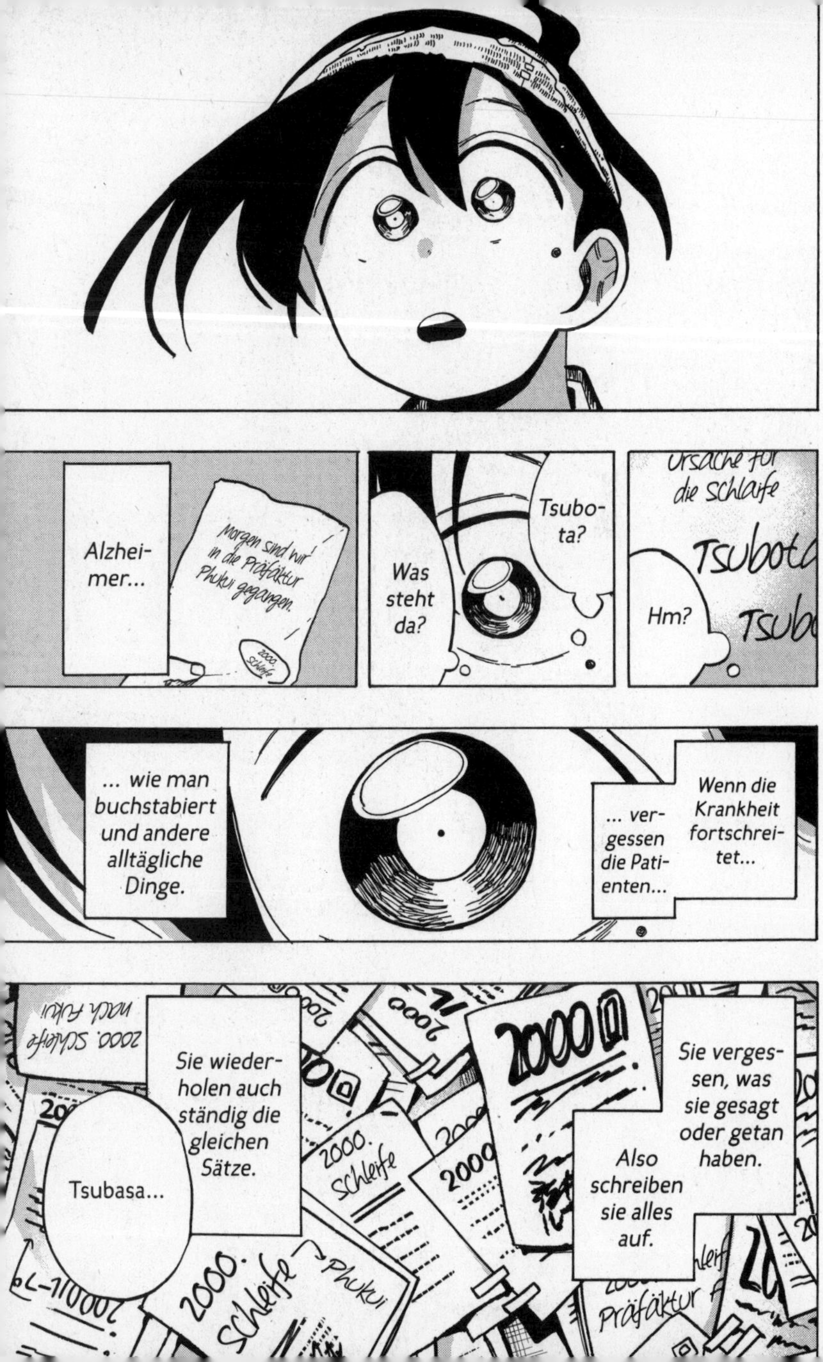
Ursache für die Schlaife
Hm?
Tsubota?
Was steht da?
Alzheimer...
Morgen sind wir in die Präfäktur Phukui gegangen.
2000. Schleife
Wenn die Krankheit fortschreitet...
... vergessen die Patienten...
... wie man buchstabiert und andere alltägliche Dinge.
Sie vergessen, was sie gesagt oder getan haben.
Also schreiben sie alles auf.
Sie wiederholen auch ständig die gleichen Sätze.
Tsubasa...
2000. Schleife nach Fukui
2000. Schleife → Phukui
Präfäktur

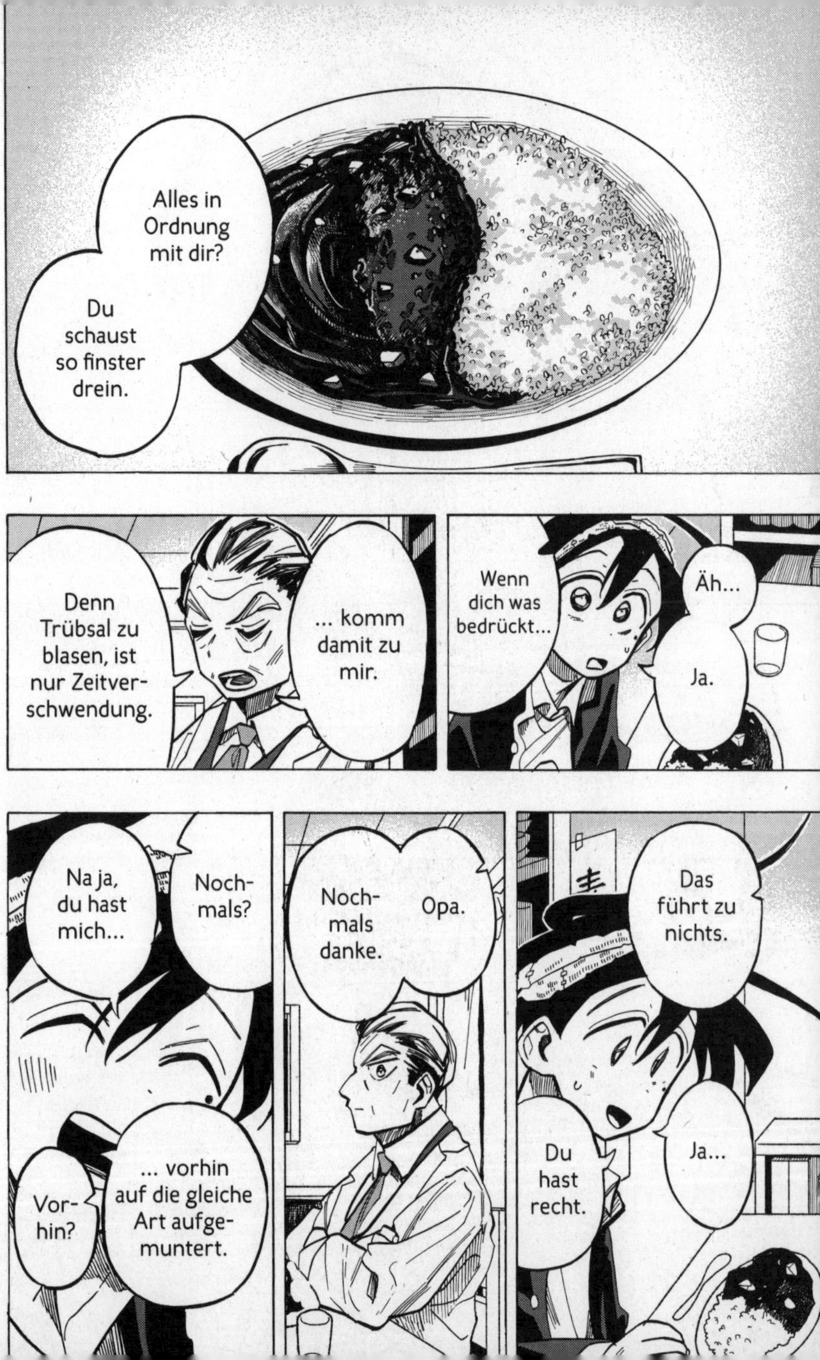

Alles in Ordnung mit dir?
Du schaust so finster drein.
Äh...
Ja.
Wenn dich was bedrückt...
... komm damit zu mir.
Denn Trübsal zu blasen, ist nur Zeitverschwendung.
Das führt zu nichts.
Ja...
Du hast recht.
Nochmals danke.
Opa.
Noch-mals?
Na ja, du hast mich...
... vorhin auf die gleiche Art aufge-muntert.
Vor-hin?

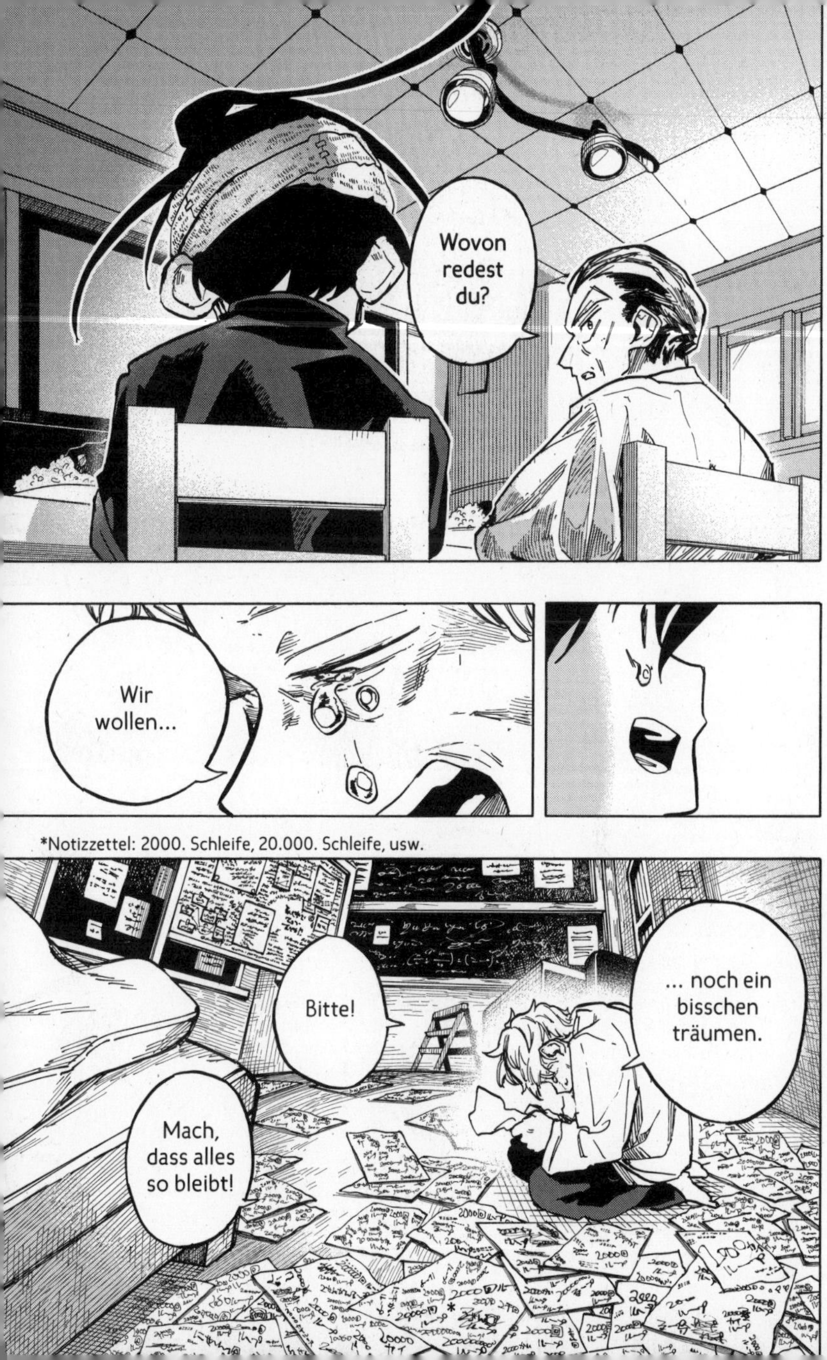

*Notizzettel: 2000. Schleife, 20.000. Schleife, usw.

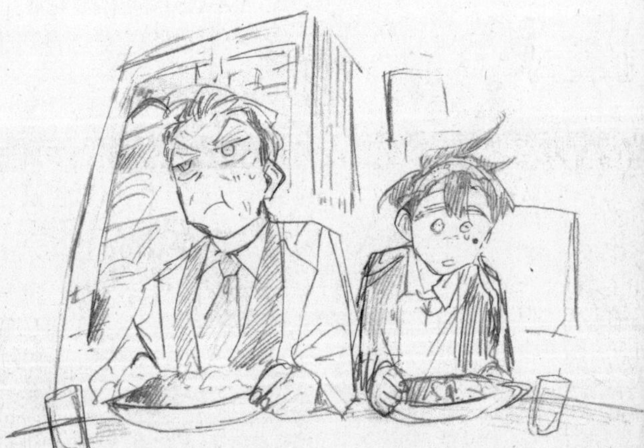

Kapitel 23: Tsubasas »Guter Morgen«

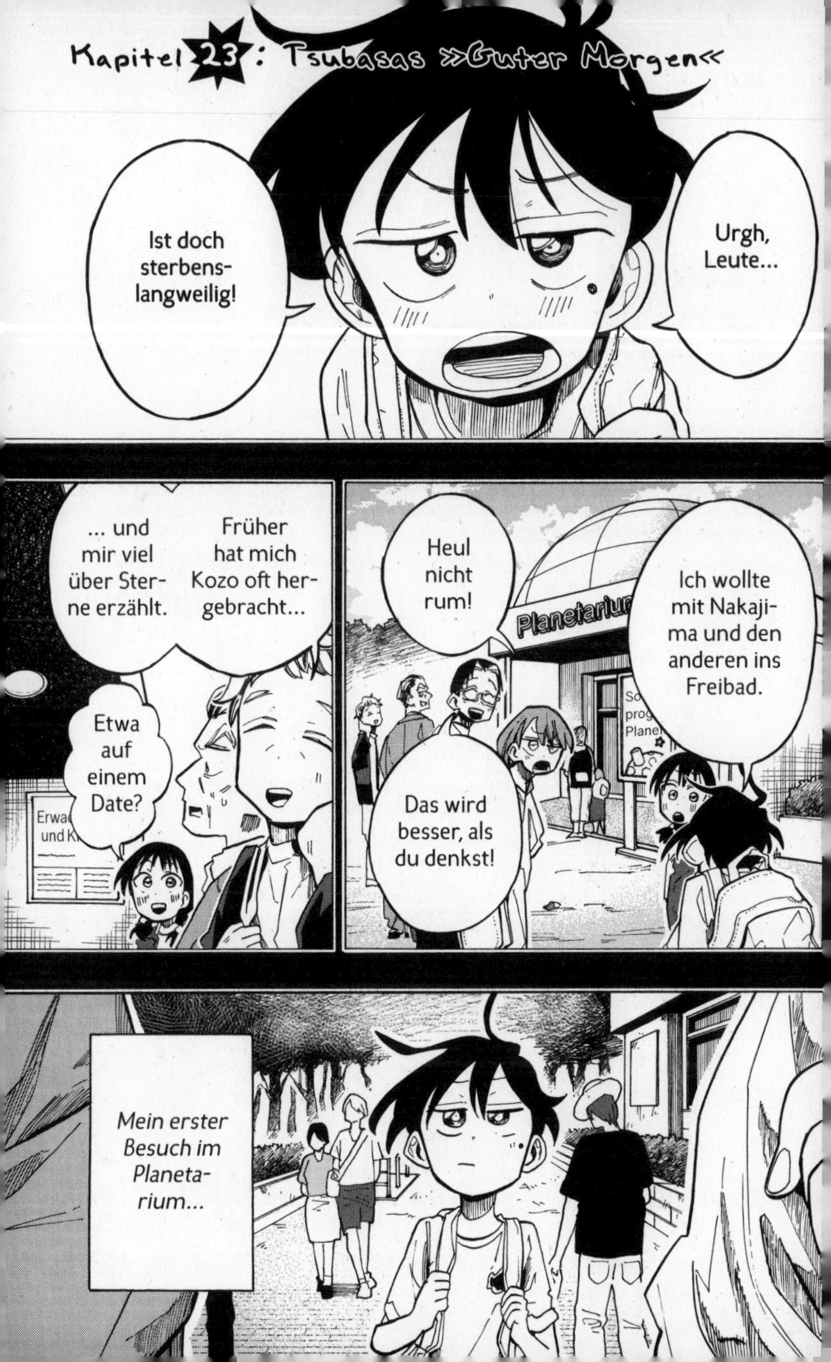

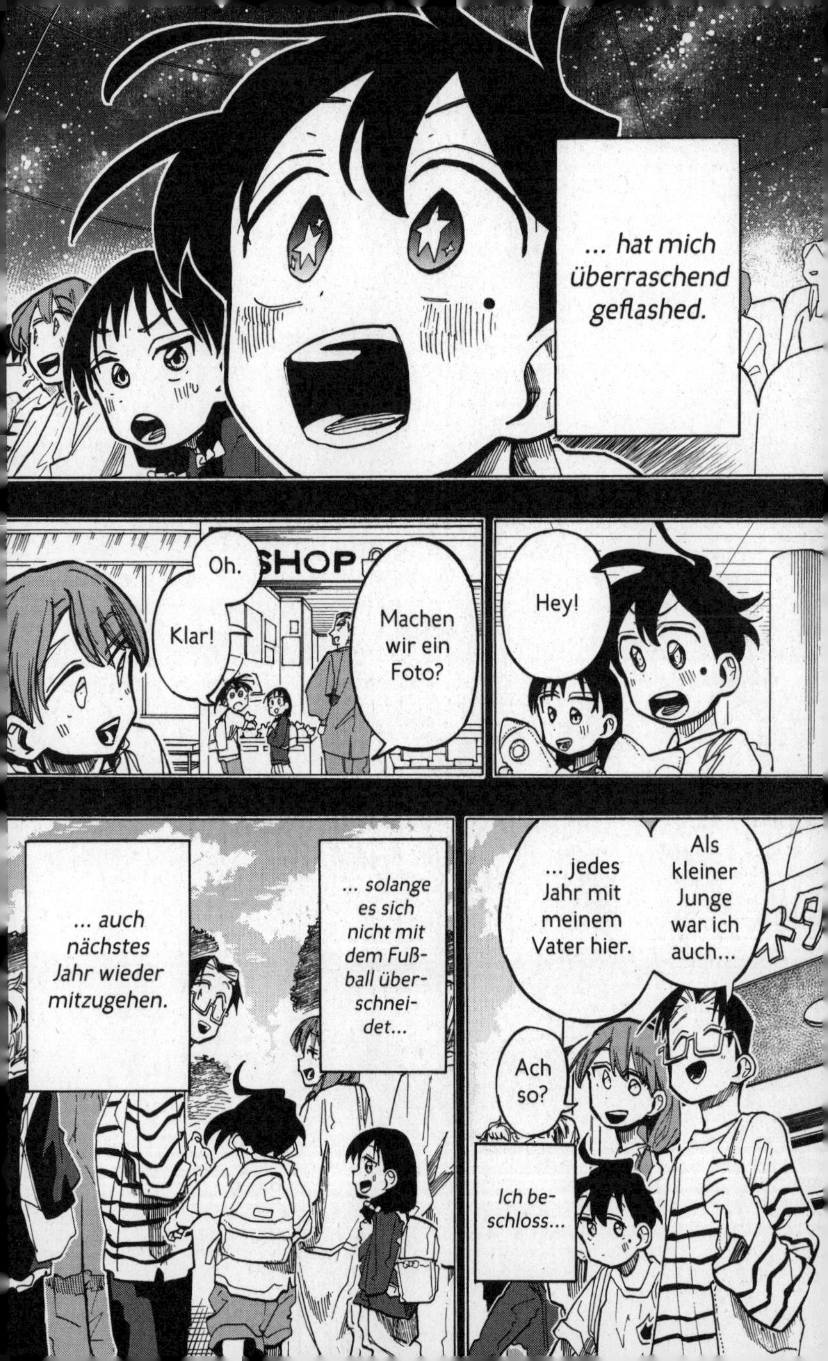
... hat mich überraschend geflashed.
Hey!
Machen wir ein Foto?
Oh.
Klar!
Als kleiner Junge war ich auch...
... jedes Jahr mit meinem Vater hier.
Ach so?
Ich beschloss...
... solange es sich nicht mit dem Fußball überschneidet...
... auch nächstes Jahr wieder mitzugehen.

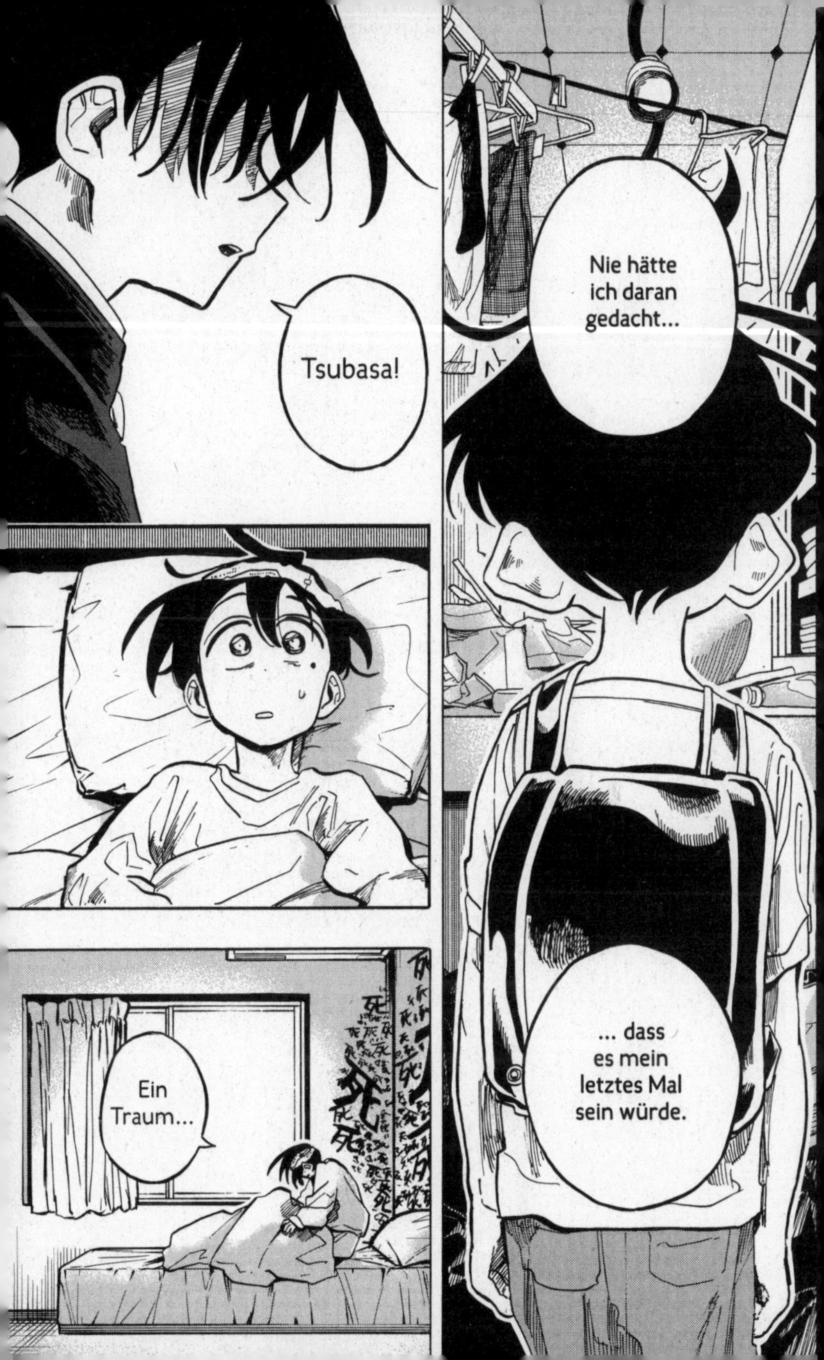
Nie hätte ich daran gedacht...
... dass es mein letztes Mal sein würde.
Tsubasa!
Ein Traum...

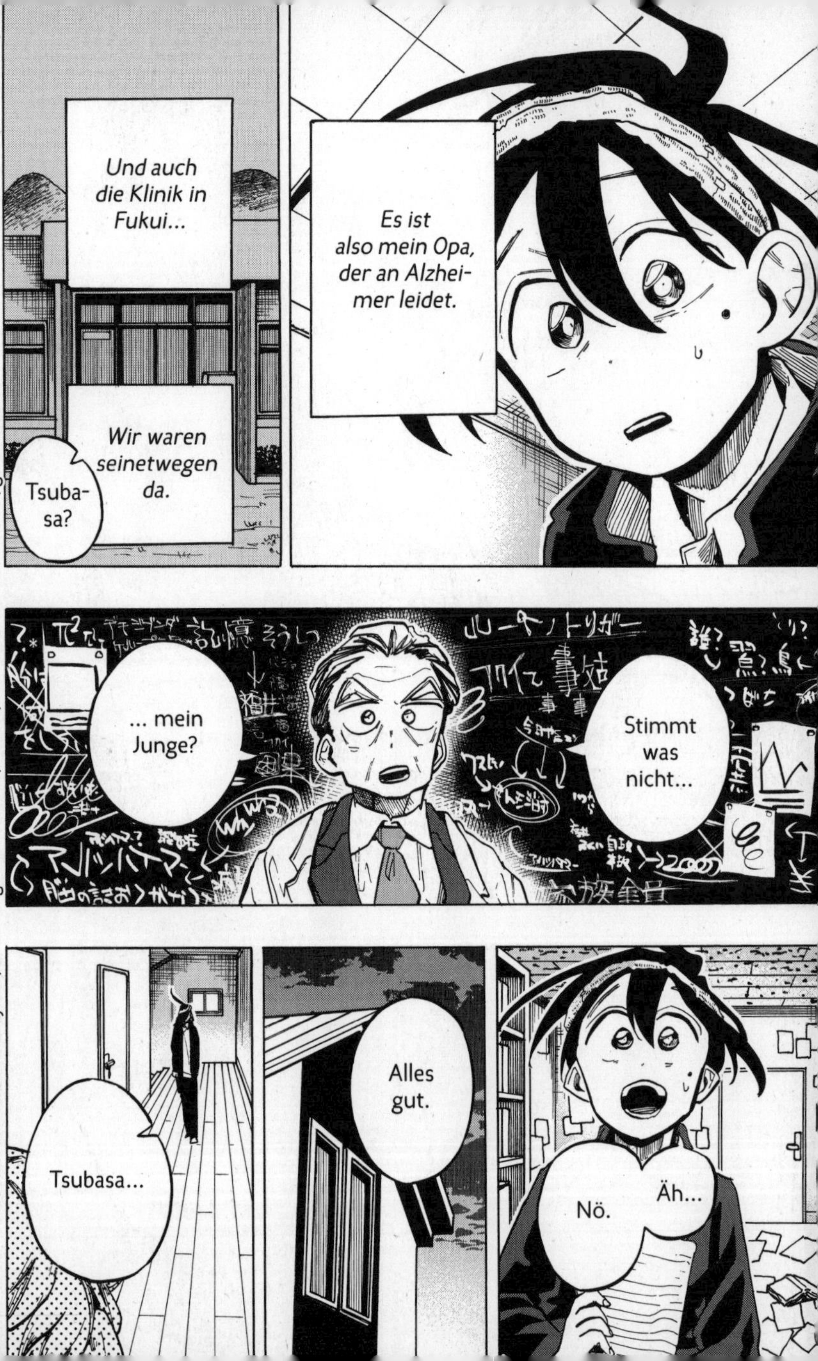

*Notizen auf Tafel: Altzhaymer, Erienrungen im Gehhirn, Phukui, Auslöhser Unfal in Phukui, ganse Famlie

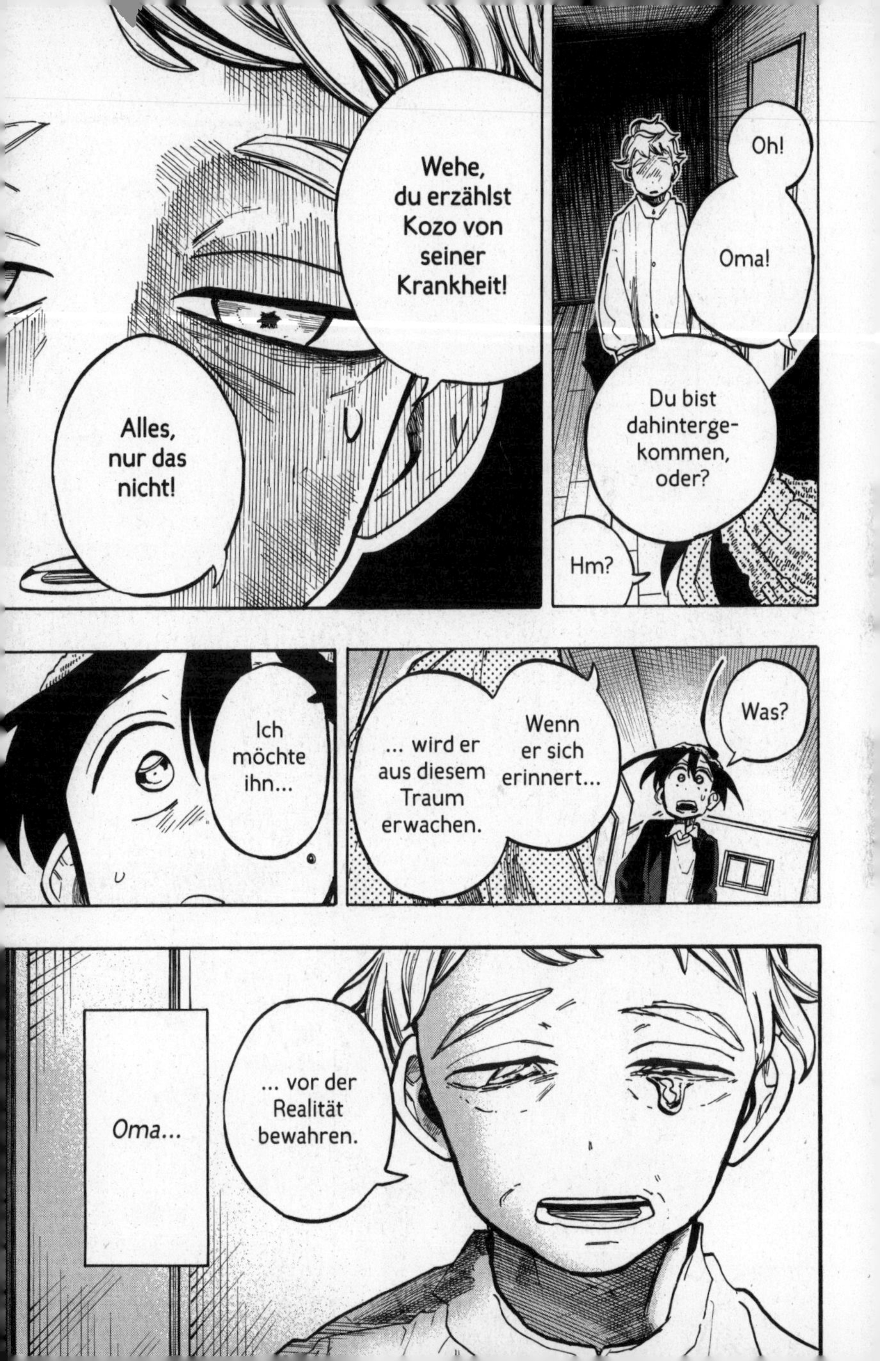
Oh!
Oma!
Du bist dahinterge-kommen, oder?
Hm?
Wehe, du erzählst Kozo von seiner Krankheit!
Alles, nur das nicht!
Was?
Wenn er sich erinnert …
… wird er aus diesem Traum erwachen.
Ich möchte ihn …
… vor der Realität bewahren.
Oma …

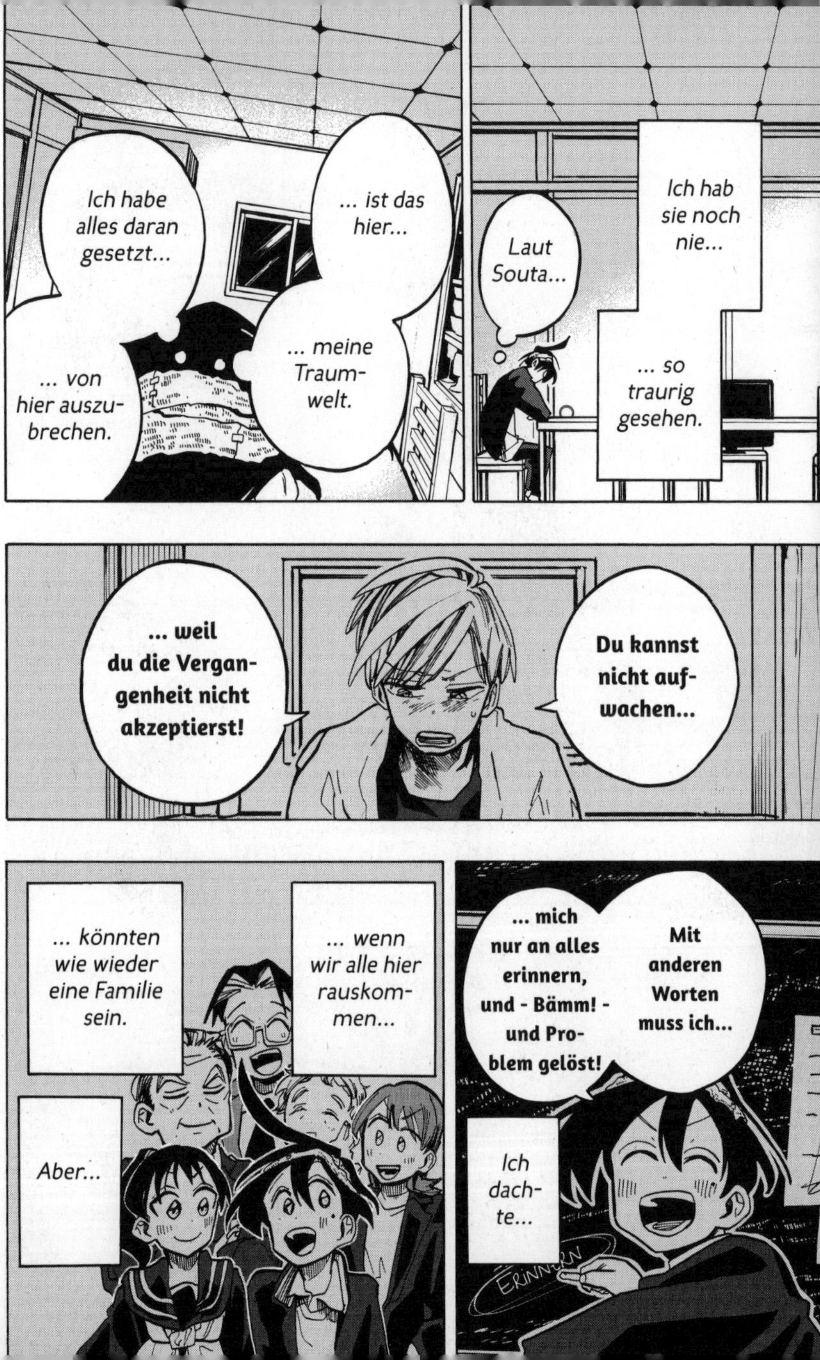
Laut Souta...
Ich hab sie noch nie...
... so traurig gesehen.
... ist das hier...
... meine Traumwelt.
Ich habe alles daran gesetzt...
... von hier auszubrechen.
Du kannst nicht aufwachen...
... weil du die Vergangenheit nicht akzeptierst!
Mit anderen Worten muss ich...
... mich nur an alles erinnern, und - Bämm! - und Problem gelöst!
Ich dachte...
ERINNERN
... wenn wir alle hier rauskommen...
... könnten wie wieder eine Familie sein.
Aber...

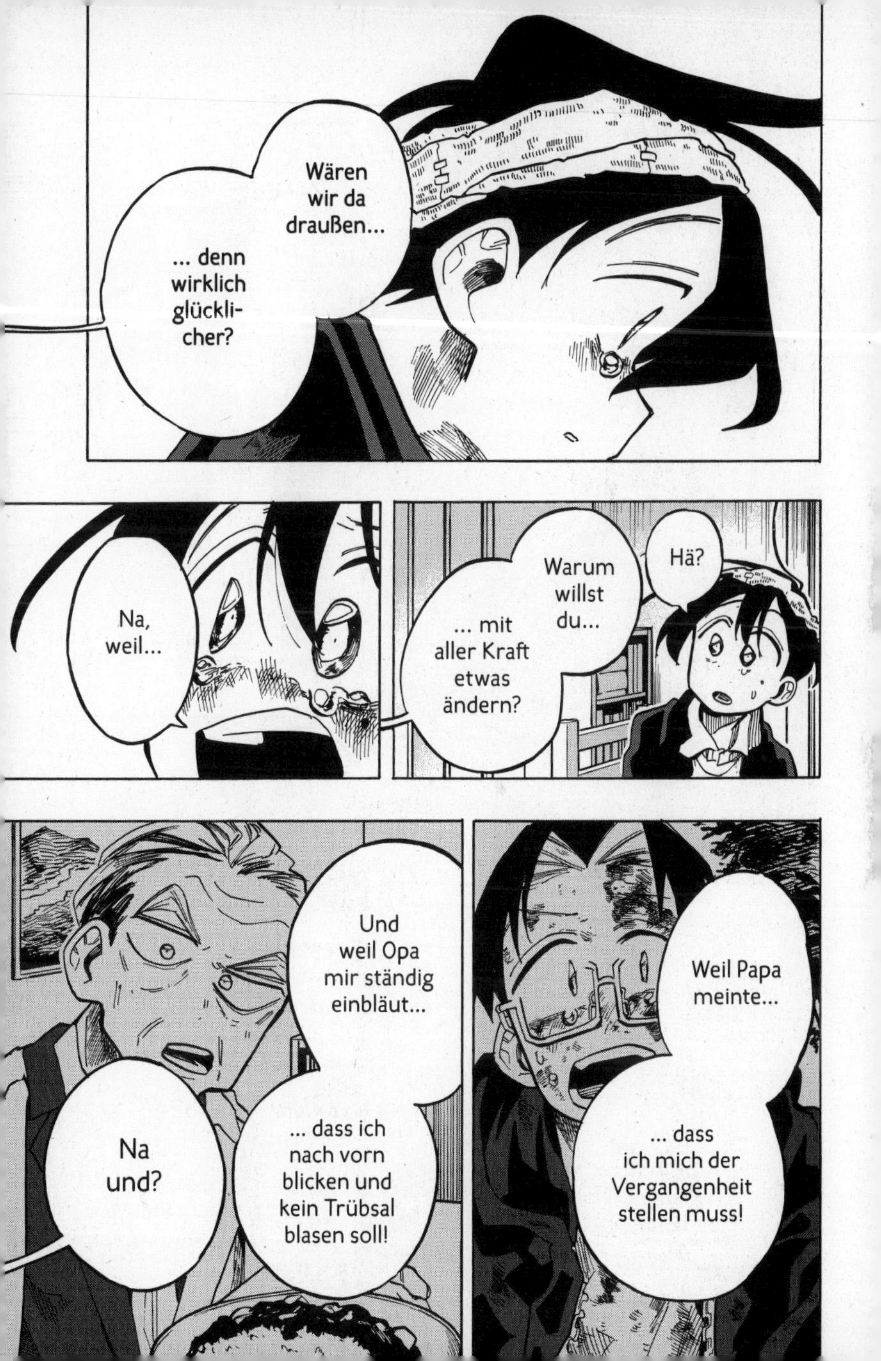
Wären wir da draußen...
... denn wirklich glücklicher?
Hä?
Warum willst du...
... mit aller Kraft etwas ändern?
Na, weil...
Weil Papa meinte...
... dass ich mich der Vergangenheit stellen muss!
Und weil Opa mir ständig einbläut...
... dass ich nach vorn blicken und kein Trübsal blasen soll!
Na und?

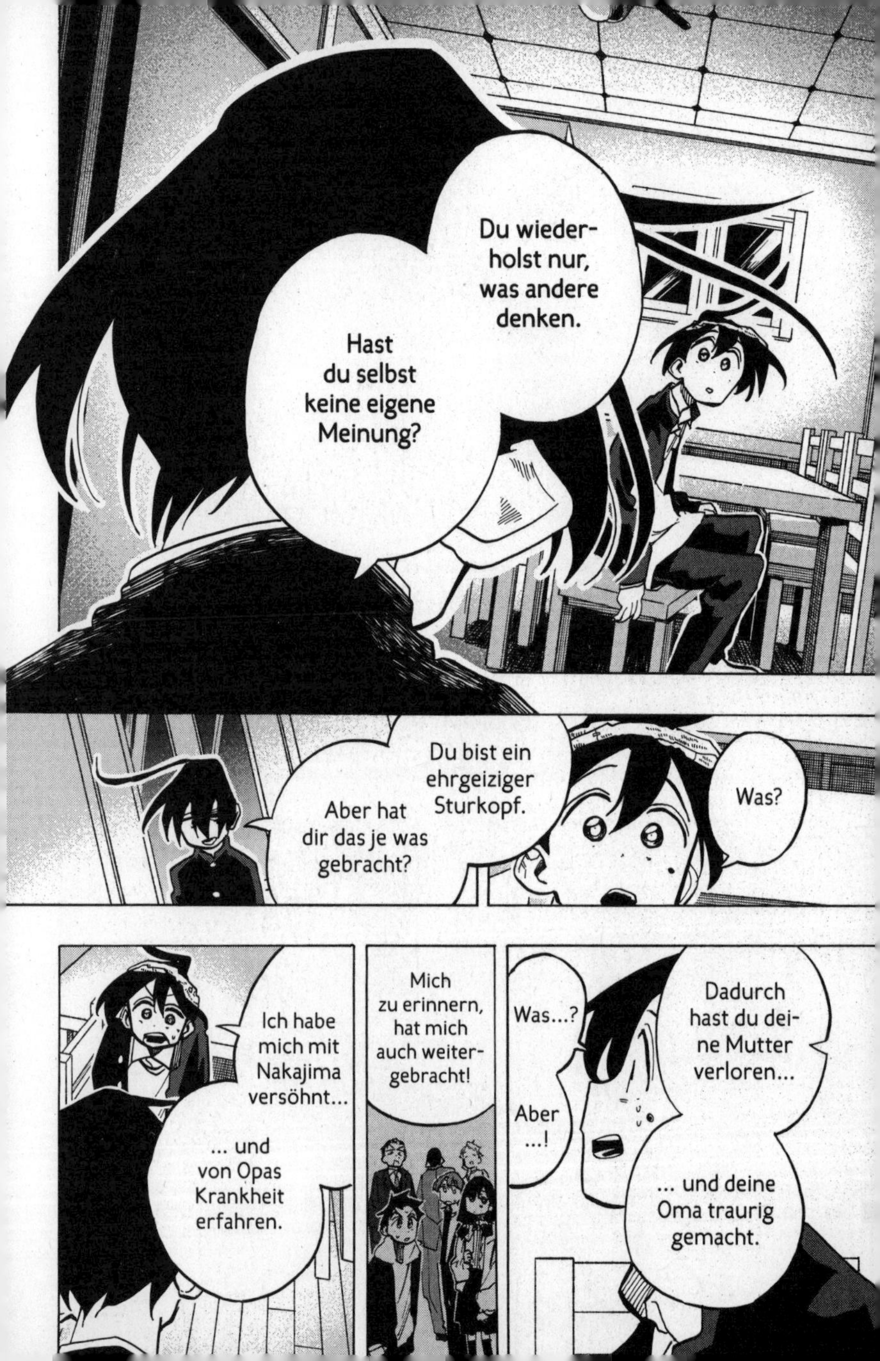
Du wiederholst nur, was andere denken.
Hast du selbst keine eigene Meinung?
Was?
Du bist ein ehrgeiziger Sturkopf.
Aber hat dir das je was gebracht?
Dadurch hast du deine Mutter verloren…
… und deine Oma traurig gemacht.
Was…?
Aber …!
Mich zu erinnern, hat mich auch weitergebracht!
Ich habe mich mit Nakajima versöhnt…
… und von Opas Krankheit erfahren.

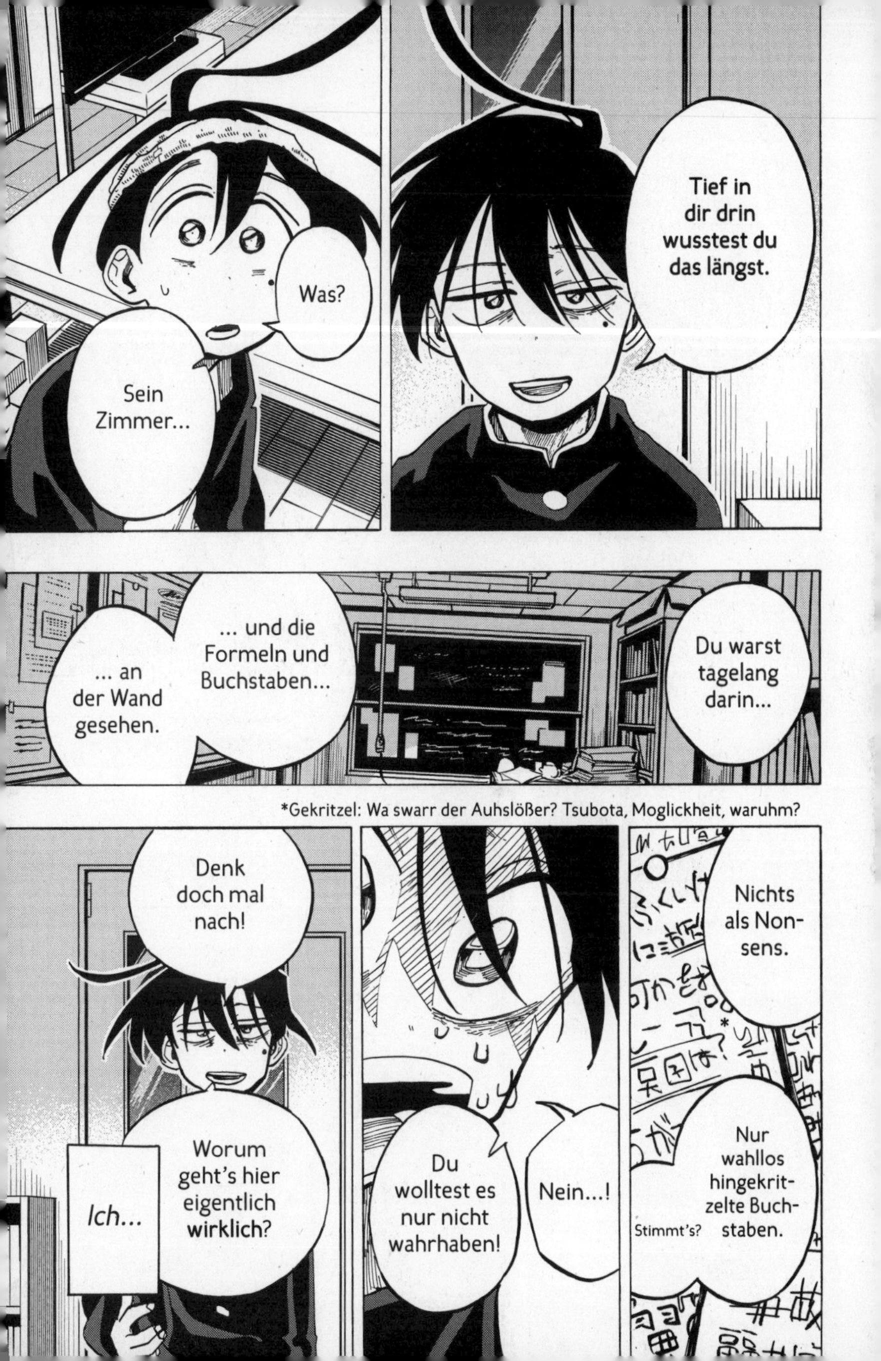

*Gekritzel: Wa swarr der Auhslößer? Tsubota, Moglickheit, waruhm?

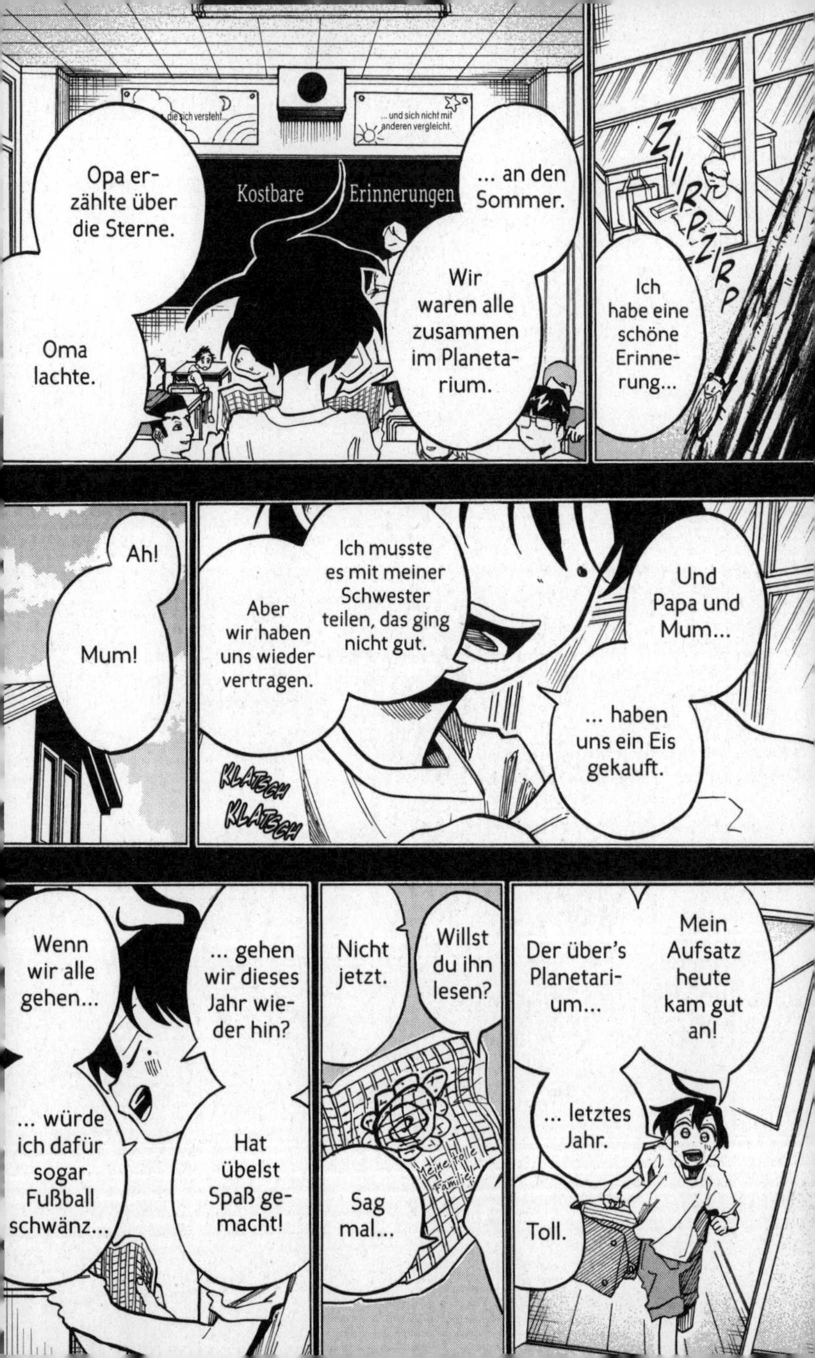
ZIRP
ZIRP
Ich habe eine schöne Erinnerung...
... an den Sommer.
Wir waren alle zusammen im Planetarium.
die sich versteht...
... und sich nicht mit anderen vergleicht.
Kostbare Erinnerungen
Opa erzählte über die Sterne.
Oma lachte.
Und Papa und Mum...
... haben uns ein Eis gekauft.
Ich musste es mit meiner Schwester teilen, das ging nicht gut.
Aber wir haben uns wieder vertragen.
KLATSCH
KLATSCH
Ah!
Mum!
Mein Aufsatz heute kam gut an!
Der über's Planetarium...
... letztes Jahr.
Toll.
Willst du ihn lesen?
Nicht jetzt.
Meine tolle Familie!
Sag mal...
... gehen wir dieses Jahr wieder hin?
Wenn wir alle gehen...
Hat übelst Spaß gemacht!
... würde ich dafür sogar Fußball schwänz...

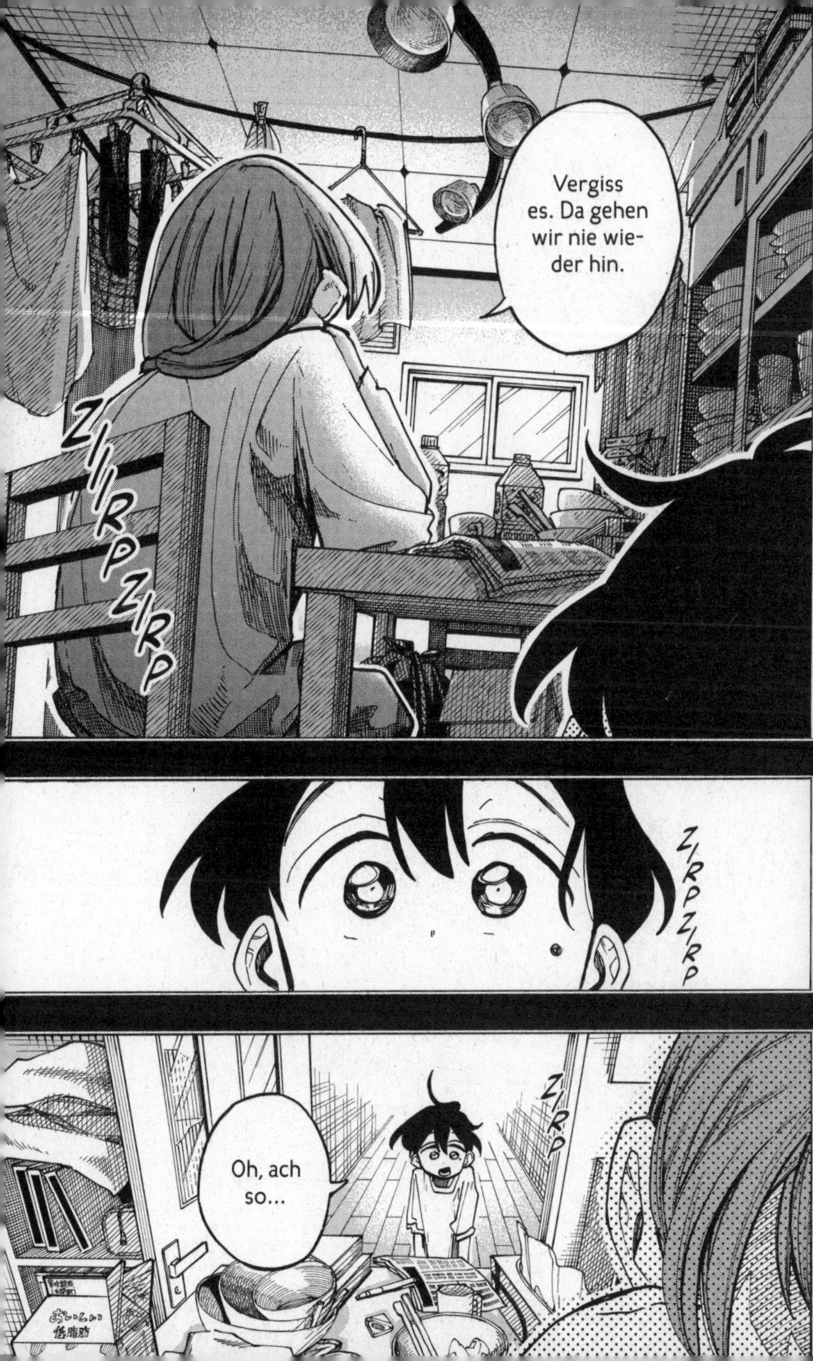
Vergiss es. Da gehen wir nie wieder hin.
ZIRPZIRP
ZIRPZIRP
ZIRP
Oh, ach so…

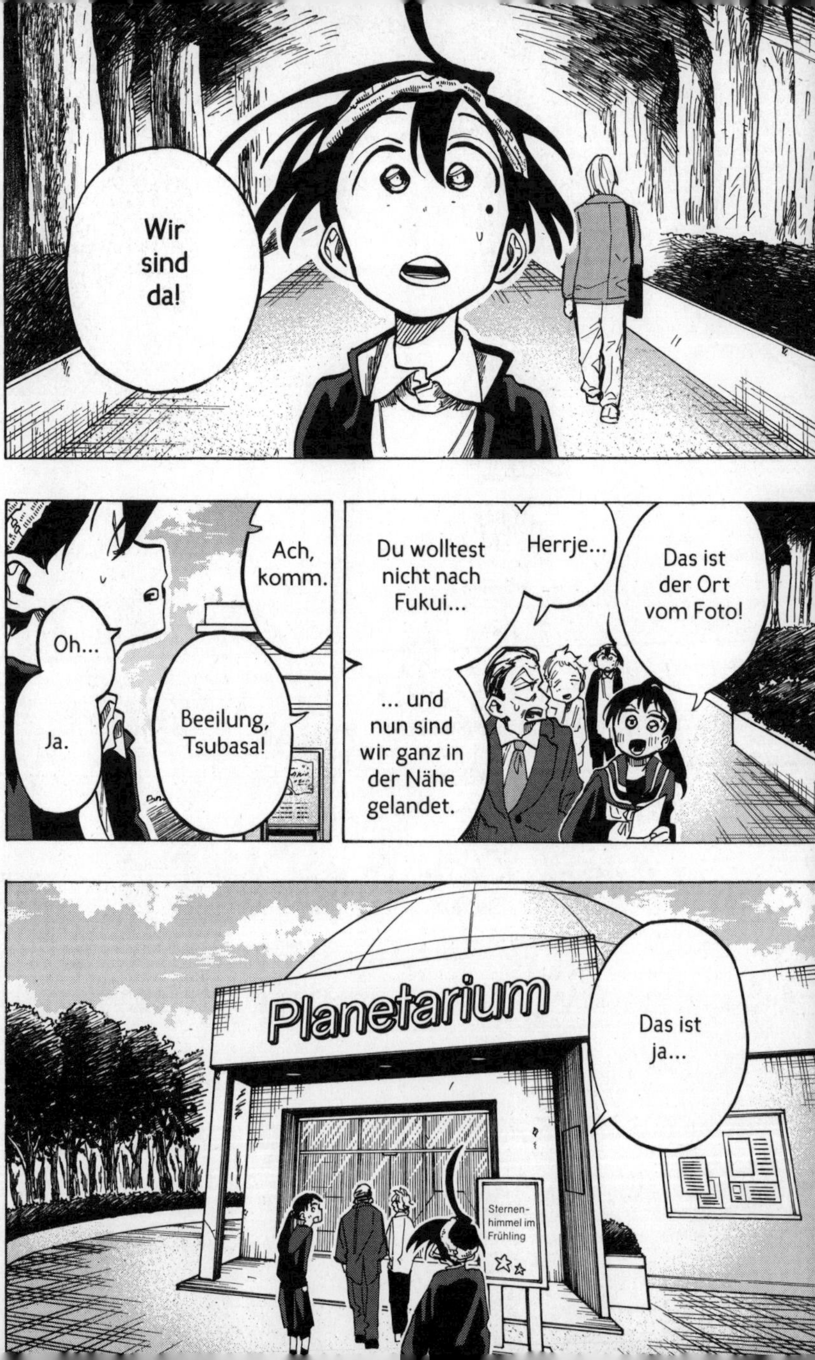
Wir sind da!
Das ist der Ort vom Foto!
Herrje...
Du wolltest nicht nach Fukui...
... und nun sind wir ganz in der Nähe gelandet.
Ach, komm.
Beeilung, Tsubasa!
Oh...
Ja.
Planetarium
Das ist ja...
Sternenhimmel im Frühling

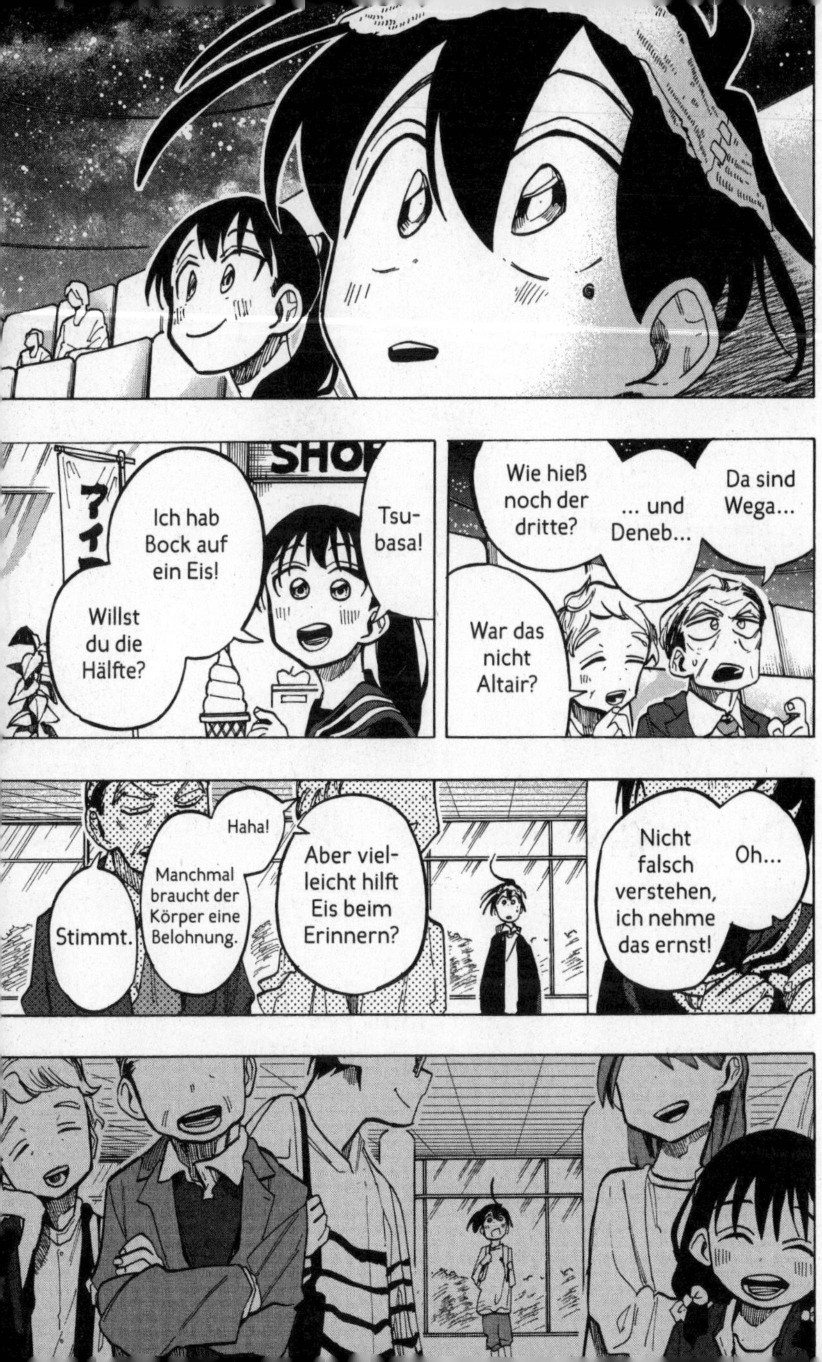
Da sind Wega...
... und Deneb...
Wie hieß noch der dritte?
War das nicht Altair?
Tsu-basa!
Ich hab Bock auf ein Eis!
Willst du die Hälfte?
Oh...
Nicht falsch verstehen, ich nehme das ernst!
Aber viel-leicht hilft Eis beim Erinnern?
Haha!
Manchmal braucht der Körper eine Belohnung.
Stimmt.

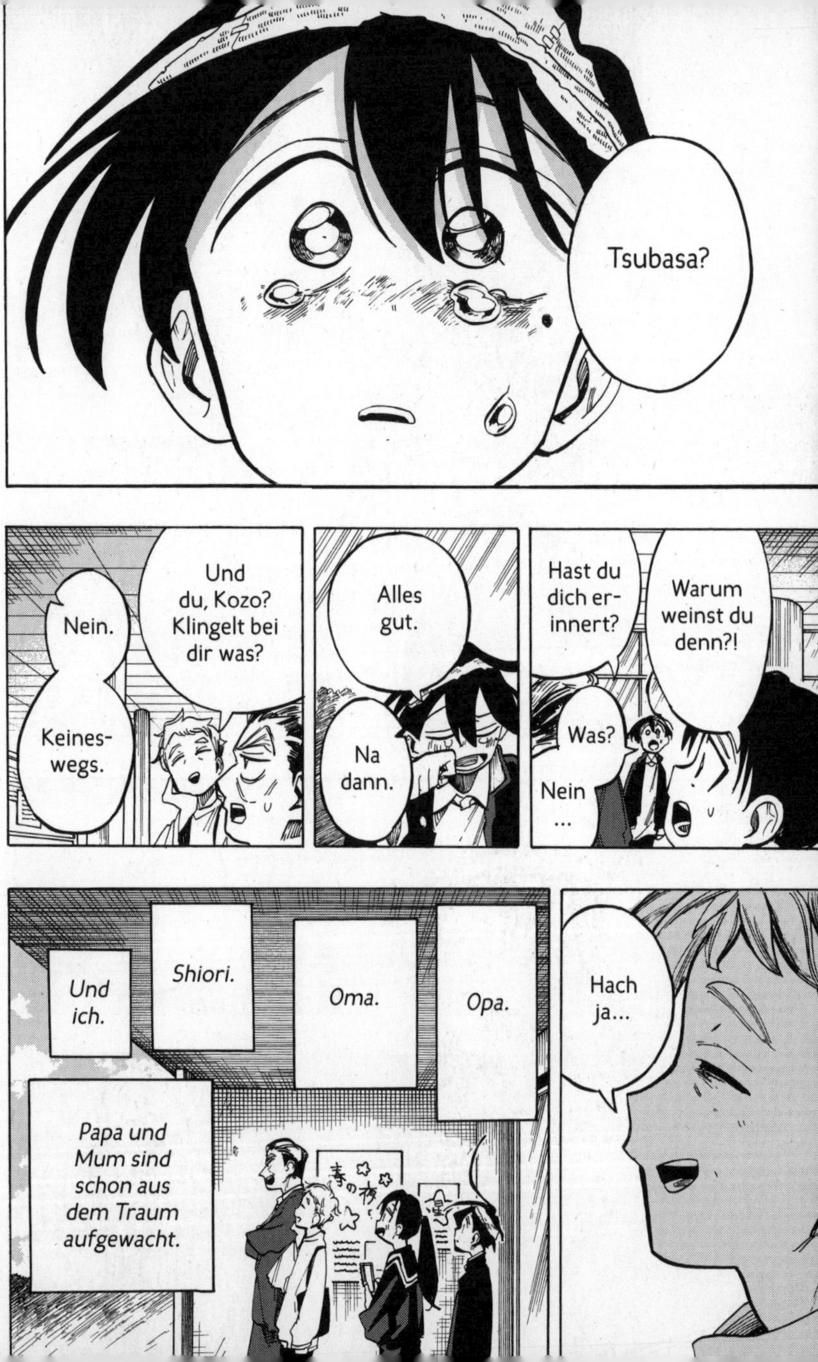

Tsubasa?
Warum weinst du denn?!
Hast du dich erinnert?
Was?
Nein …
Alles gut.
Na dann.
Und du, Kozo? Klingelt bei dir was?
Nein.
Keineswegs.
Hach ja…
Opa.
Oma.
Shiori.
Und ich.
Papa und Mum sind schon aus dem Traum aufgewacht.

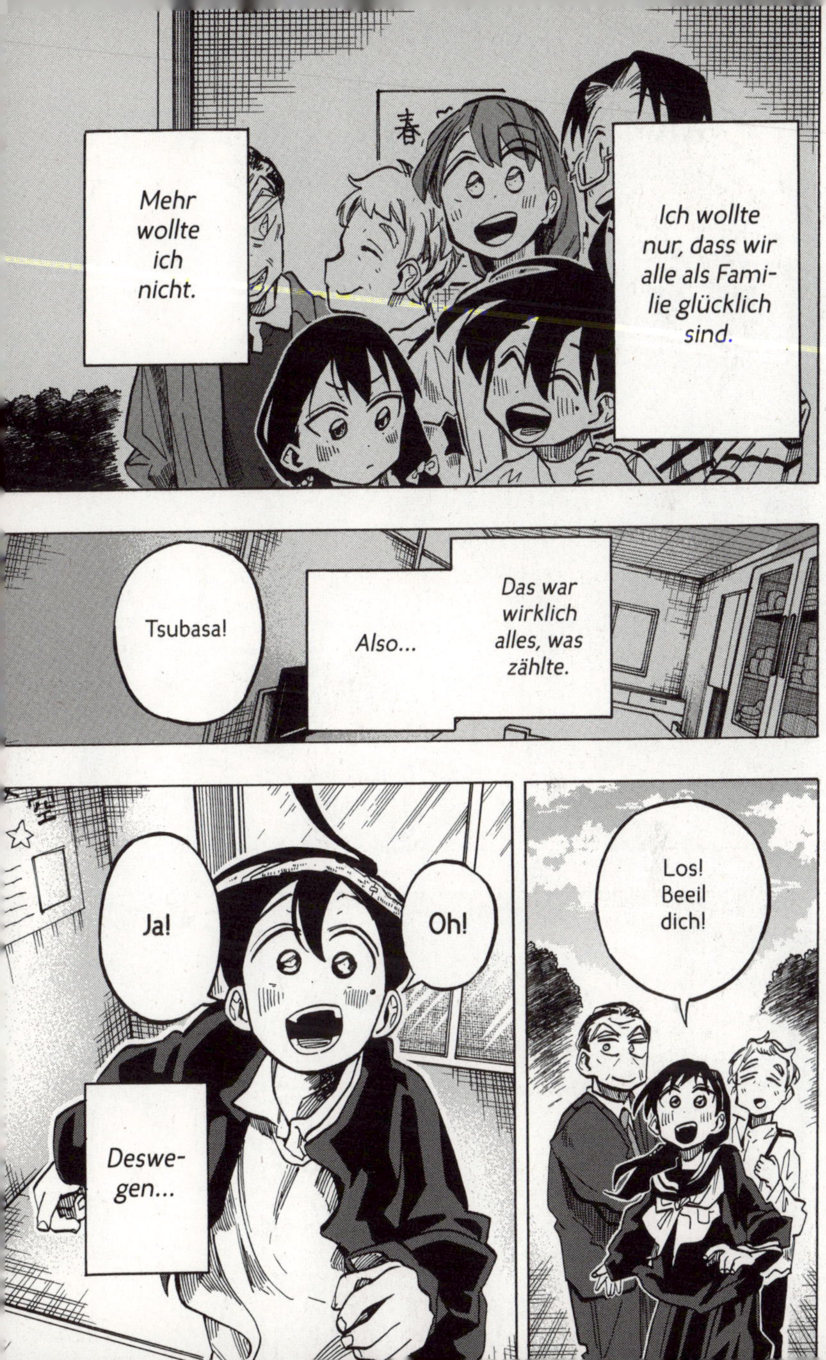
Ich wollte nur, dass wir alle als Familie glücklich sind.
Mehr wollte ich nicht.
Das war wirklich alles, was zählte.
Also…
Tsubasa!
Los! Beeil dich!
Oh!
Ja!
Deswegen…

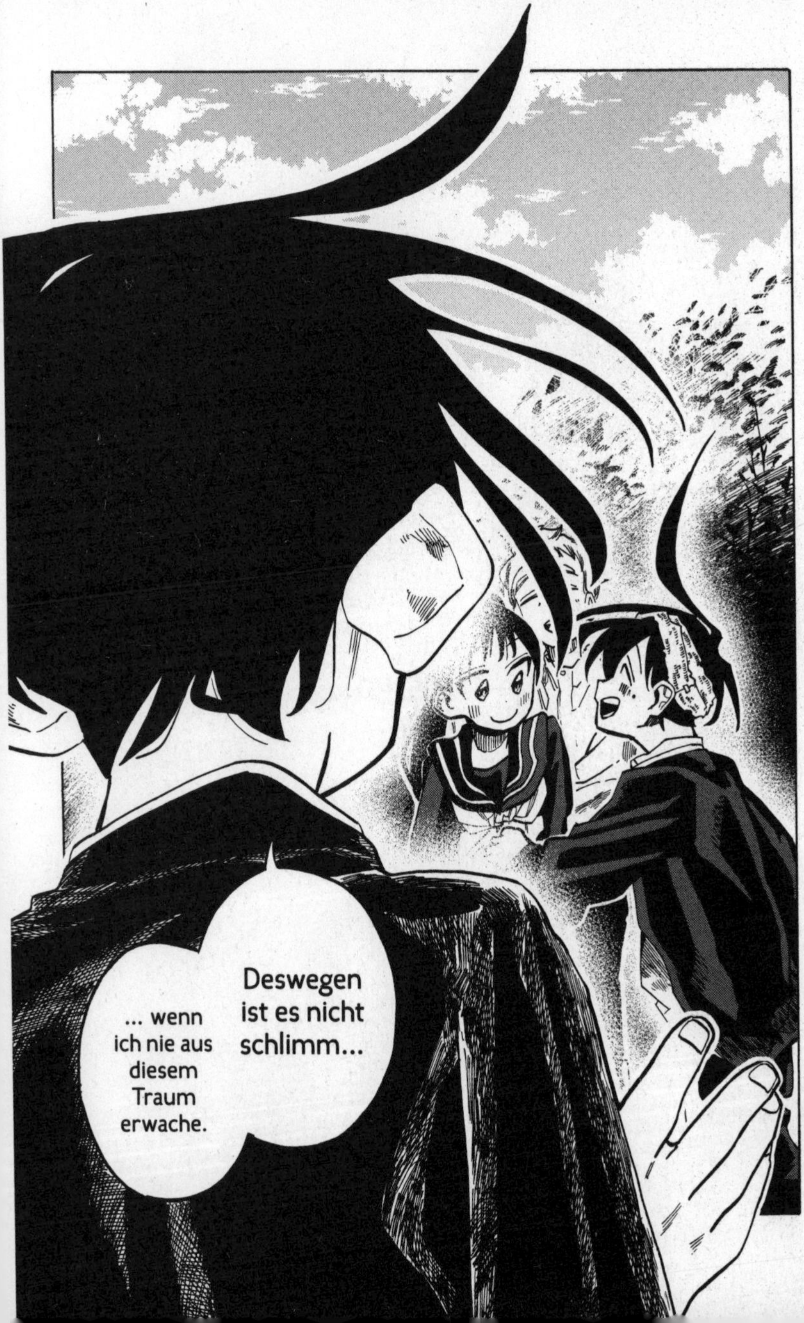
Deswegen ist es nicht schlimm…
… wenn ich nie aus diesem Traum erwache.

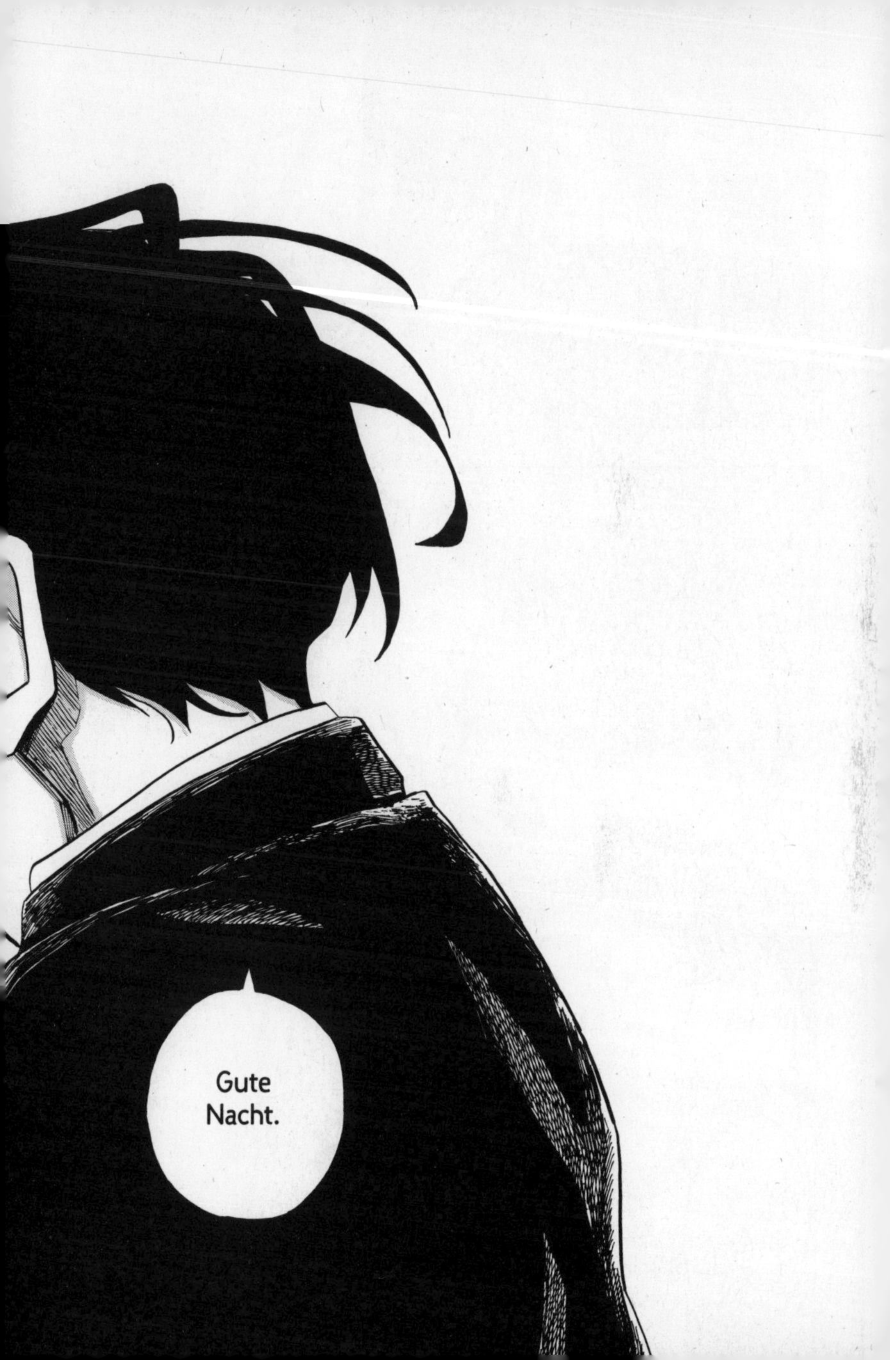
Gute Nacht.

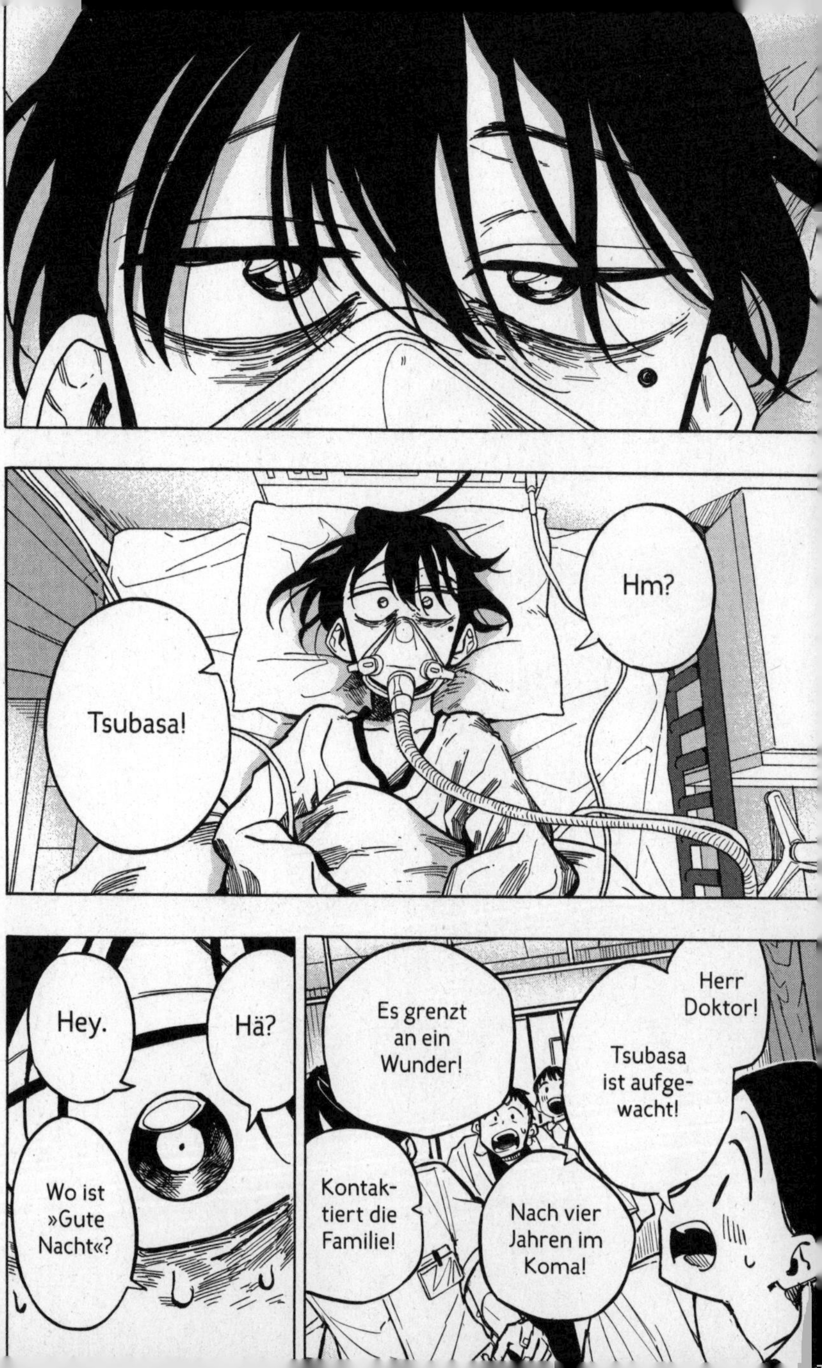
Hm?
Tsubasa!
Herr Doktor!
Tsubasa ist aufgewacht!
Es grenzt an ein Wunder!
Nach vier Jahren im Koma!
Kontaktiert die Familie!
Hä?
Hey.
Wo ist »Gute Nacht«?

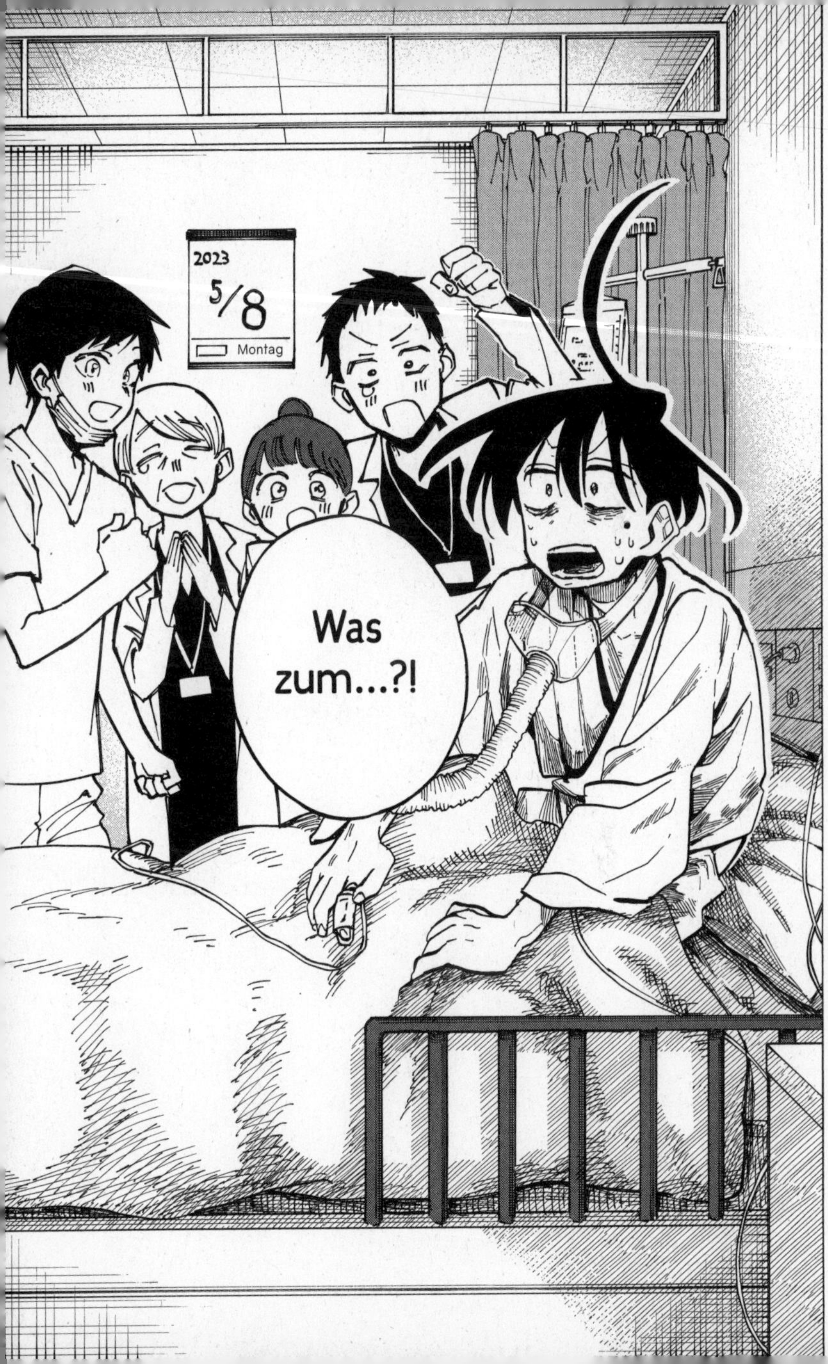
2023
5/8
Montag
Was zum…?!

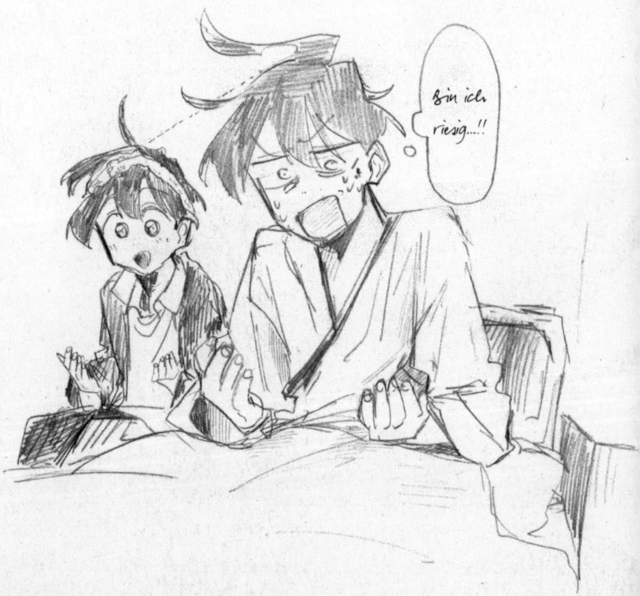
Bin ich riesig...!!

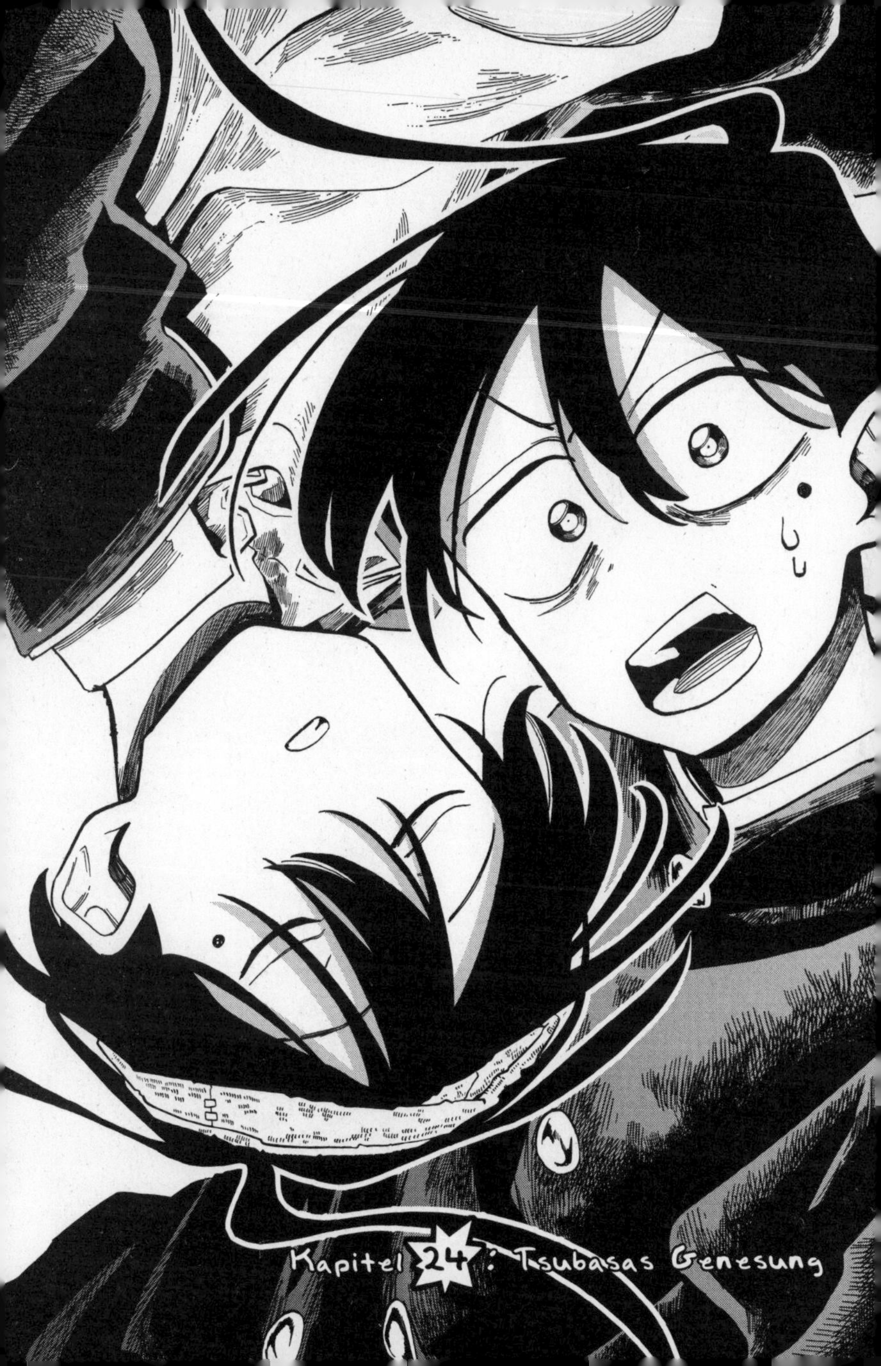
Kapitel 24 : Tsubasas Genesung

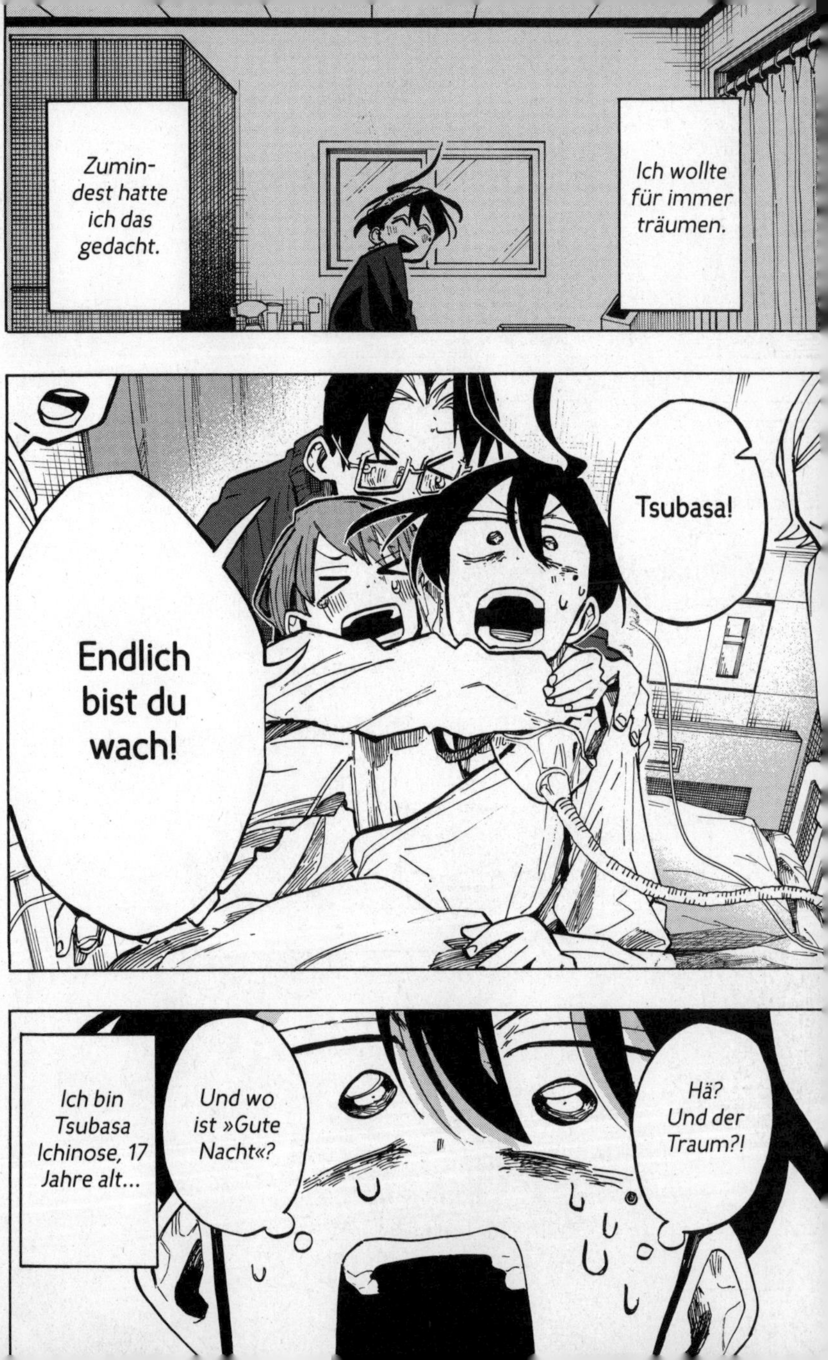
Ich wollte für immer träumen.
Zumindest hatte ich das gedacht.
Tsubasa!
Endlich bist du wach!
Hä? Und der Traum?!
Und wo ist »Gute Nacht«?
Ich bin Tsubasa Ichinose, 17 Jahre alt…

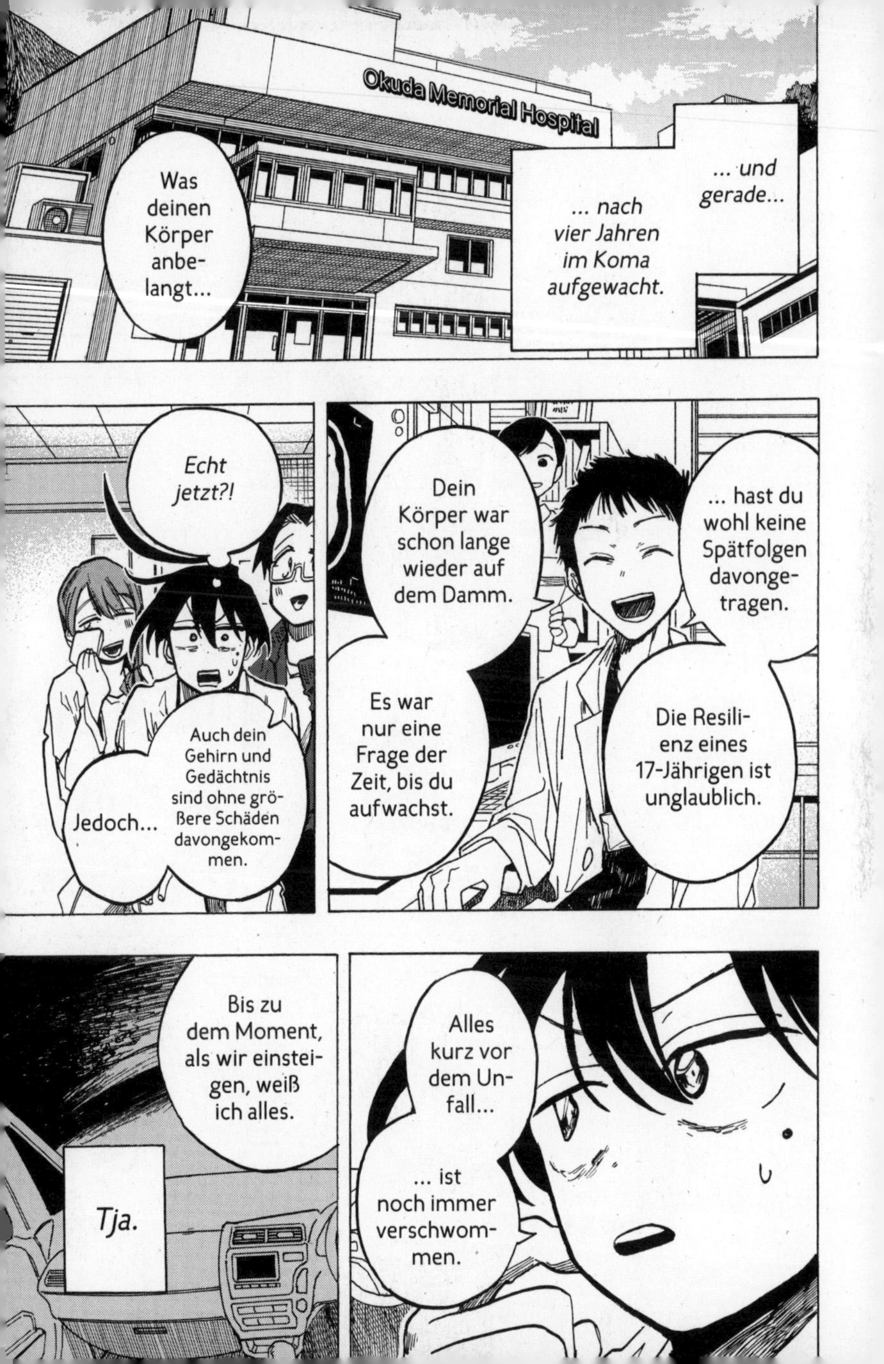
Okuda Memorial Hospital
... und gerade...
... nach vier Jahren im Koma aufgewacht.
Was deinen Körper anbelangt...
... hast du wohl keine Spätfolgen davongetragen.
Dein Körper war schon lange wieder auf dem Damm.
Die Resilienz eines 17-Jährigen ist unglaublich.
Es war nur eine Frage der Zeit, bis du aufwachst.
Echt jetzt?!
Auch dein Gehirn und Gedächtnis sind ohne größere Schäden davongekommen.
Jedoch...
Alles kurz vor dem Unfall...
... ist noch immer verschwommen.
Bis zu dem Moment, als wir einsteigen, weiß ich alles.
Tja.

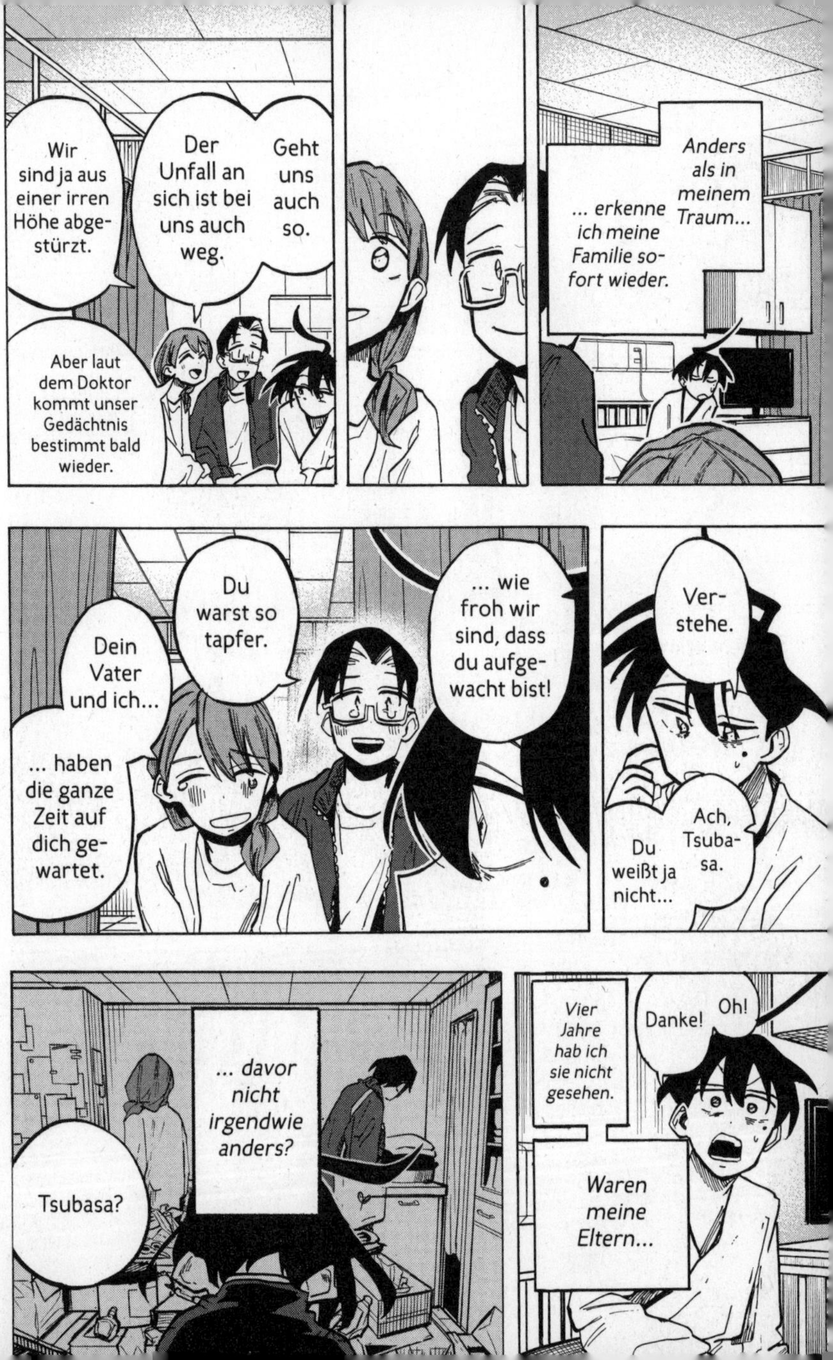

Anders als in meinem Traum...
... erkenne ich meine Familie sofort wieder.
Geht uns auch so.
Der Unfall an sich ist bei uns auch weg.
Wir sind ja aus einer irren Höhe abgestürzt.
Aber laut dem Doktor kommt unser Gedächtnis bestimmt bald wieder.
Ver-stehe.
Ach, Tsubasa.
Du weißt ja nicht...
... wie froh wir sind, dass du aufgewacht bist!
Du warst so tapfer.
Dein Vater und ich...
... haben die ganze Zeit auf dich gewartet.
Oh!
Danke!
Vier Jahre hab ich sie nicht gesehen.
Waren meine Eltern...
... davor nicht irgendwie anders?
Tsubasa?

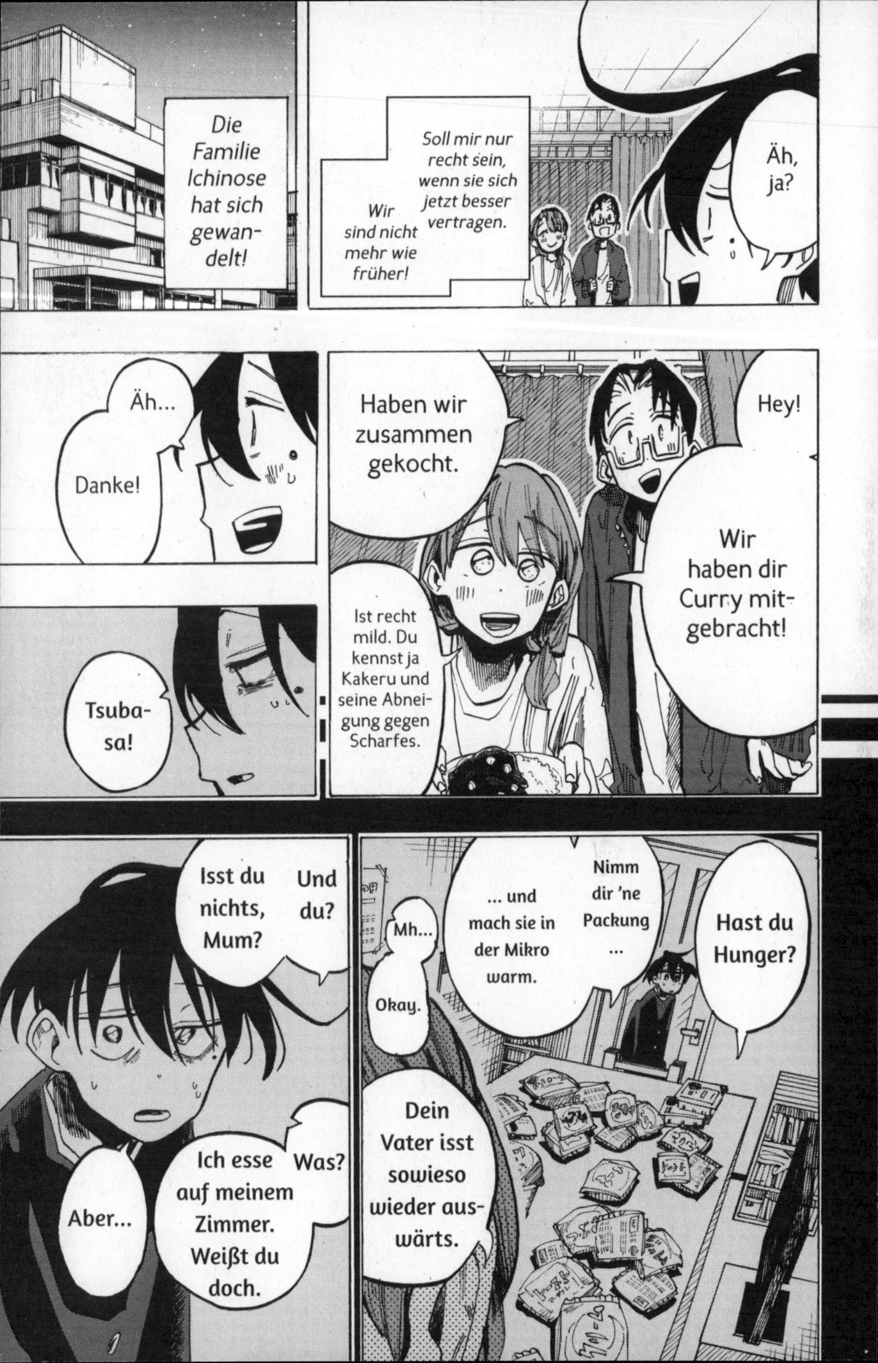
Äh, ja?
Soll mir nur recht sein, wenn sie sich jetzt besser vertragen.
Wir sind nicht mehr wie früher!
Die Familie Ichinose hat sich gewandelt!
Hey!
Wir haben dir Curry mitgebracht!
Haben wir zusammen gekocht.
Ist recht mild. Du kennst ja Kakeru und seine Abneigung gegen Scharfes.
Äh...
Danke!
Tsubasa!
Hast du Hunger?
Nimm dir 'ne Packung ...
... und mach sie in der Mikro warm.
Mh...
Okay.
Dein Vater isst sowieso wieder auswärts.
Und du?
Isst du nichts, Mum?
Was?
Ich esse auf meinem Zimmer. Weißt du doch.
Aber...

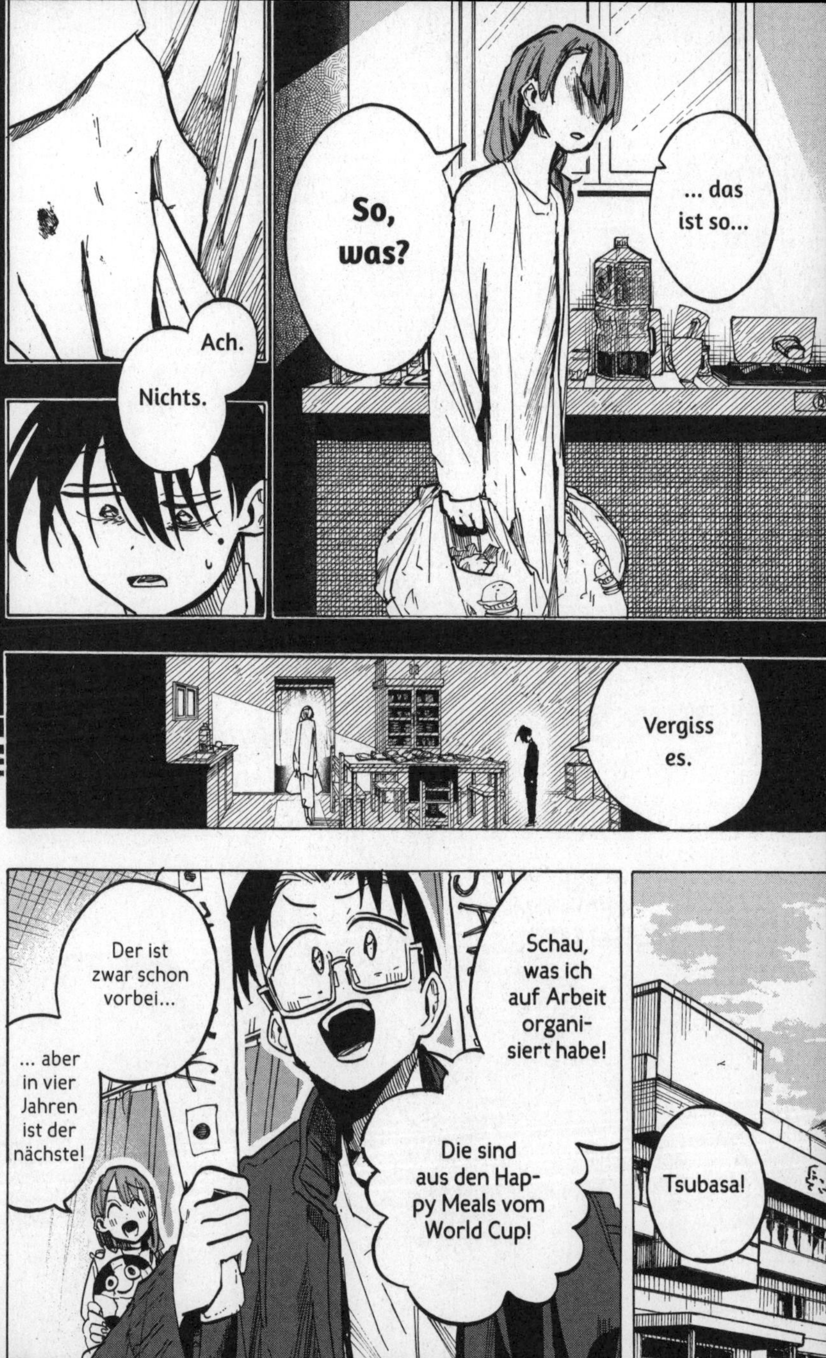
... das ist so...
So, was?
Ach.
Nichts.
Vergiss es.
Tsubasa!
Schau, was ich auf Arbeit organisiert habe!
Die sind aus den Hap-py Meals vom World Cup!
Der ist zwar schon vorbei...
... aber in vier Jahren ist der nächste!

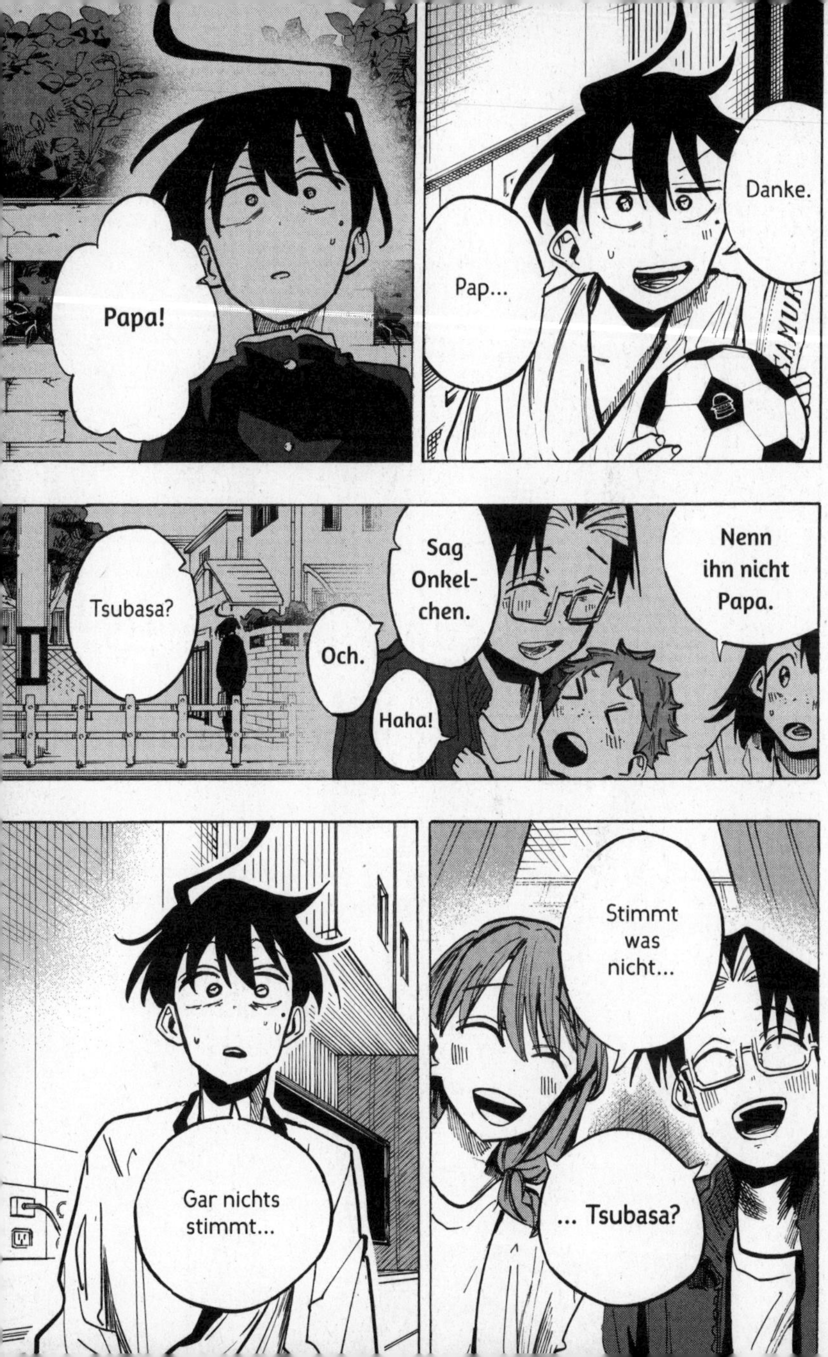
Danke.
Pap...
Papa!
Nenn ihn nicht Papa.
Sag Onkelchen.
Och.
Haha!
Tsubasa?
Stimmt was nicht...
... Tsubasa?
Gar nichts stimmt...

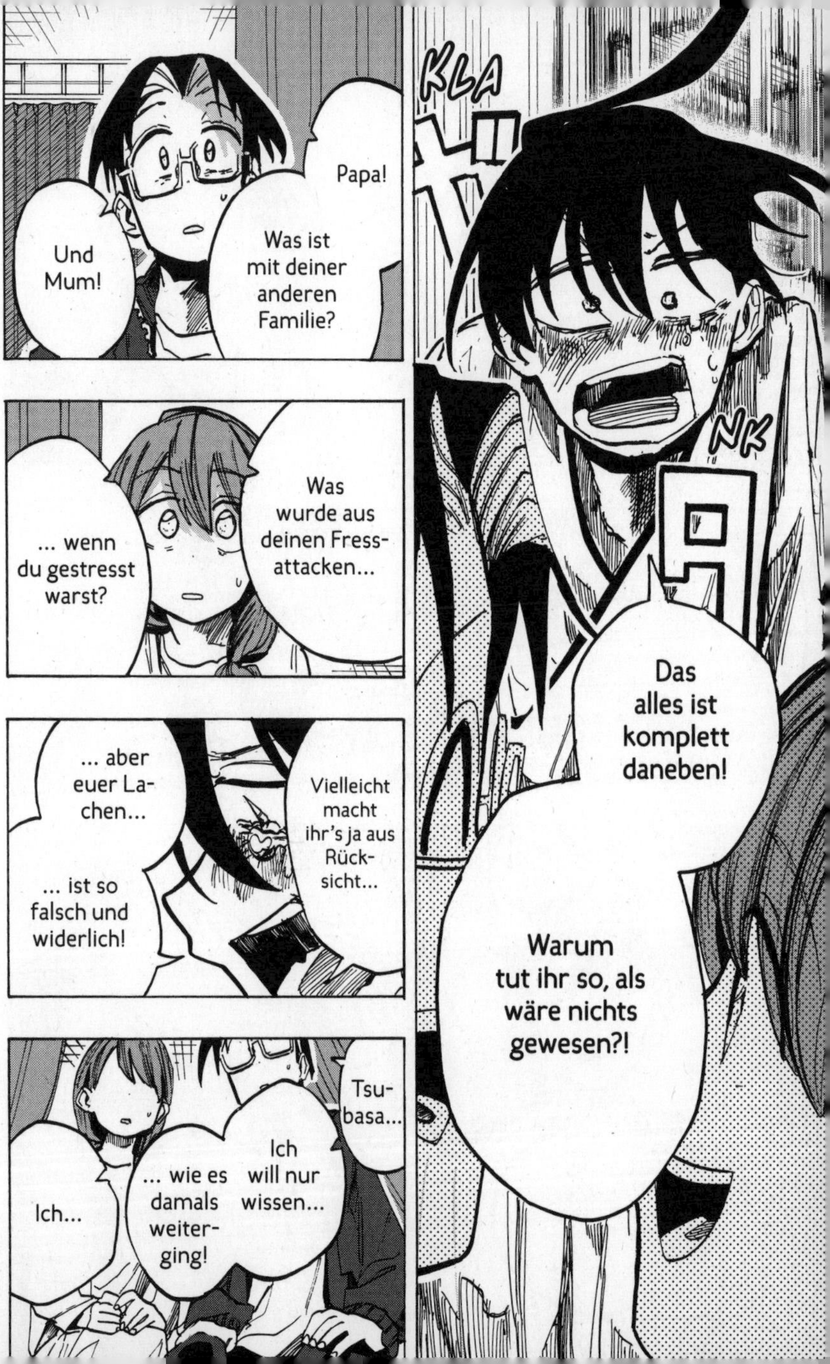

KLA
NK
Das alles ist komplett daneben!
Warum tut ihr so, als wäre nichts gewesen?!
Papa!
Was ist mit deiner anderen Familie?
Und Mum!
Was wurde aus deinen Fress-attacken...
... wenn du gestresst warst?
Vielleicht macht ihr's ja aus Rück-sicht...
... aber euer La-chen...
... ist so falsch und widerlich!
Tsu-basa...
Ich will nur wissen...
... wie es damals weiter-ging!
Ich...

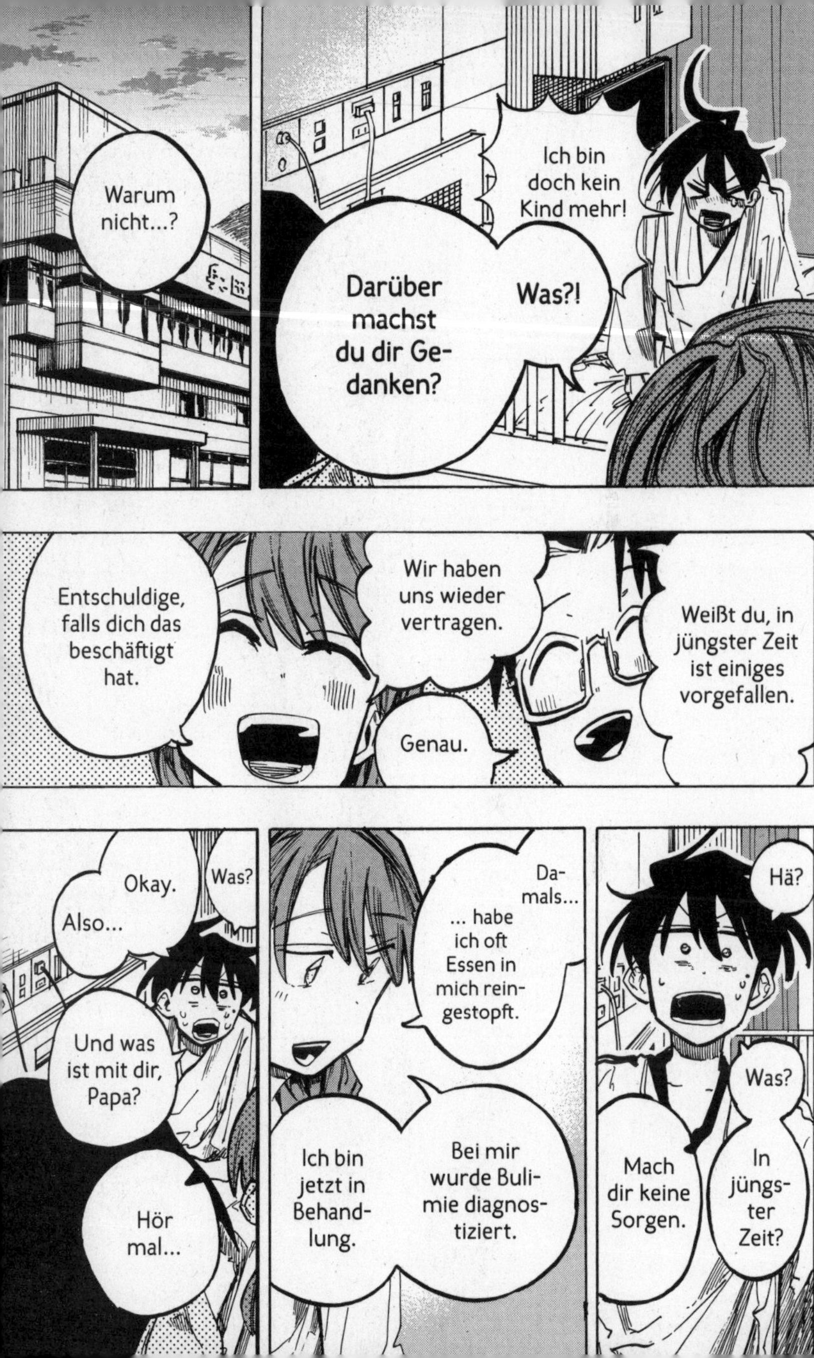
Ich bin doch kein Kind mehr!
Was?!
Darüber machst du dir Gedanken?
Warum nicht...?
Weißt du, in jüngster Zeit ist einiges vorgefallen.
Genau.
Wir haben uns wieder vertragen.
Entschuldige, falls dich das beschäftigt hat.
Hä?
Was?
In jüngster Zeit?
Mach dir keine Sorgen.
Damals...
... habe ich oft Essen in mich reingestopft.
Bei mir wurde Bulimie diagnostiziert.
Ich bin jetzt in Behandlung.
Was?
Okay.
Also...
Und was ist mit dir, Papa?
Hör mal...

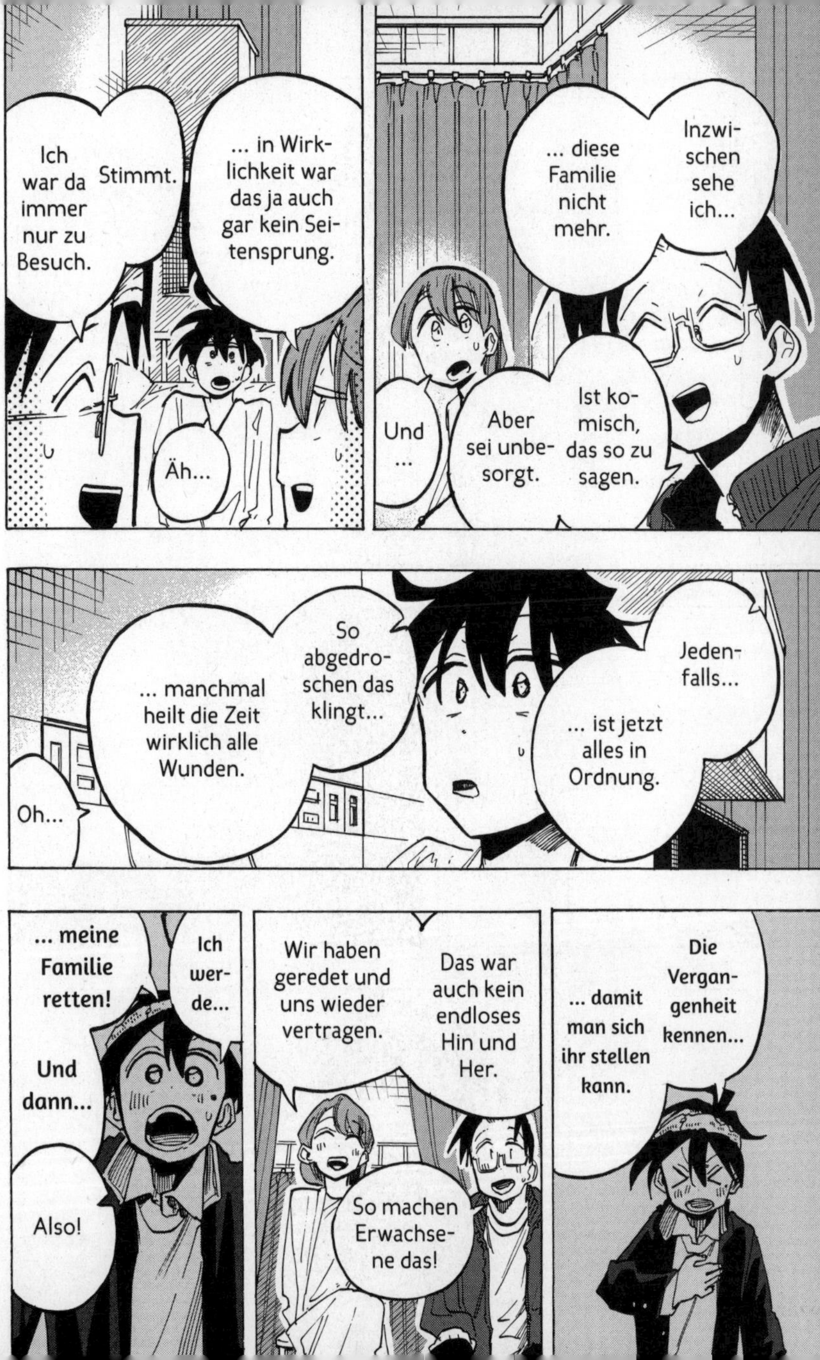
Inzwischen sehe ich...
... diese Familie nicht mehr.
Ist komisch, das so zu sagen.
Aber sei unbesorgt.
Und ...
... in Wirklichkeit war das ja auch gar kein Seitensprung.
Stimmt.
Ich war da immer nur zu Besuch.
Äh...
Jedenfalls...
... ist jetzt alles in Ordnung.
So abgedroschen das klingt...
... manchmal heilt die Zeit wirklich alle Wunden.
Oh...
Die Vergangenheit kennen...
... damit man sich ihr stellen kann.
Das war auch kein endloses Hin und Her.
Wir haben geredet und uns wieder vertragen.
So machen Erwachsene das!
Ich werde...
... meine Familie retten!
Und dann...
Also!

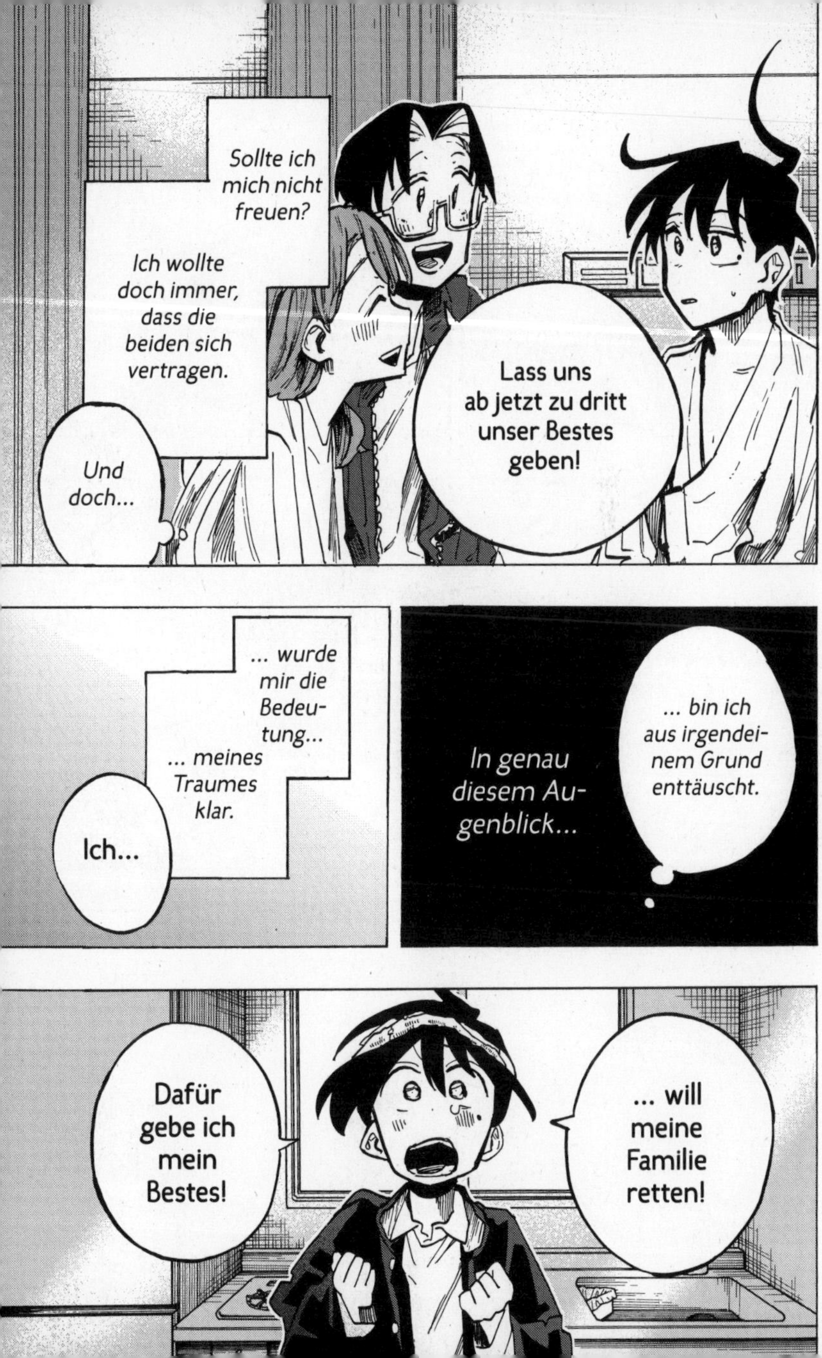
Sollte ich mich nicht freuen?
Ich wollte doch immer, dass die beiden sich vertragen.
Lass uns ab jetzt zu dritt unser Bestes geben!
Und doch...
... wurde mir die Bedeutung...
... meines Traumes klar.
Ich...
In genau diesem Augenblick...
... bin ich aus irgendeinem Grund enttäuscht.
... will meine Familie retten!
Dafür gebe ich mein Bestes!

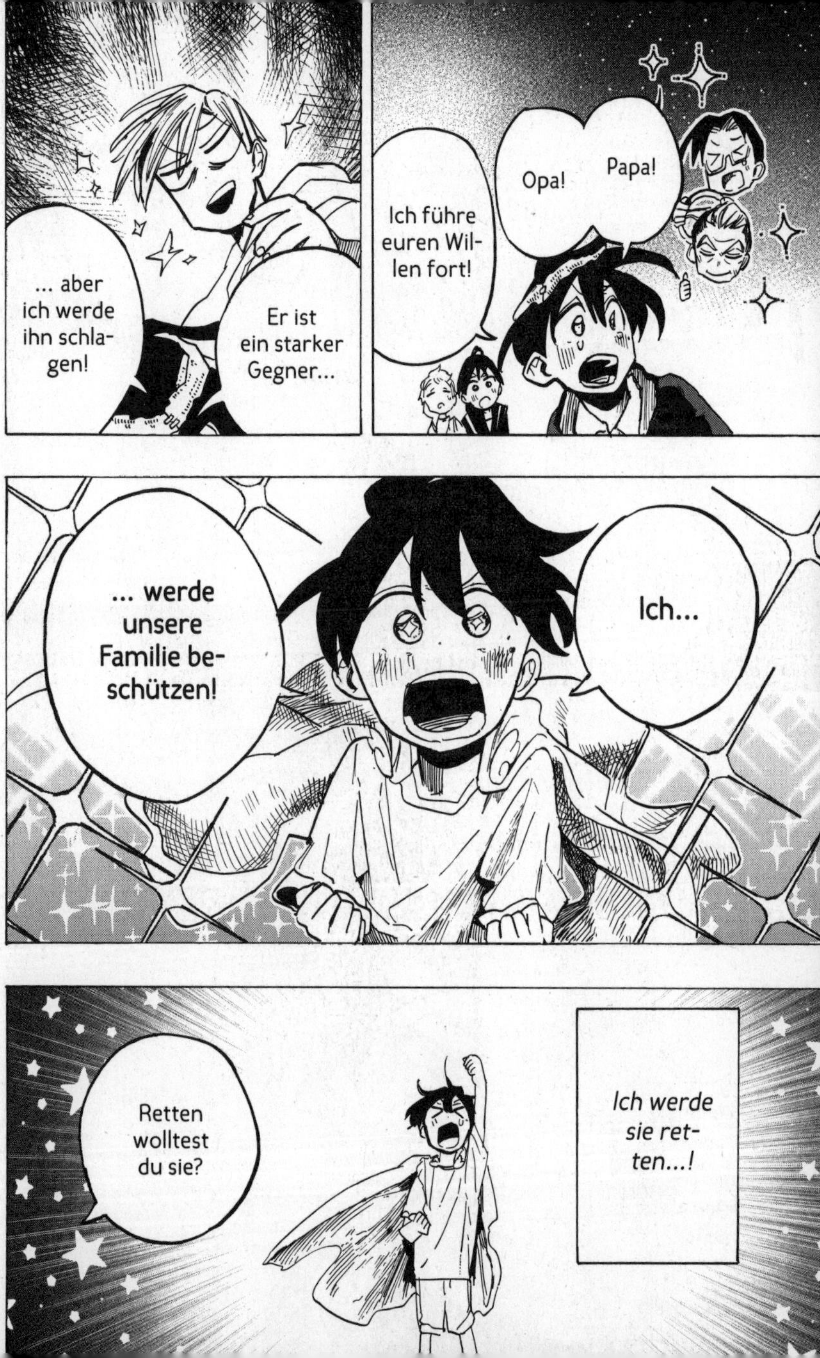
Papa!
Opa!
Ich führe eurenWil-len fort!
Er ist ein starker Gegner…
… aber ich werde ihn schla-gen!
Ich…
… werde unsere Familie be-schützen!
Ich werde sie ret-ten…!
Retten wolltest du sie?

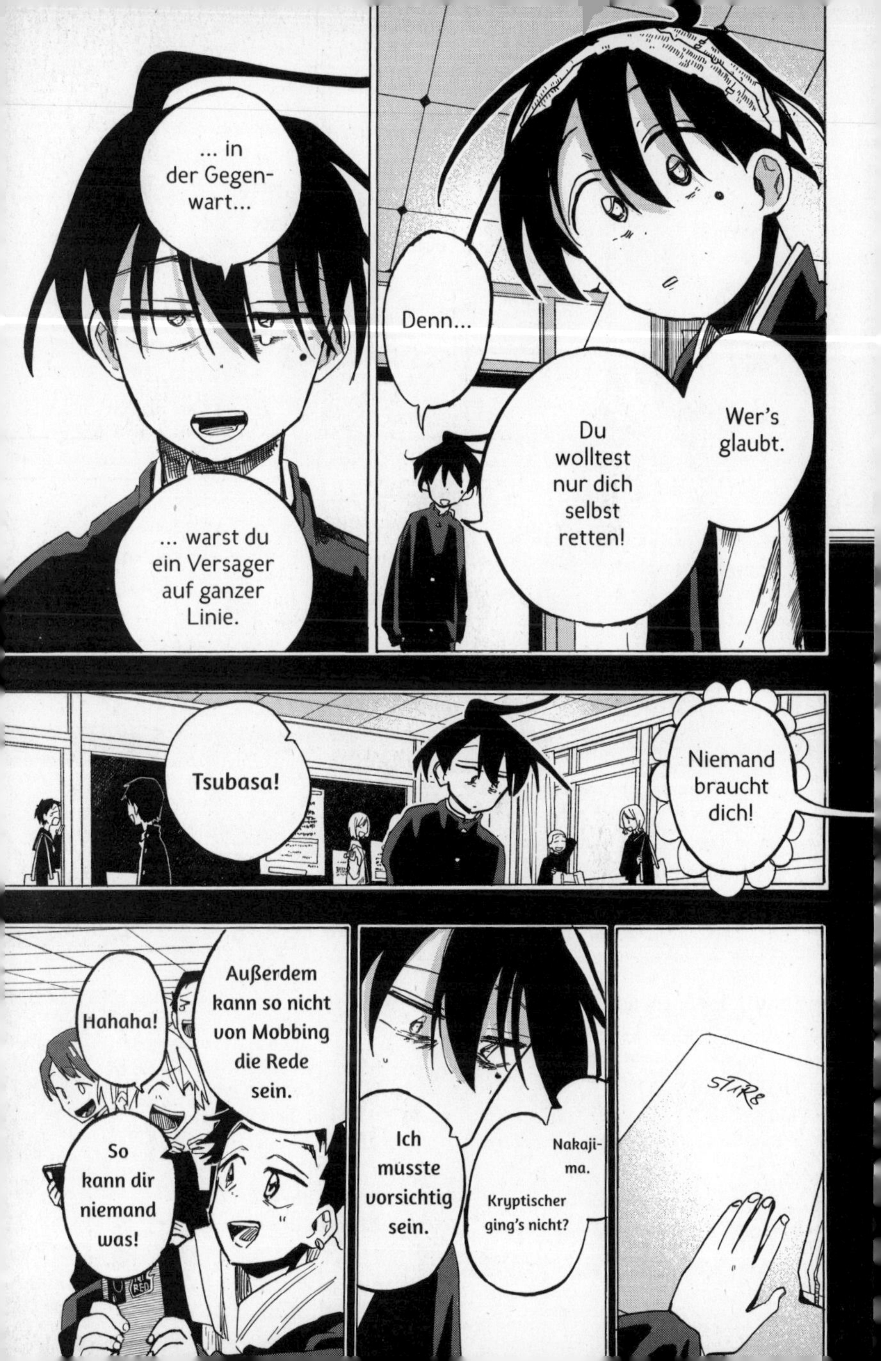
Wer's glaubt.
Du wolltest nur dich selbst retten!
Denn...
... in der Gegenwart...
... warst du ein Versager auf ganzer Linie.
Niemand braucht dich!
Tsubasa!
Nakajima. Kryptischer ging's nicht?
Ich musste vorsichtig sein.
Außerdem kann so nicht von Mobbing die Rede sein.
Hahaha!
So kann dir niemand was!

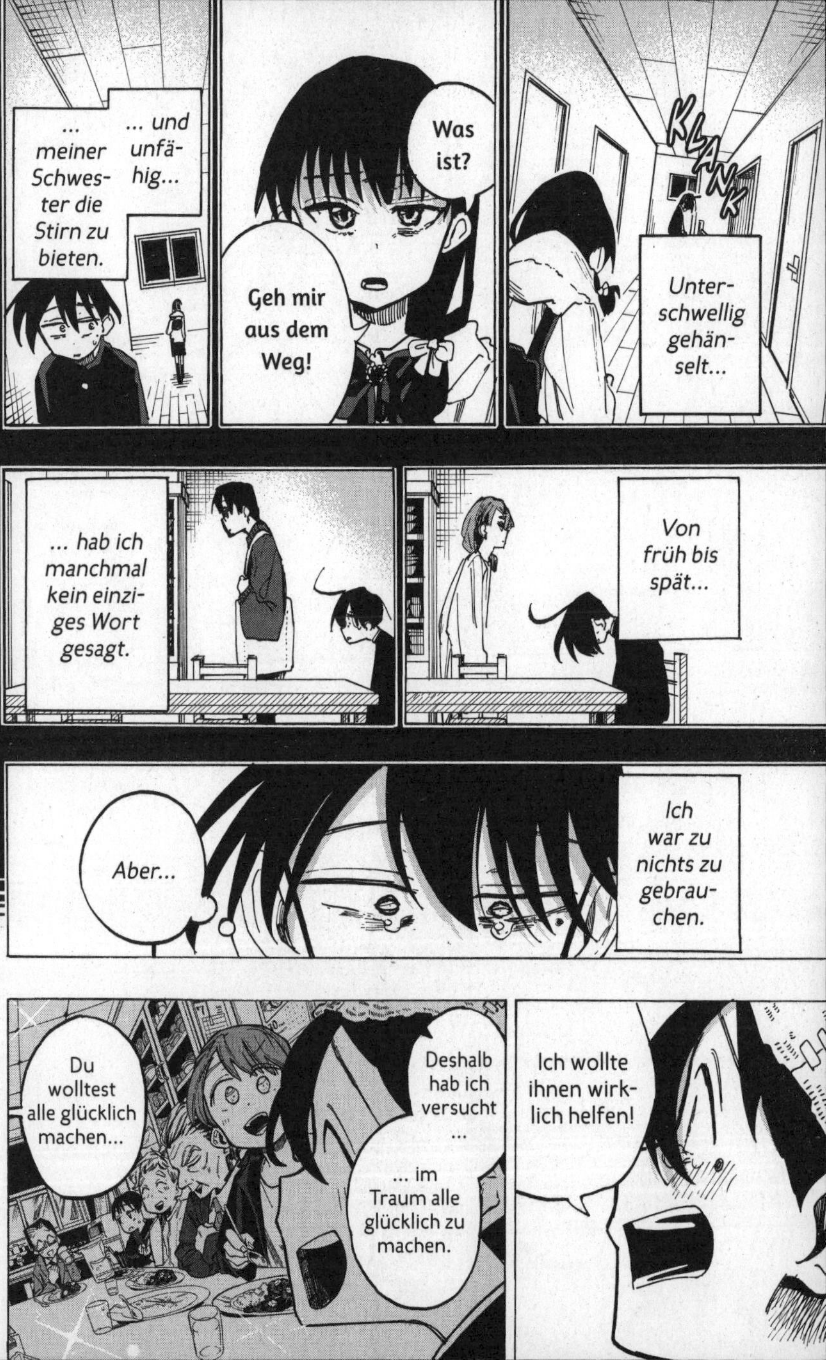
KLANK
Unterschwellig gehänselt...
Was ist?
Geh mir aus dem Weg!
... und unfähig...
... meiner Schwester die Stirn zu bieten.
Von früh bis spät...
... hab ich manchmal kein einziges Wort gesagt.
Ich war zu nichts zu gebrauchen.
Aber...
Ich wollte ihnen wirklich helfen!
Deshalb hab ich versucht ...
... im Traum alle glücklich zu machen.
Du wolltest alle glücklich machen...

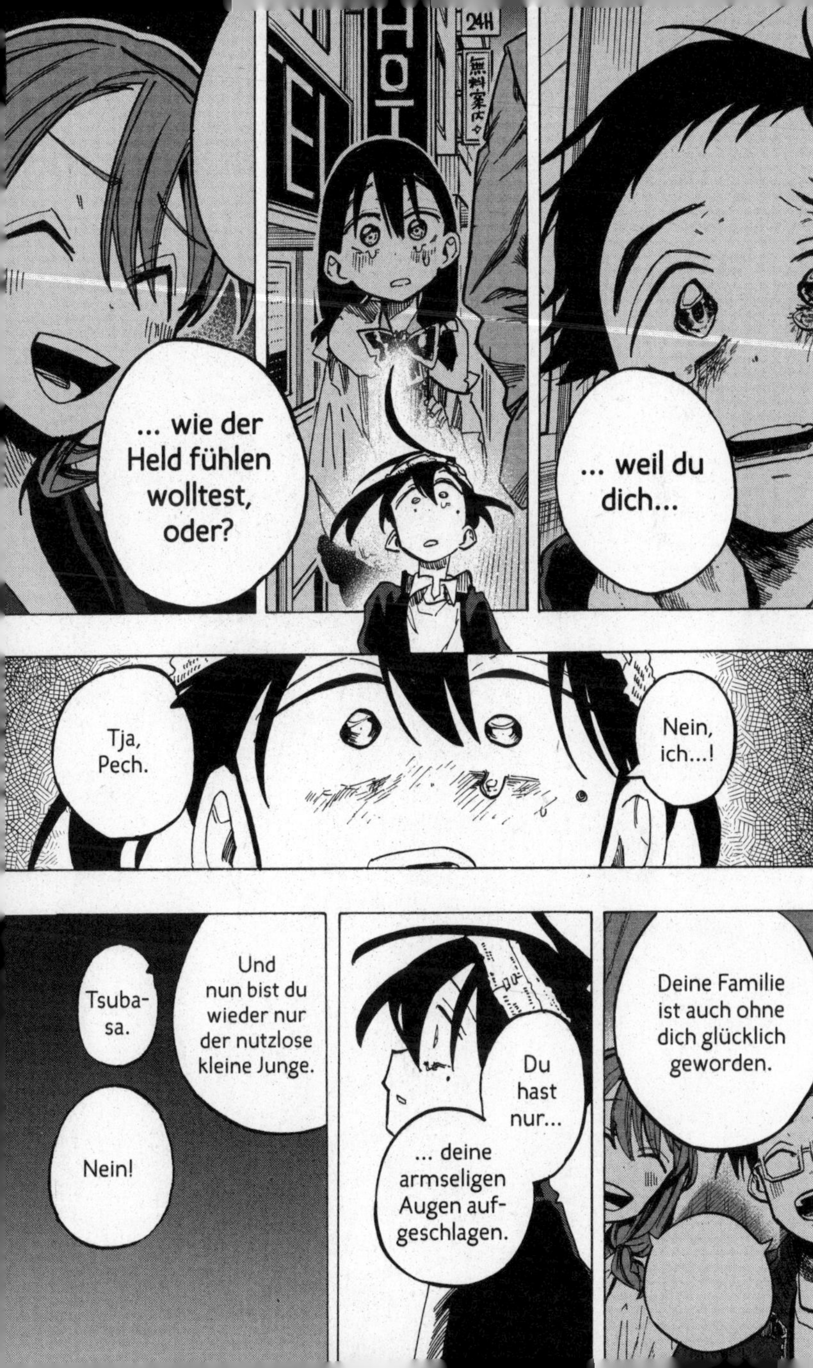
... weil du dich...
... wie der Held fühlen wolltest, oder?
Nein, ich...!
Tja, Pech.
Deine Familie ist auch ohne dich glücklich geworden.
Du hast nur...
... deine armseligen Augen aufgeschlagen.
Und nun bist du wieder nur der nutzlose kleine Junge.
Tsubasa.
Nein!

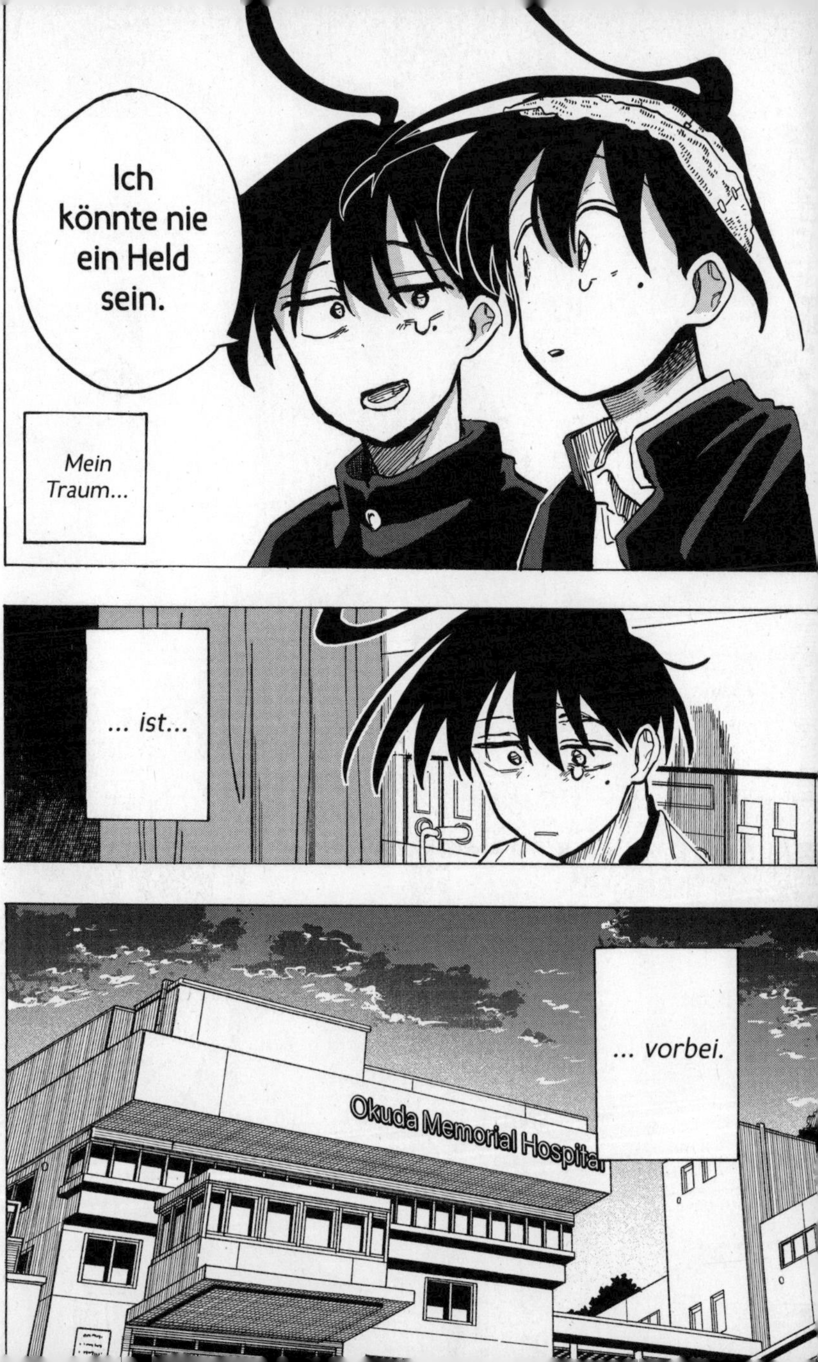

Ich könnte nie ein Held sein.
Mein Traum...
... ist...
... vorbei.
Okuda Memorial Hospital

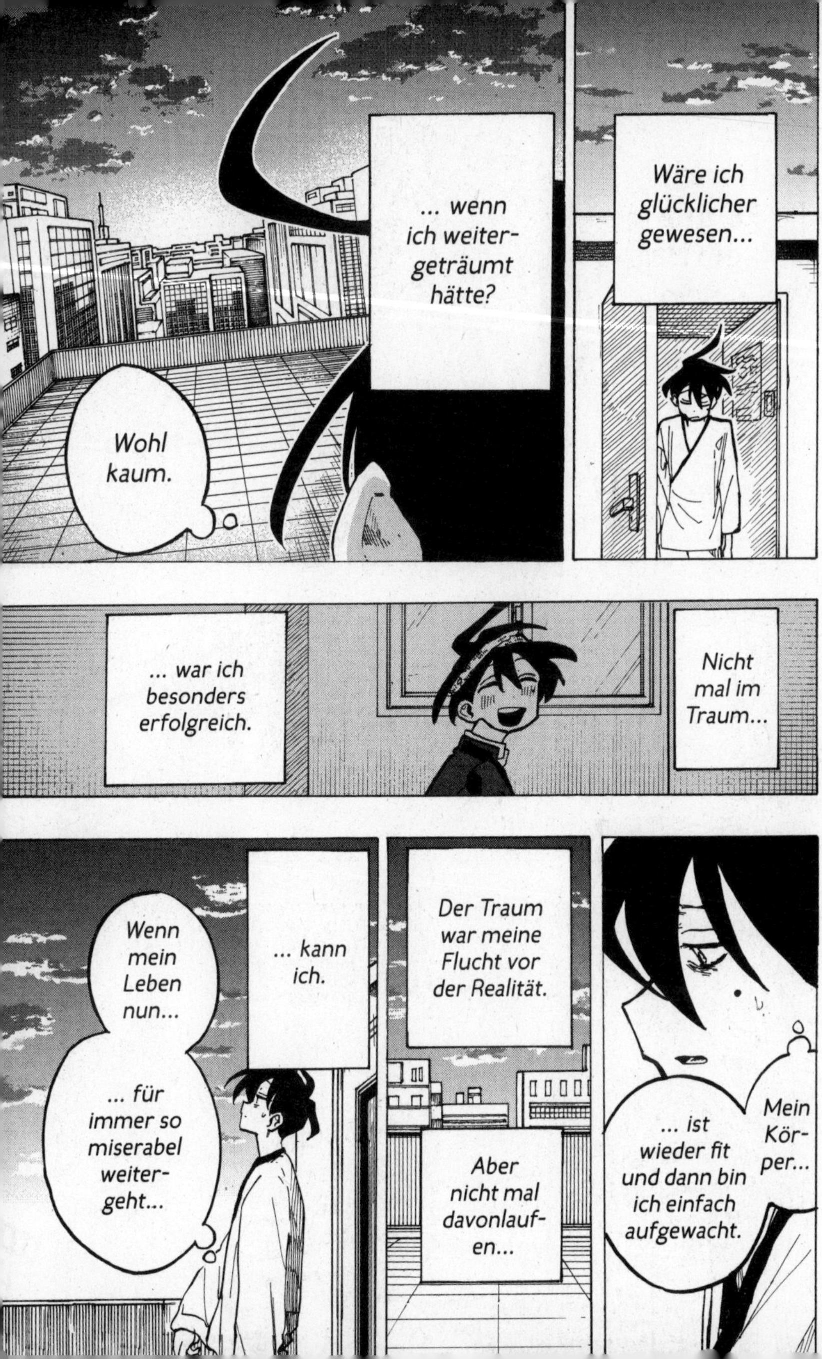
Wäre ich glücklicher gewesen...
... wenn ich weitergeträumt hätte?
Wohl kaum.
Nicht mal im Traum...
... war ich besonders erfolgreich.
Mein Körper...
... ist wieder fit und dann bin ich einfach aufgewacht.
Der Traum war meine Flucht vor der Realität.
Aber nicht mal davonlaufen...
... kann ich.
Wenn mein Leben nun...
... für immer so miserabel weitergeht...

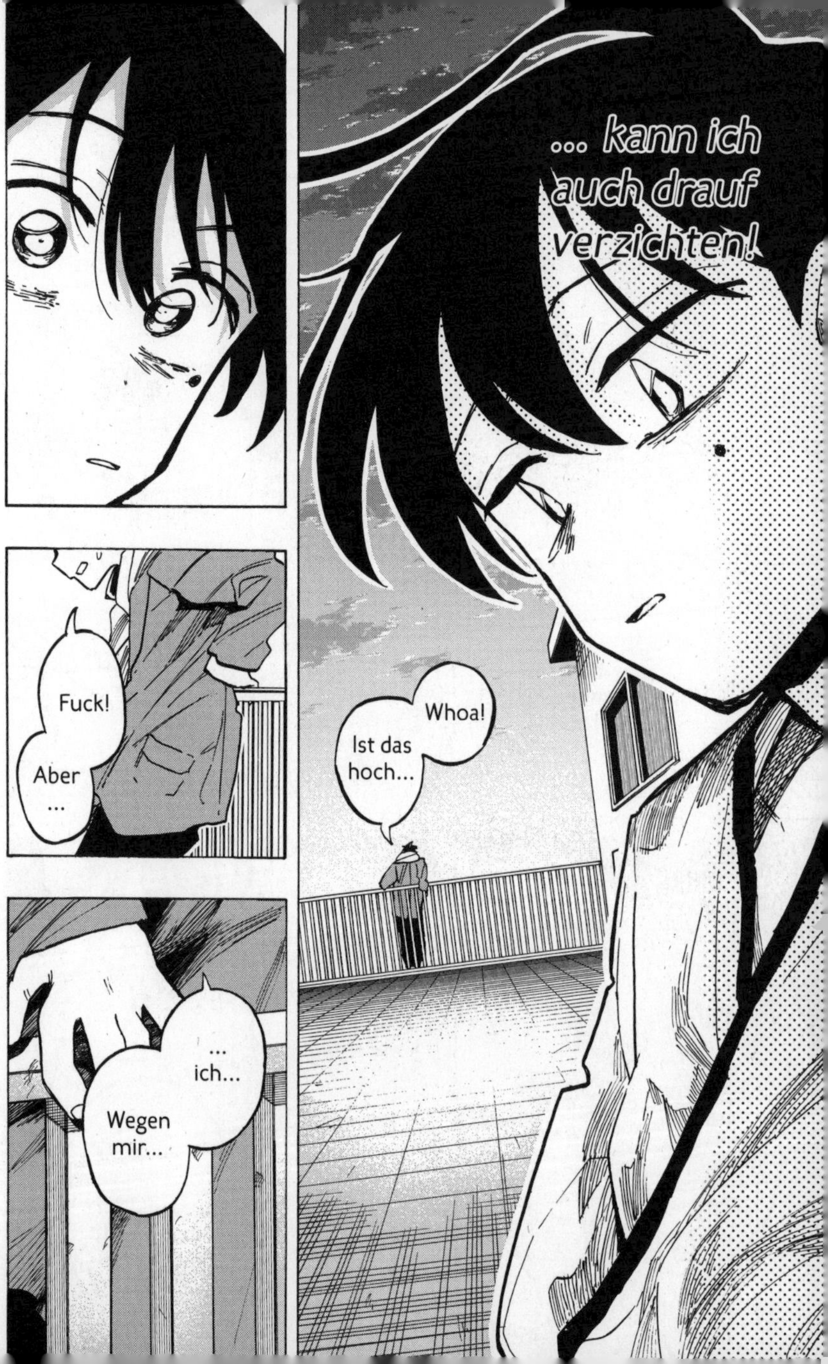
... kann ich auch drauf verzichten!
Whoa! Ist das hoch...
Fuck! Aber ...
... ich... Wegen mir...

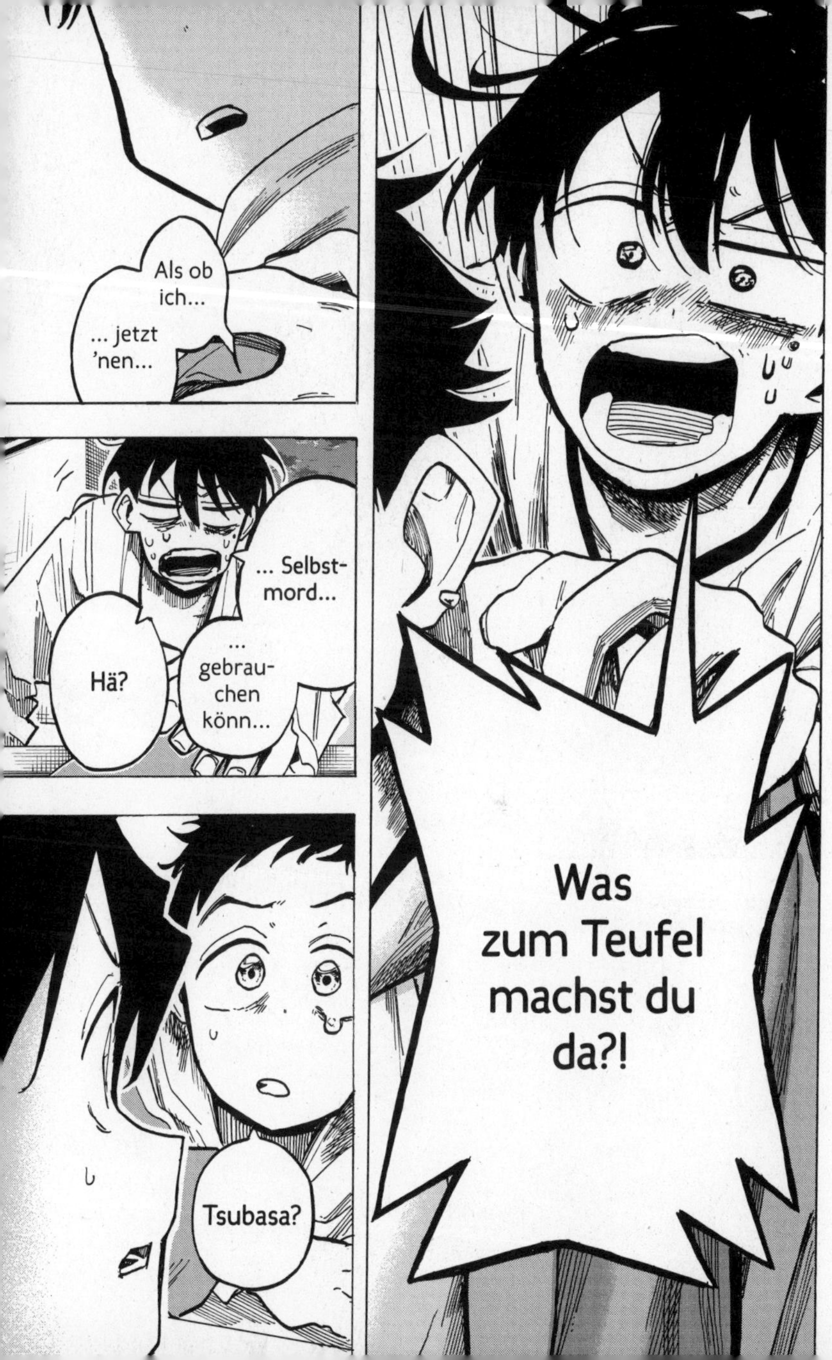
Als ob ich...
... jetzt 'nen...
... Selbstmord...
... gebrauchen könn...
Hä?
Tsubasa?
Was zum Teufel machst du da?!

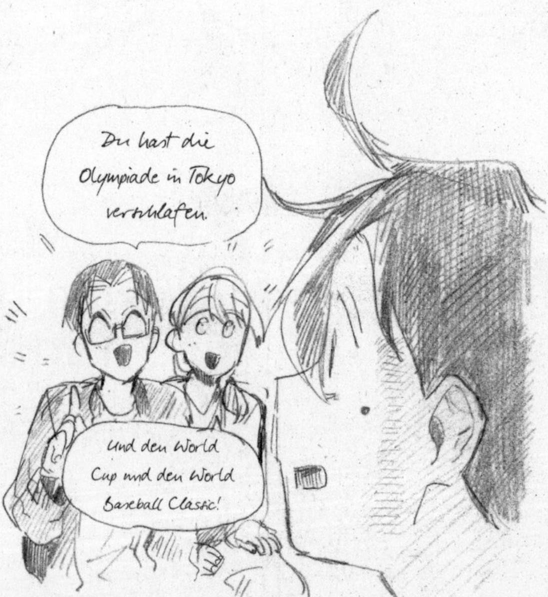
Du hast die Olympiade in Tokyo verschlafen.
Und den World Cup und den World Baseball Classic!

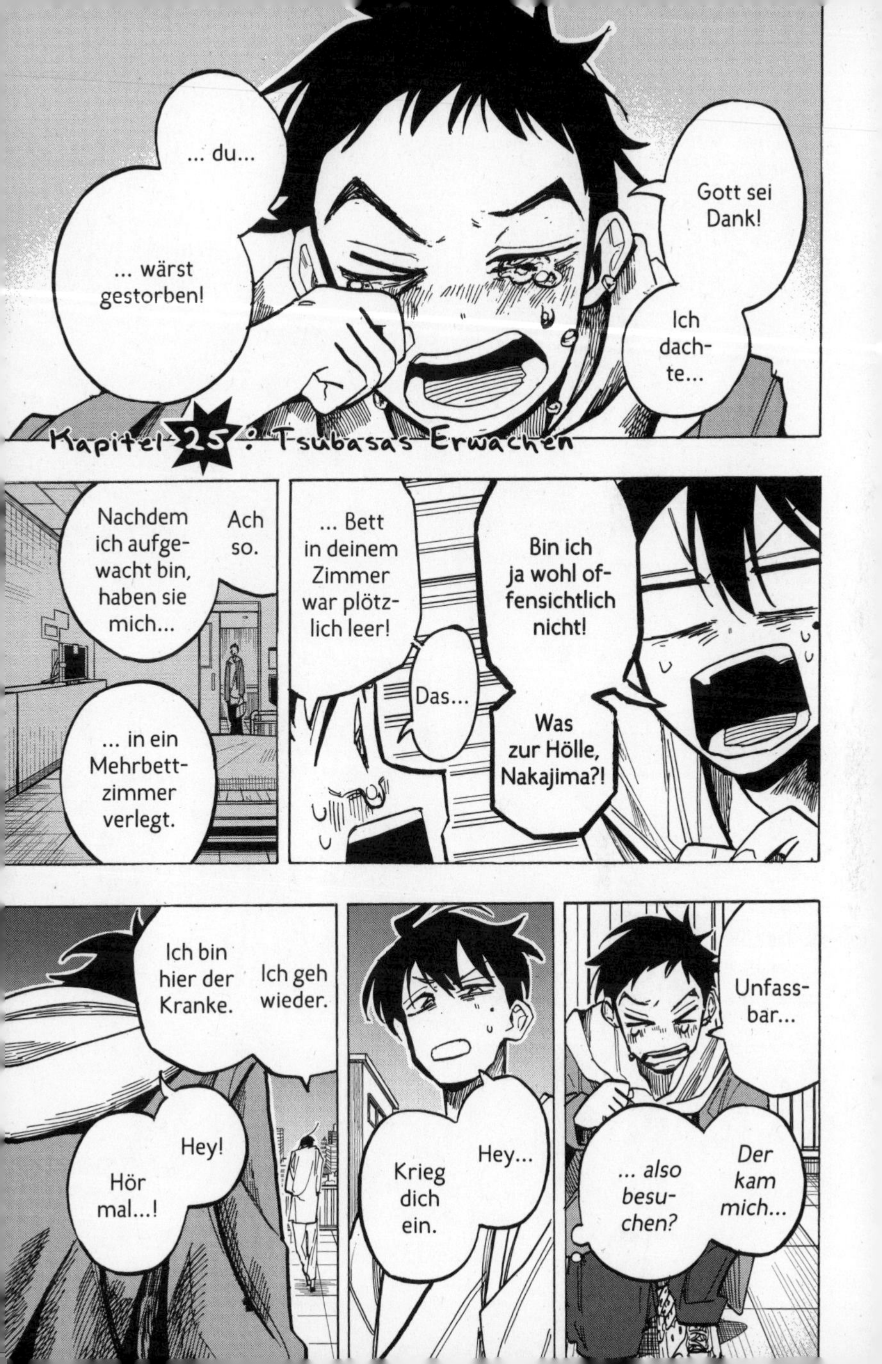
Gott sei Dank!
Ich dachte...
... du...
... wärst gestorben!
Kapitel 25: Tsubasas Erwachen
Bin ich ja wohl offensichtlich nicht!
Was zur Hölle, Nakajima?!
Das...
... Bett in deinem Zimmer war plötzlich leer!
Ach so.
Nachdem ich aufgewacht bin, haben sie mich...
... in ein Mehrbettzimmer verlegt.
Unfassbar...
Der kam mich...
... also besuchen?
Hey...
Krieg dich ein.
Ich geh wieder.
Ich bin hier der Kranke.
Hey!
Hör mal...!

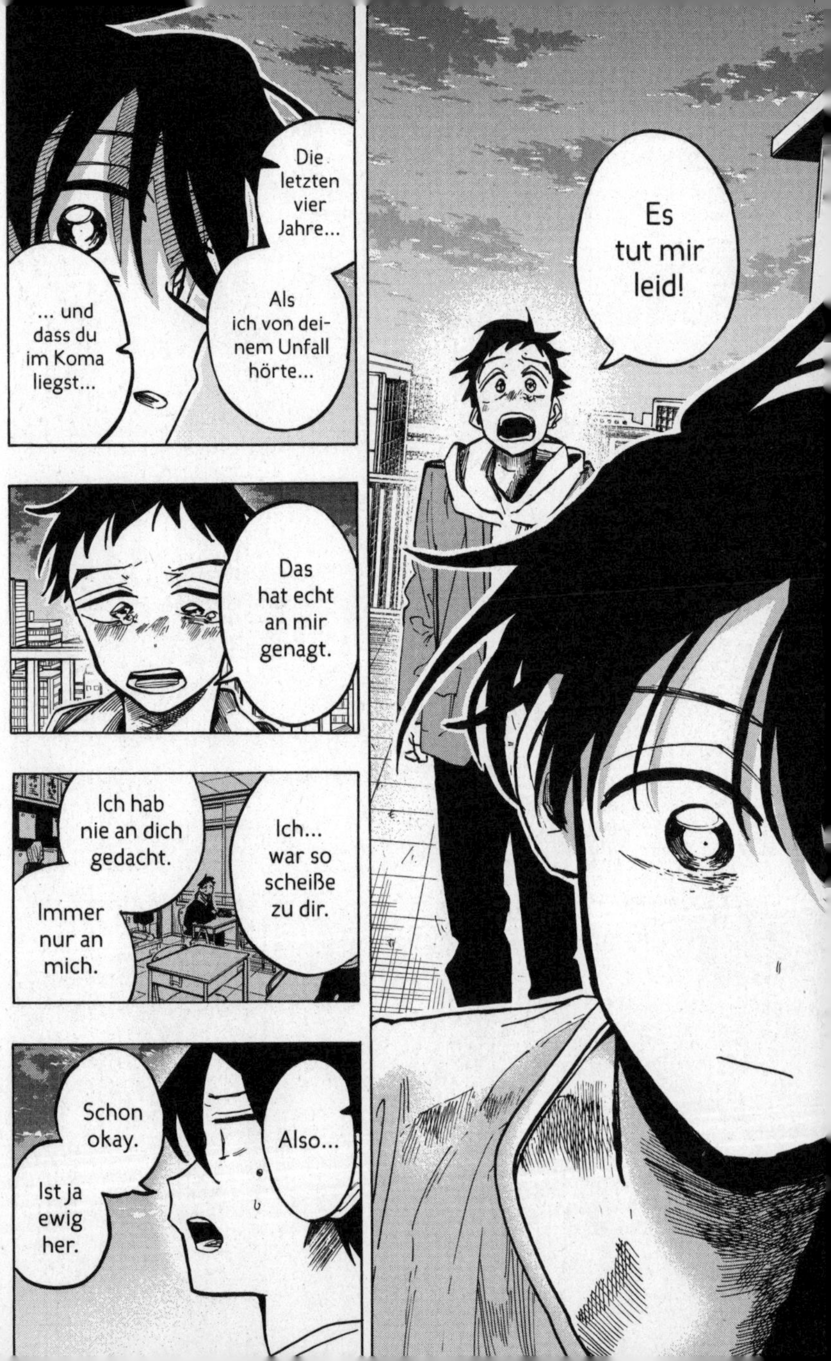
Es tut mir leid!
Die letzten vier Jahre...
Als ich von deinem Unfall hörte...
... und dass du im Koma liegst...
Das hat echt an mir genagt.
Ich... war so scheiße zu dir.
Ich hab nie an dich gedacht.
Immer nur an mich.
Also...
Schon okay.
Ist ja ewig her.

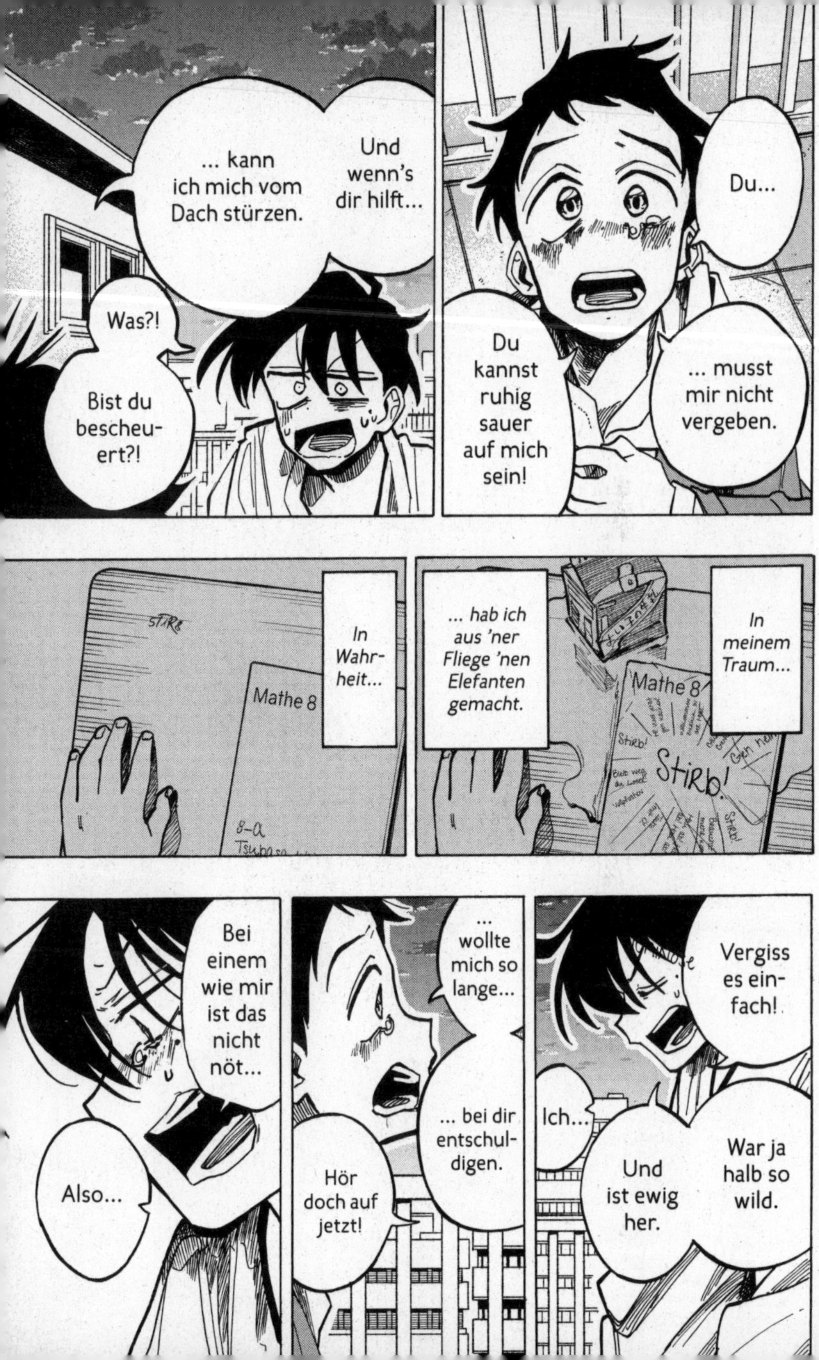

Du...
... musst mir nicht vergeben.
Du kannst ruhig sauer auf mich sein!
Und wenn's dir hilft...
... kann ich mich vom Dach stürzen.
Was?!
Bist du bescheu-ert?!
In meinem Traum...
Mathe 8
Stirb!
... hab ich aus 'ner Fliege 'nen Elefanten gemacht.
In Wahr-heit...
Mathe 8
Vergiss es ein-fach!
War ja halb so wild.
Und ist ewig her.
Ich...
... wollte mich so lange...
... bei dir entschul-digen.
Hör doch auf jetzt!
Bei einem wie mir ist das nicht nöt...
Also...

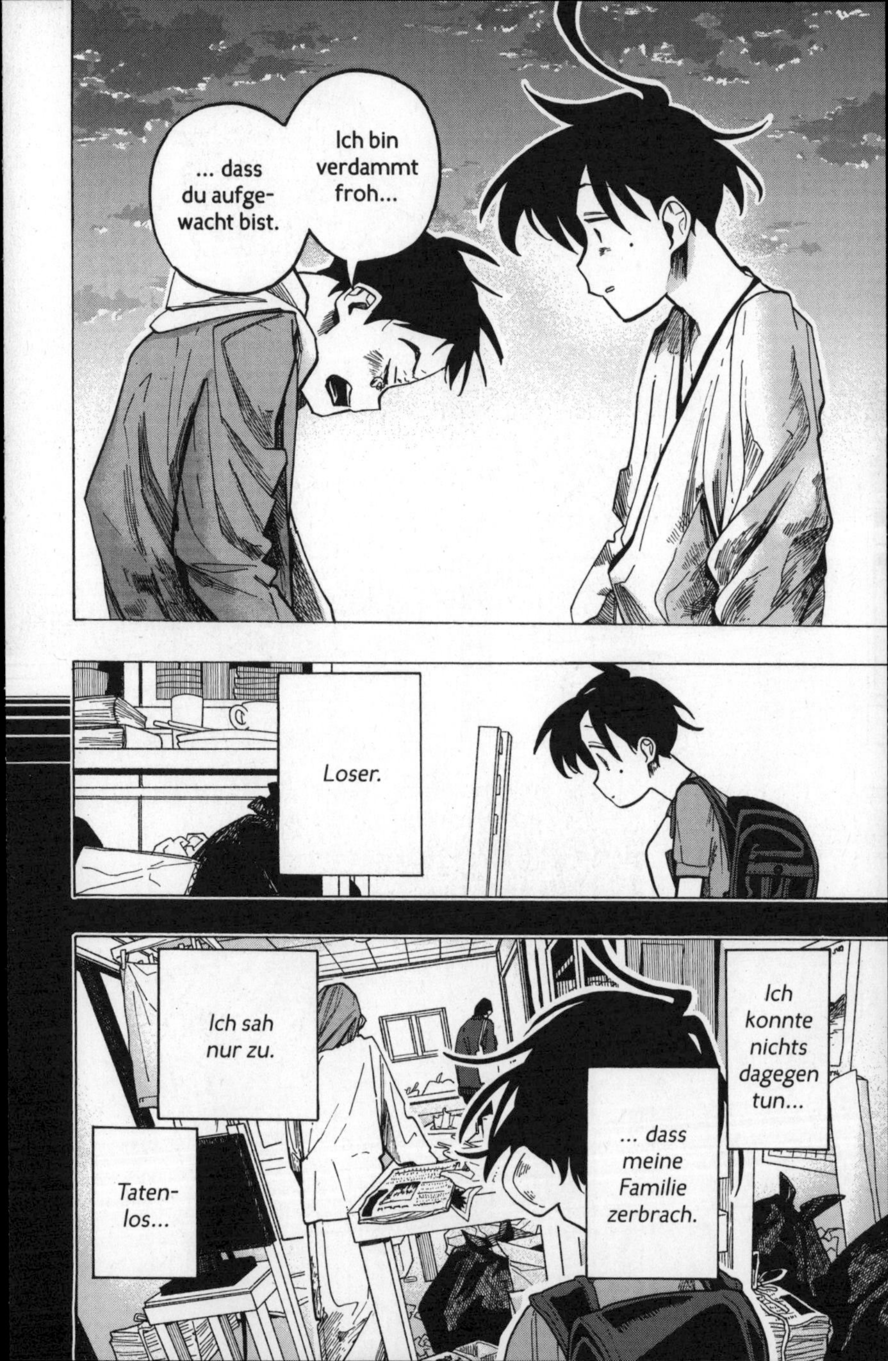
Ich bin verdammt froh...
... dass du aufgewacht bist.
Loser.
Ich konnte nichts dagegen tun...
... dass meine Familie zerbrach.
Ich sah nur zu.
Tatenlos...

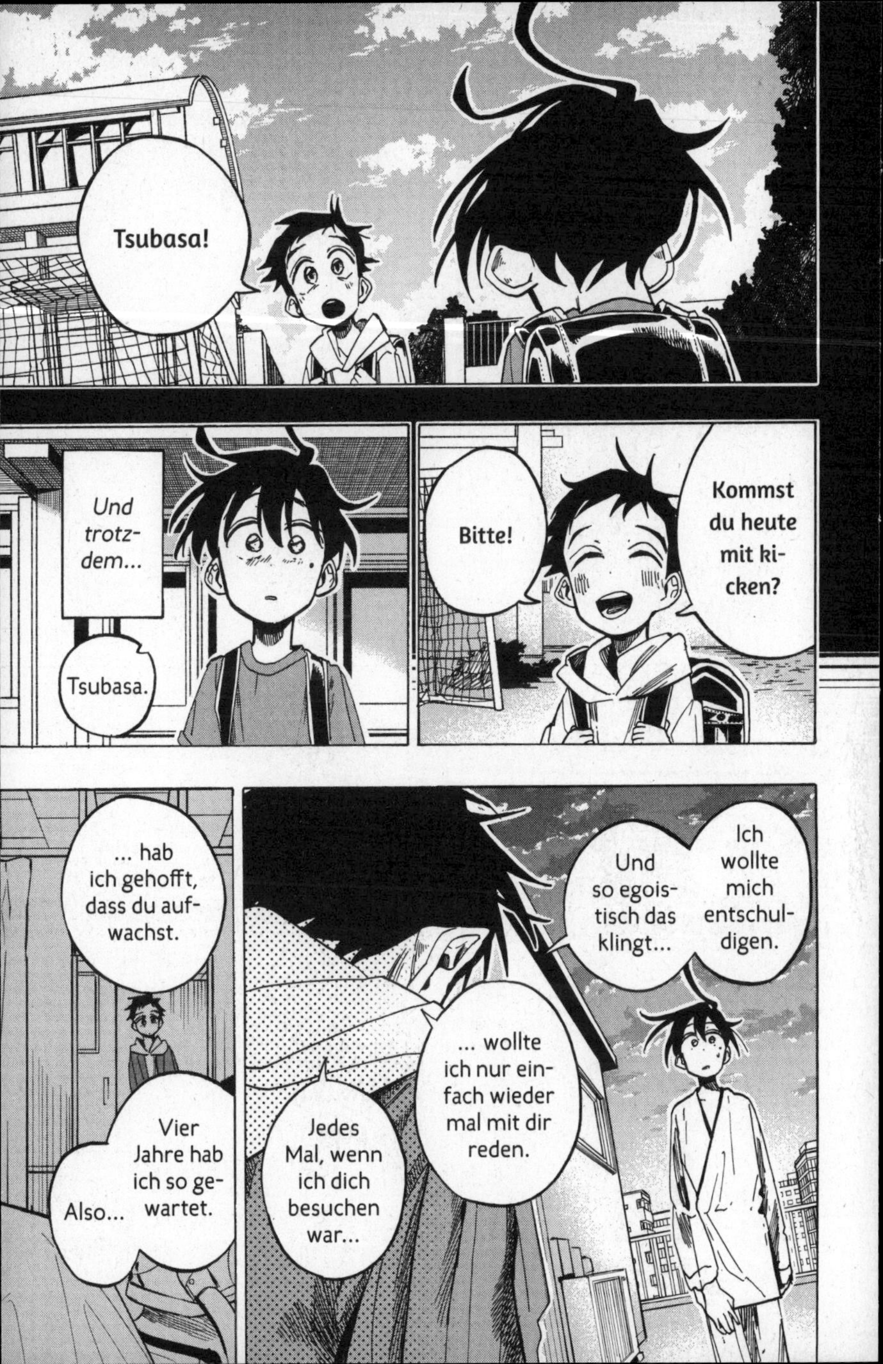
Tsubasa!
Kommst du heute mit kicken?
Bitte!
Und trotzdem...
Tsubasa.
Ich wollte mich entschuldigen.
Und so egoistisch das klingt...
... wollte ich nur einfach wieder mal mit dir reden.
Jedes Mal, wenn ich dich besuchen war...
... hab ich gehofft, dass du aufwachst.
Vier Jahre hab ich so gewartet.
Also...

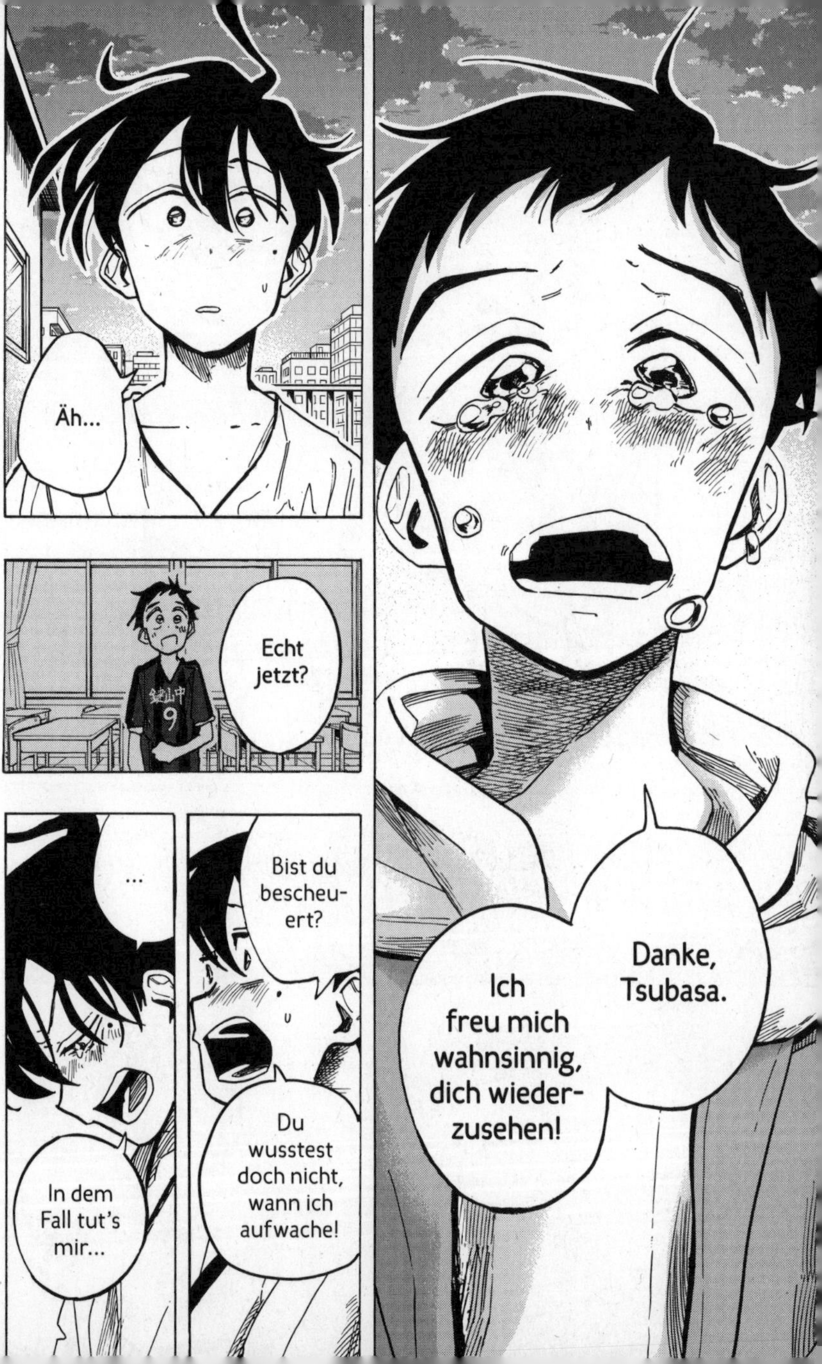
Danke, Tsubasa.
Ich freu mich wahnsinnig, dich wiederzusehen!
Äh...
Echt jetzt?
Bist du bescheuert?
Du wusstest doch nicht, wann ich aufwache!
...
In dem Fall tut's mir...

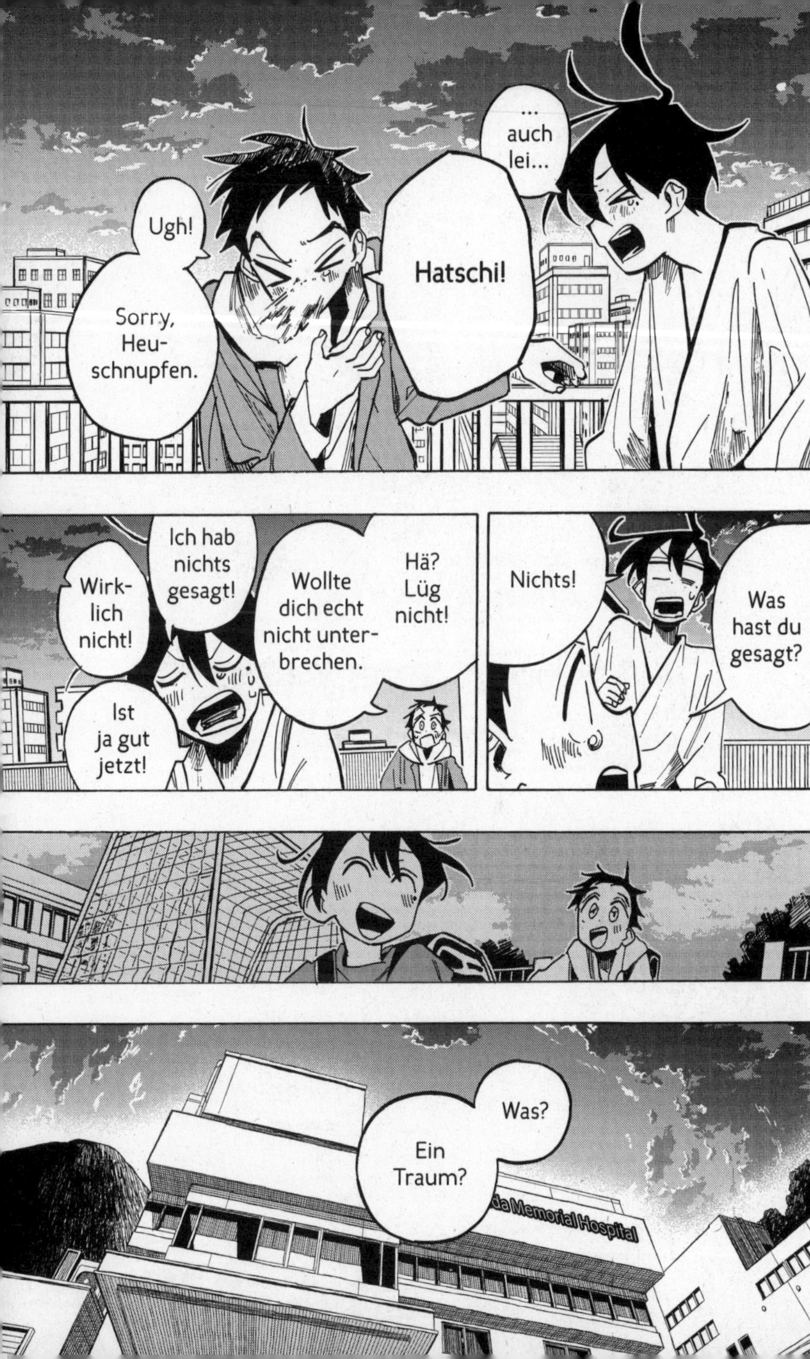
... auch lei...
Hatschi!
Ugh!
Sorry, Heu-schnupfen.
Was hast du gesagt?
Nichts!
Hä? Lüg nicht!
Wollte dich echt nicht unter-brechen.
Ich hab nichts gesagt!
Wirk-lich nicht!
Ist ja gut jetzt!
Was?
Ein Traum?
da Memorial Hospital

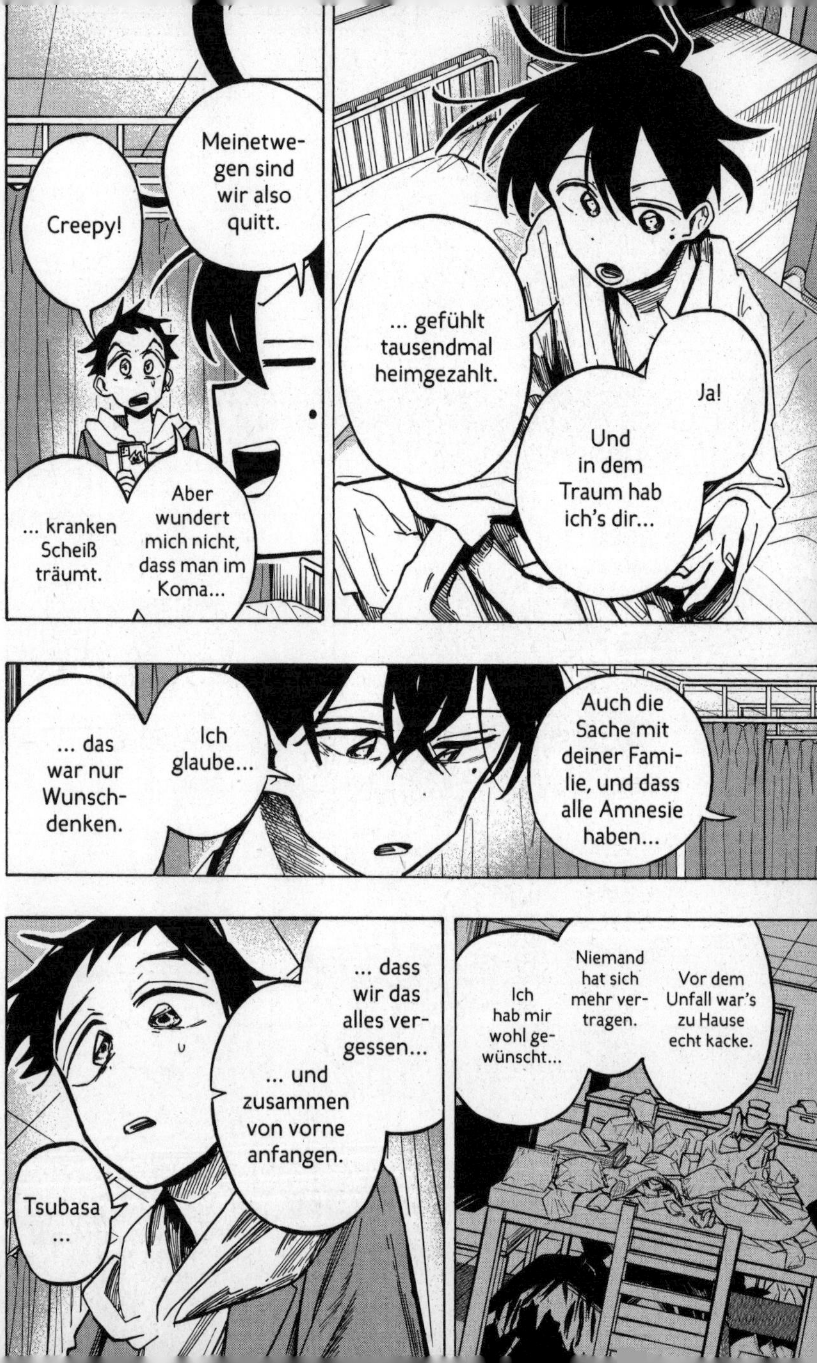
Ja!
Und in dem Traum hab ich's dir...
... gefühlt tausendmal heimgezahlt.
Meinetwegen sind wir also quitt.
Creepy!
Aber wundert mich nicht, dass man im Koma...
... kranken Scheiß träumt.
Auch die Sache mit deiner Familie, und dass alle Amnesie haben...
Ich glaube...
... das war nur Wunschdenken.
Vor dem Unfall war's zu Hause echt kacke.
Niemand hat sich mehr vertragen.
Ich hab mir wohl gewünscht...
... dass wir das alles vergessen...
... und zusammen von vorne anfangen.
Tsubasa ...

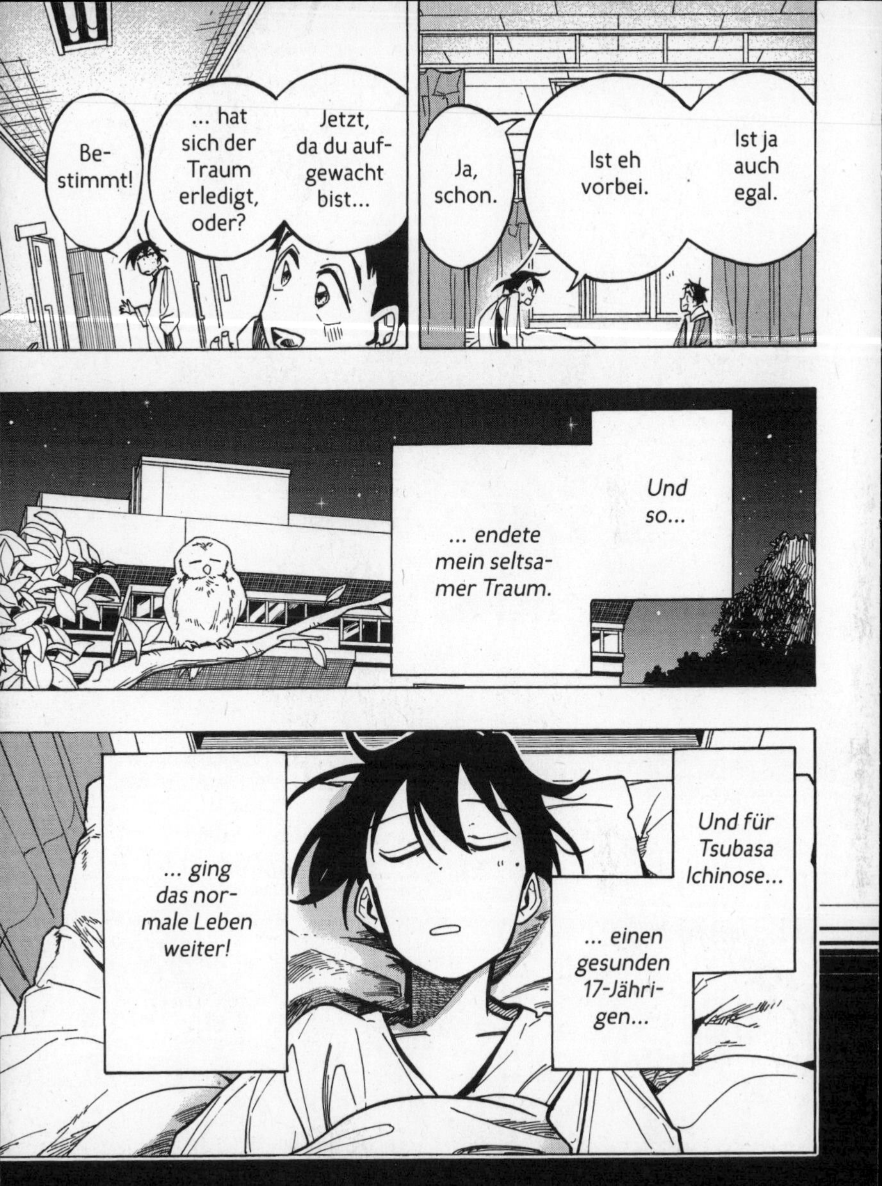
Ist ja auch egal.
Ist eh vorbei.
Ja, schon.
Jetzt, da du aufgewacht bist...
... hat sich der Traum erledigt, oder?
Bestimmt!
Und so...
... endete mein seltsamer Traum.
Und für Tsubasa Ichinose...
... einen gesunden 17-Jährigen...
... ging das normale Leben weiter!

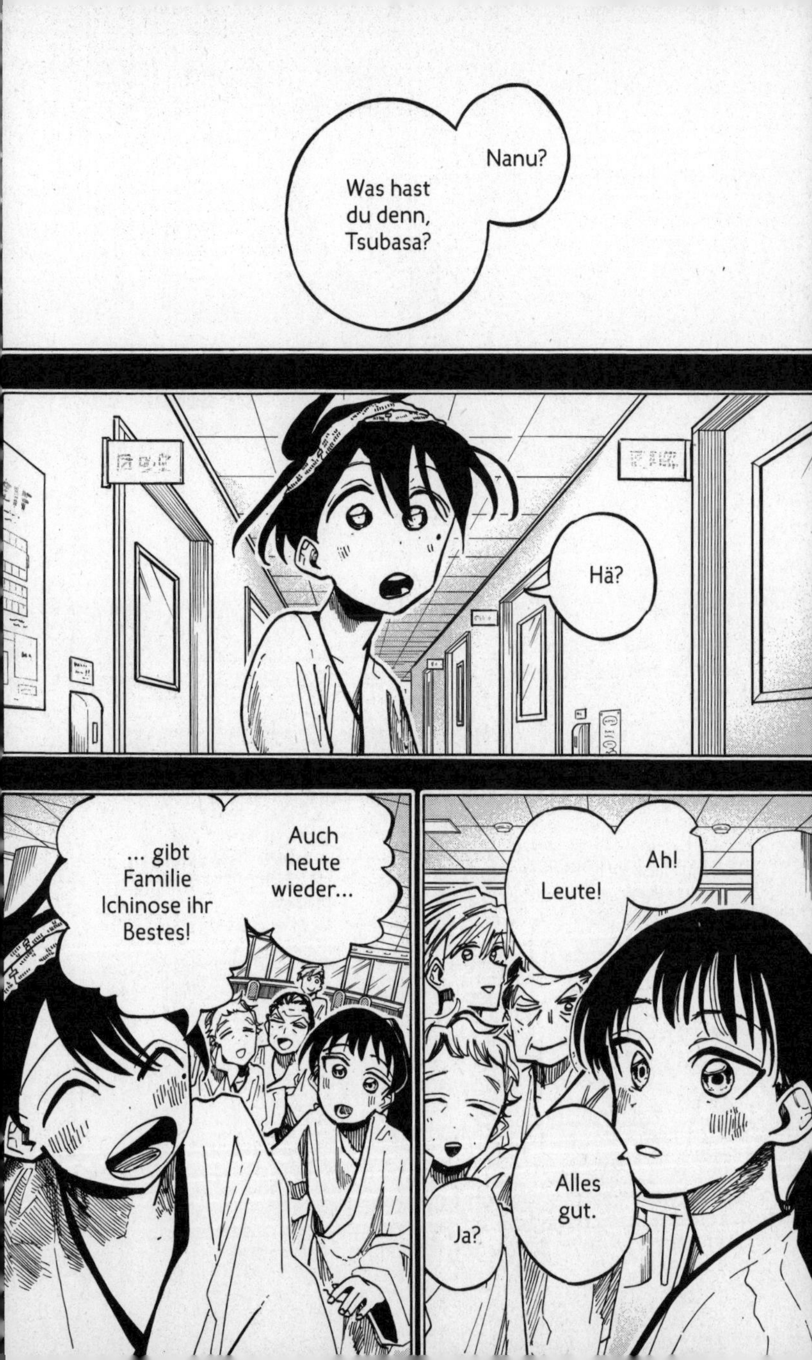
Nanu?
Was hast du denn, Tsubasa?
Hä?
Ah!
Leute!
Alles gut.
Ja?
Auch heute wieder...
... gibt Familie Ichinose ihr Bestes!

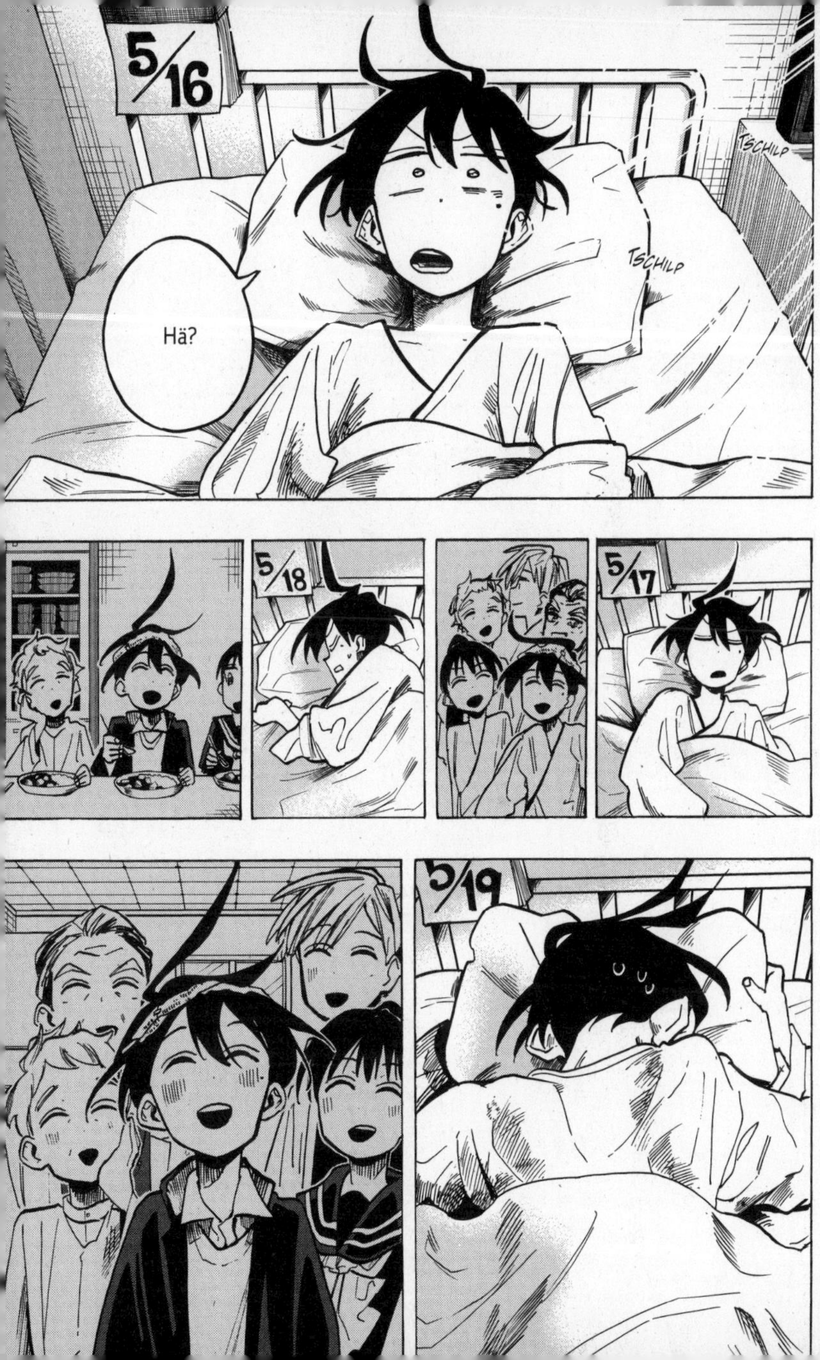
5/16
TSCHILP
TSCHILP
Hä?
5/17
5/18
5/19

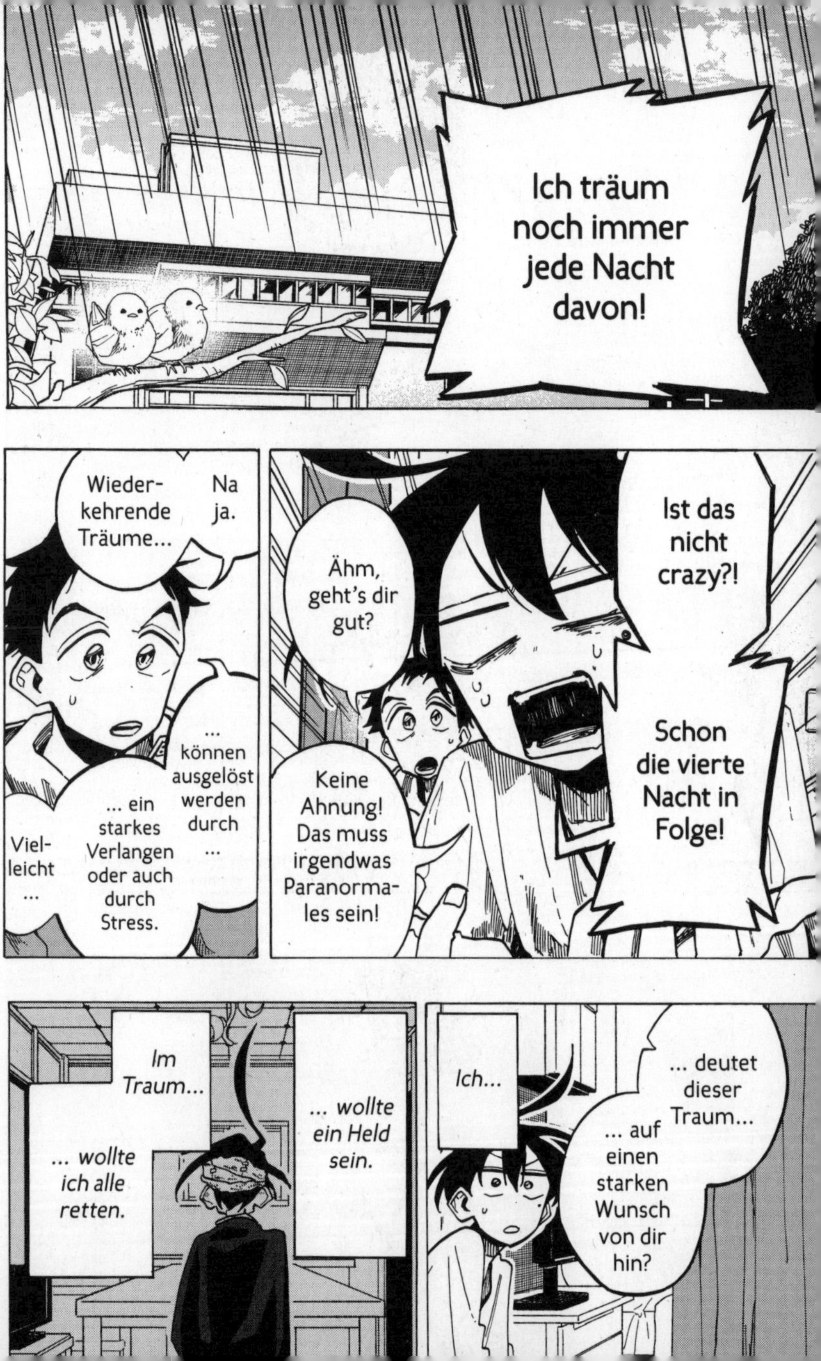
Ich träum noch immer jede Nacht davon!
Ist das nicht crazy?!
Schon die vierte Nacht in Folge!
Ähm, geht's dir gut?
Keine Ahnung! Das muss irgendwas Paranormales sein!
Na ja.
Wieder-kehrende Träume...
... können ausgelöst werden durch ...
... ein starkes Verlangen oder auch durch Stress.
Vielleicht ...
... deutet dieser Traum...
... auf einen starken Wunsch von dir hin?
Ich...
... wollte ein Held sein.
Im Traum...
... wollte ich alle retten.

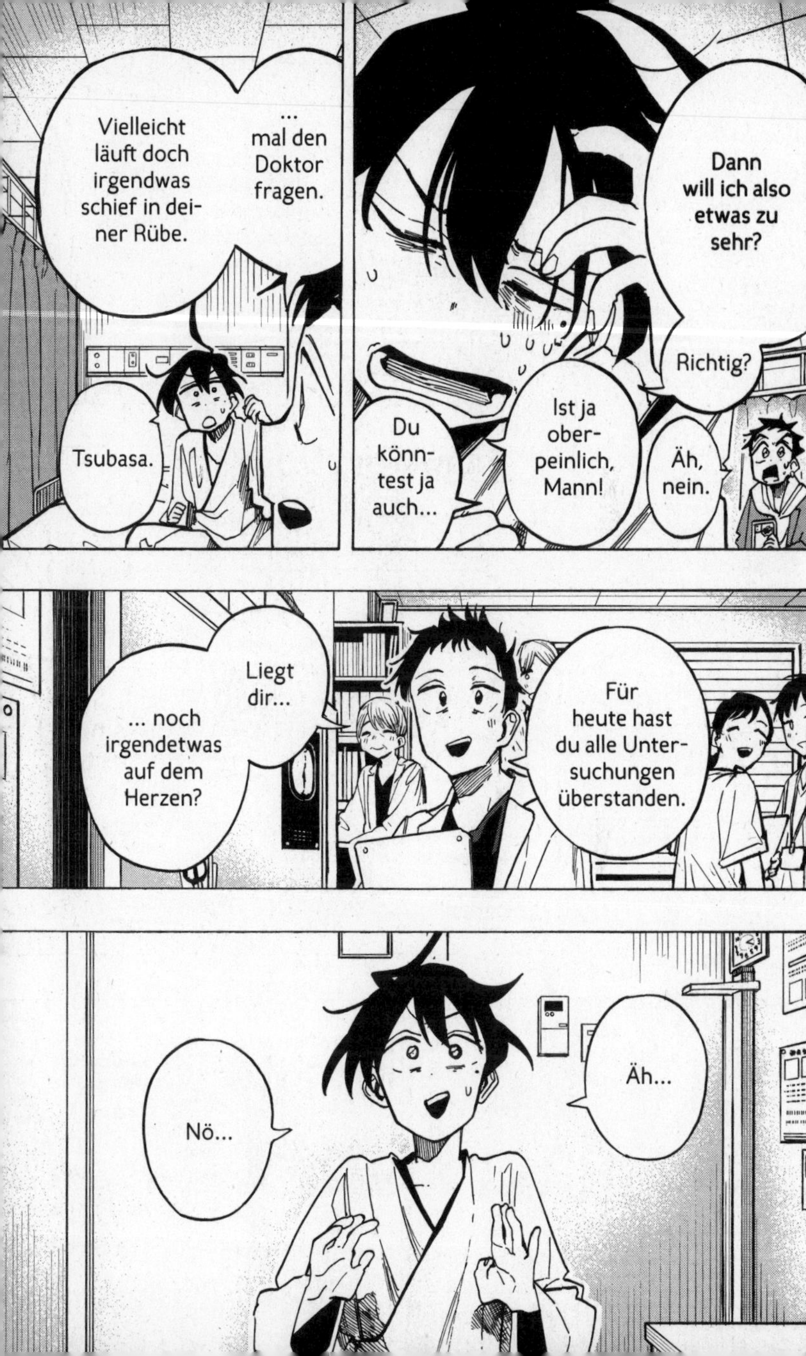
Dann will ich also etwas zu sehr?
Richtig?
Äh, nein.
Ist ja oberpeinlich, Mann!
Du könntest ja auch...
... mal den Doktor fragen.
Vielleicht läuft doch irgendwas schief in deiner Rübe.
Tsubasa.
Für heute hast du alle Untersuchungen überstanden.
Liegt dir...
... noch irgendetwas auf dem Herzen?
Äh...
Nö...

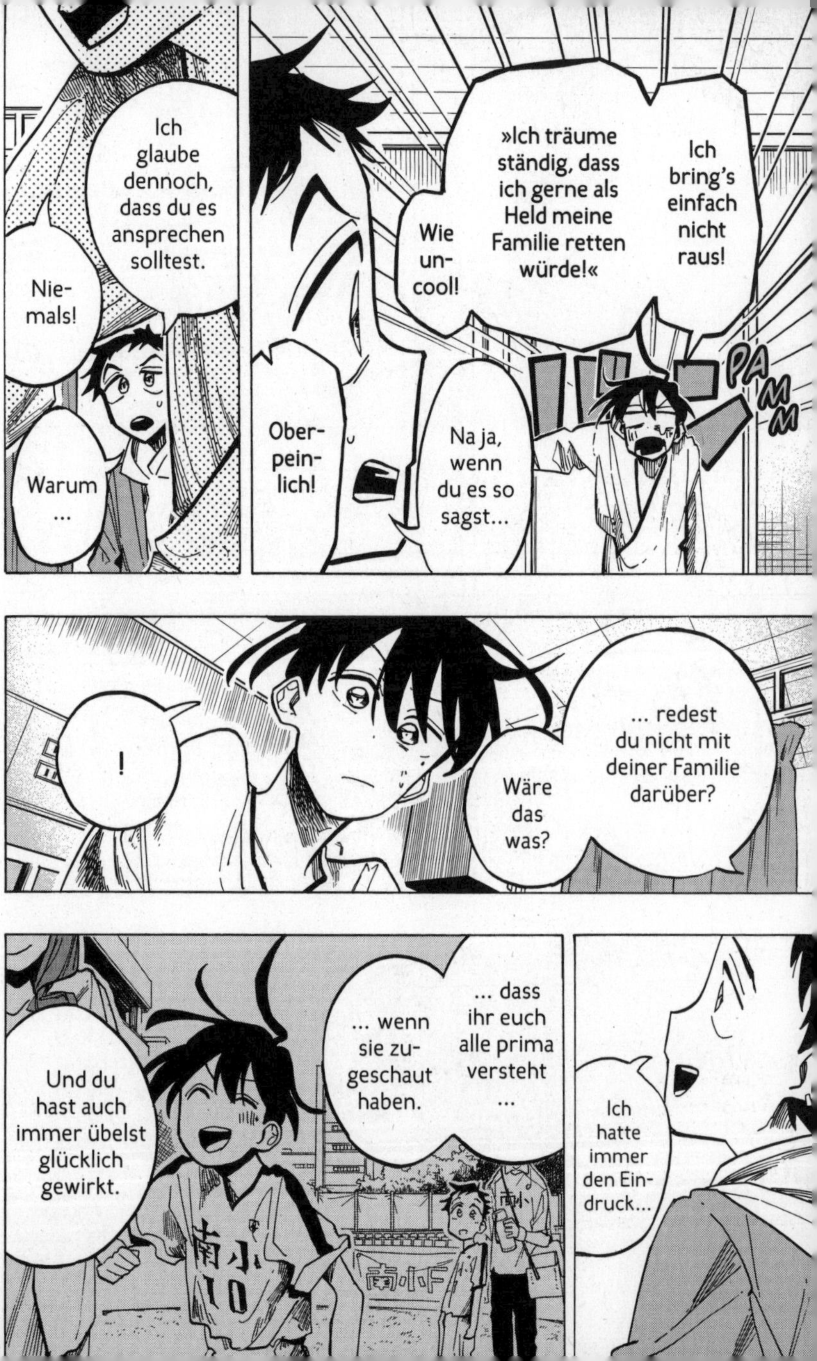

Ich bring's einfach nicht raus!
»Ich träume ständig, dass ich gerne als Held meine Familie retten würde!«
Wie uncool!
PAMM
Na ja, wenn du es so sagst...
Oberpeinlich!
Ich glaube dennoch, dass du es ansprechen solltest.
Niemals!
Warum ...
... redest du nicht mit deiner Familie darüber?
Wäre das was?
!
Ich hatte immer den Eindruck...
... dass ihr euch alle prima versteht ...
... wenn sie zugeschaut haben.
Und du hast auch immer übelst glücklich gewirkt.

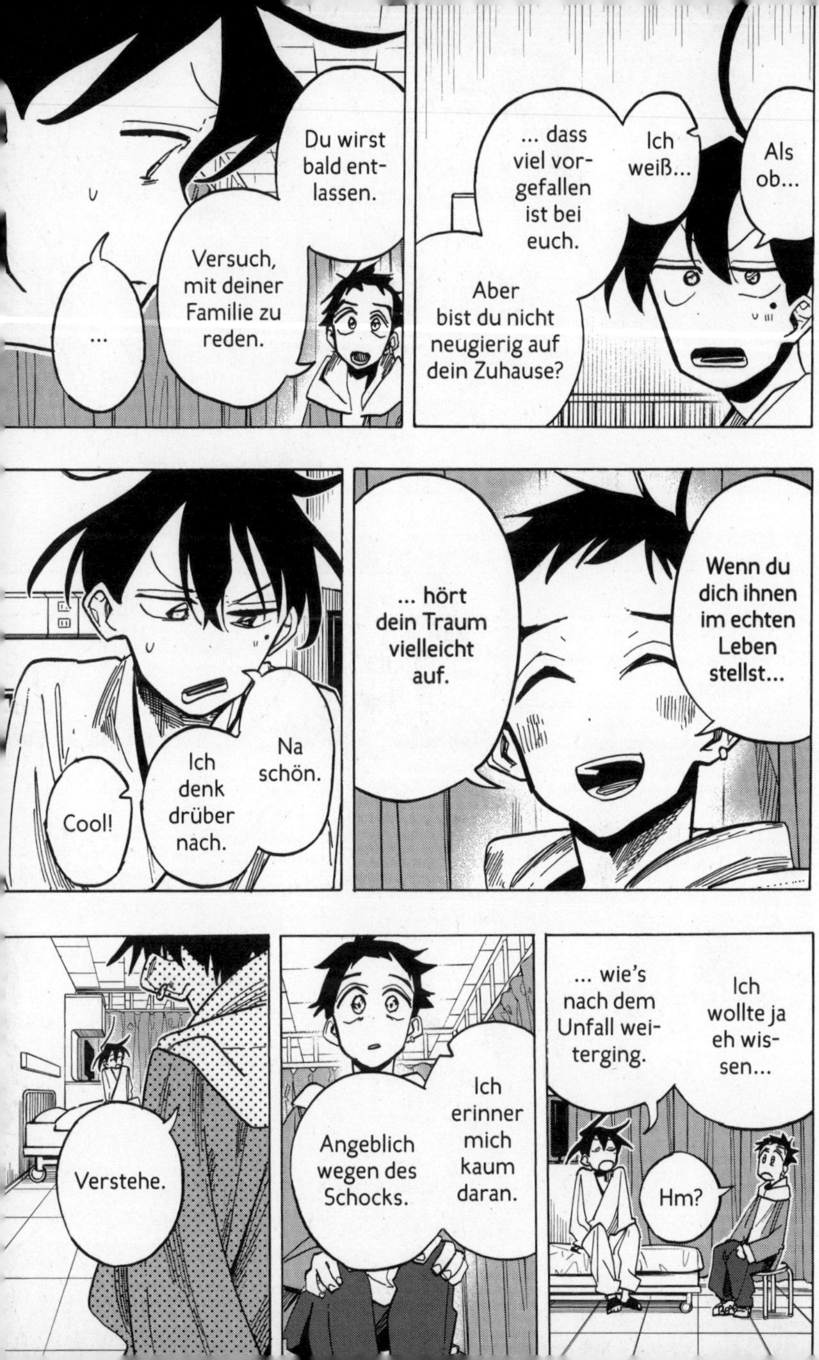
Als ob...
Ich weiß...
... dass viel vorgefallen ist bei euch.
Aber bist du nicht neugierig auf dein Zuhause?
Du wirst bald entlassen.
Versuch, mit deiner Familie zu reden.
...
Wenn du dich ihnen im echten Leben stellst...
... hört dein Traum vielleicht auf.
Na schön.
Ich denk drüber nach.
Cool!
Ich wollte ja eh wissen...
... wie's nach dem Unfall weiterging.
Hm?
Ich erinner mich kaum daran.
Angeblich wegen des Schocks.
Verstehe.

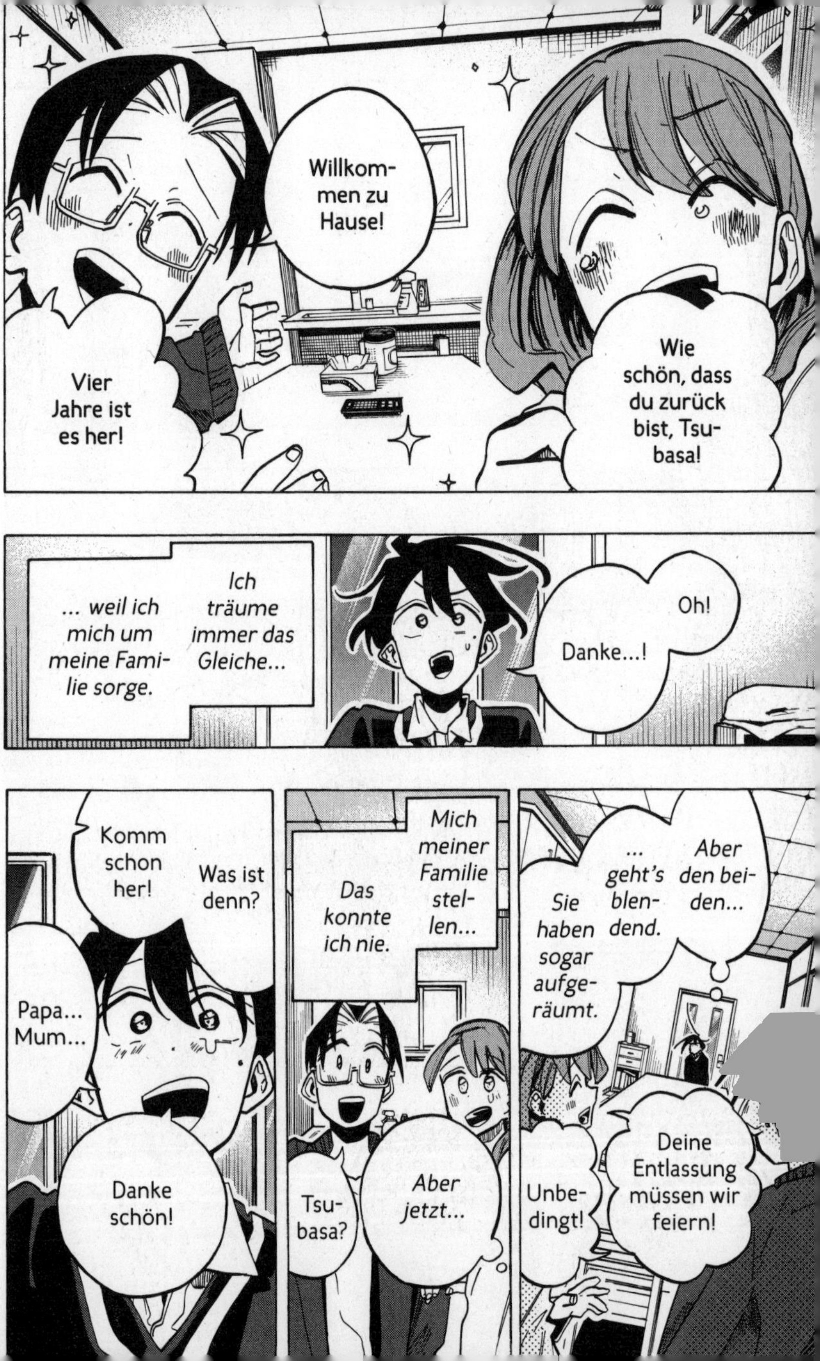

Willkommen zu Hause!
Wie schön, dass du zurück bist, Tsubasa!
Vier Jahre ist es her!
Oh!
Danke...!
Ich träume immer das Gleiche...
... weil ich mich um meine Familie sorge.
Aber den beiden...
... geht's blendend.
Sie haben sogar aufgeräumt.
Deine Entlassung müssen wir feiern!
Unbedingt!
Mich meiner Familie stellen...
Das konnte ich nie.
Aber jetzt...
Tsubasa?
Was ist denn?
Komm schon her!
Papa... Mum...
Danke schön!

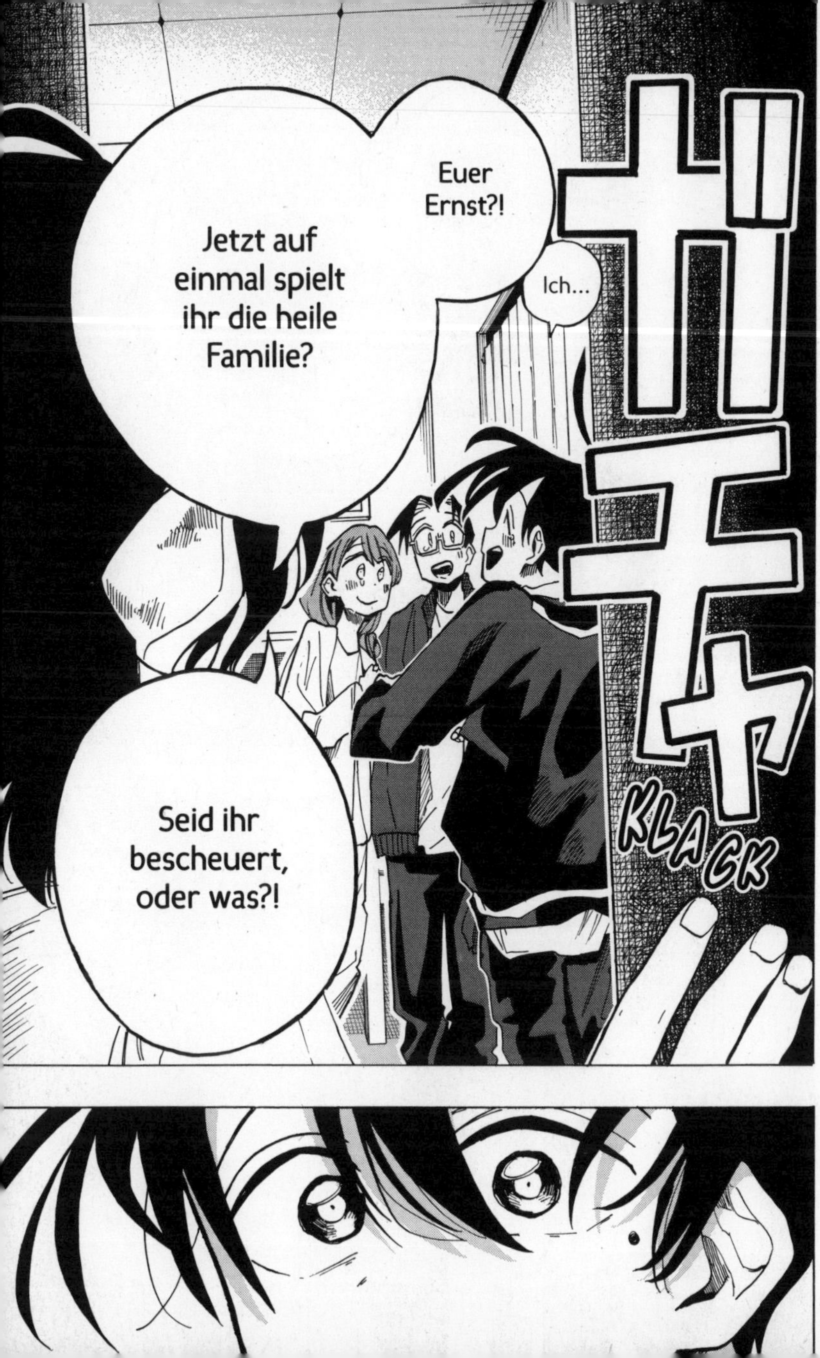
ガチャ
KLACK
Ich...
Euer Ernst?!
Jetzt auf einmal spielt ihr die heile Familie?
Seid ihr bescheuert, oder was?!

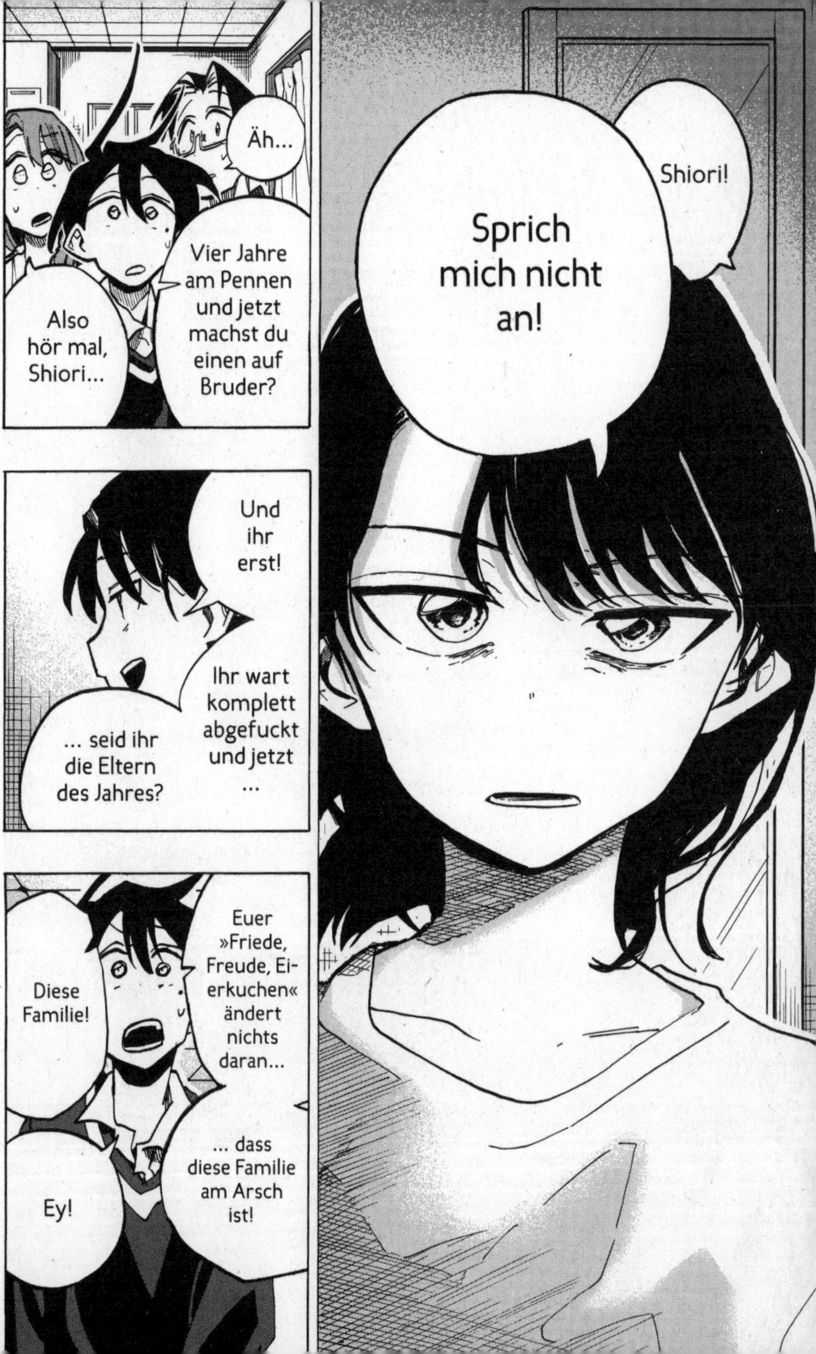
Shiori!
Sprich mich nicht an!
Äh...
Vier Jahre am Pennen und jetzt machst du einen auf Bruder?
Also hör mal, Shiori...
Und ihr erst!
Ihr wart komplett abgefuckt und jetzt ...
... seid ihr die Eltern des Jahres?
Euer »Friede, Freude, Eierkuchen« ändert nichts daran...
Diese Familie!
... dass diese Familie am Arsch ist!
Ey!

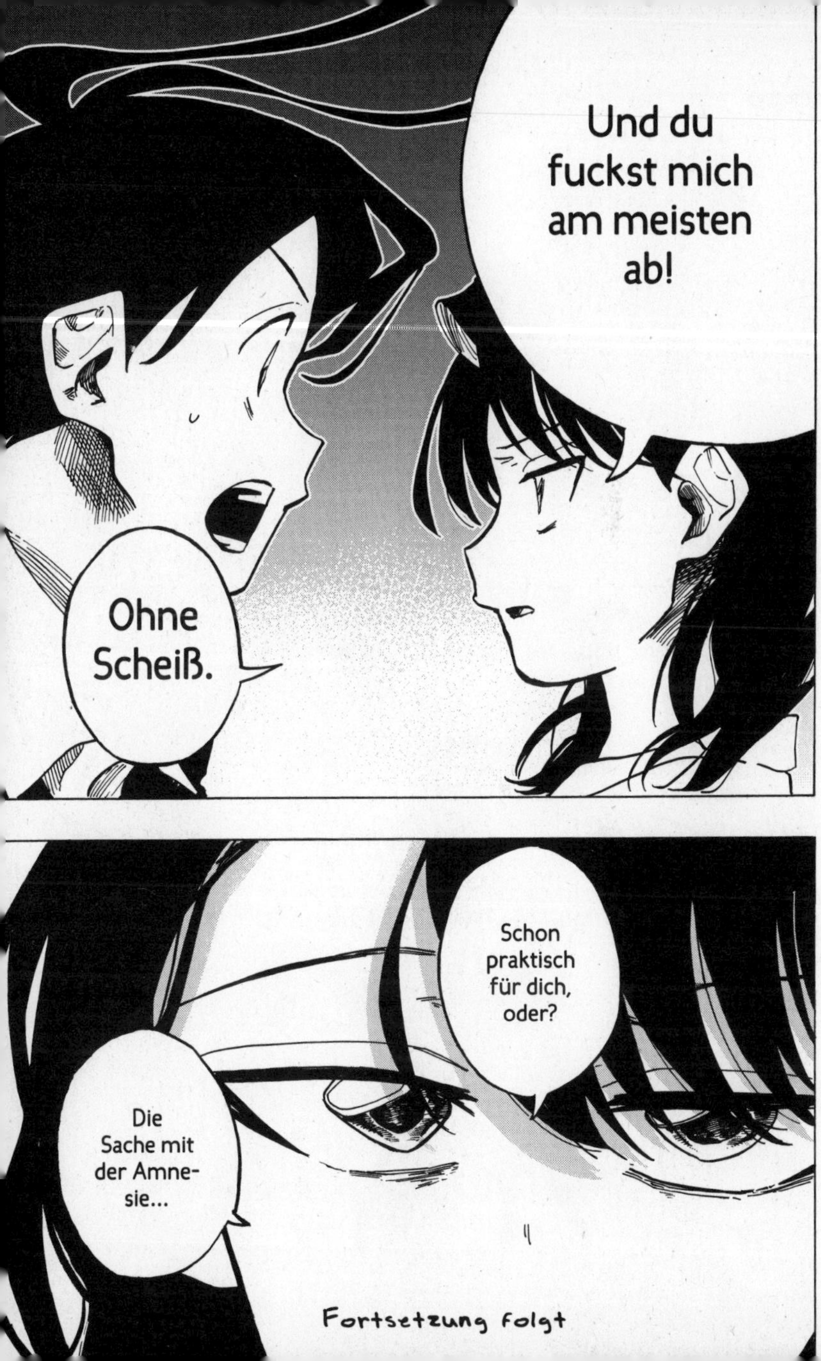
Und du fuckst mich am meisten ab!
Ohne Scheiß.
Schon praktisch für dich, oder?
Die Sache mit der Amnesie...
Fortsetzung folgt

Geschenk

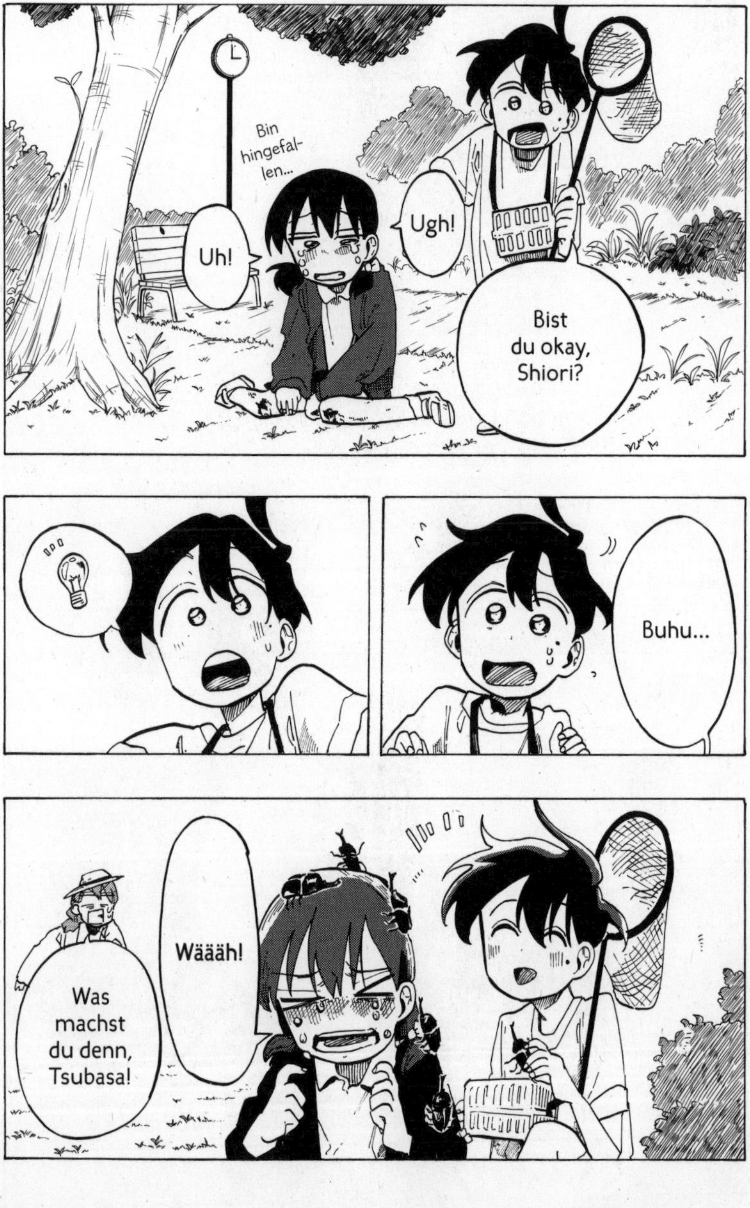
Bist du okay, Shiori?
Ugh!
Uh!
Bin hingefal-len...
Buhu...
Wäääh!
Was machst du denn, Tsubasa!

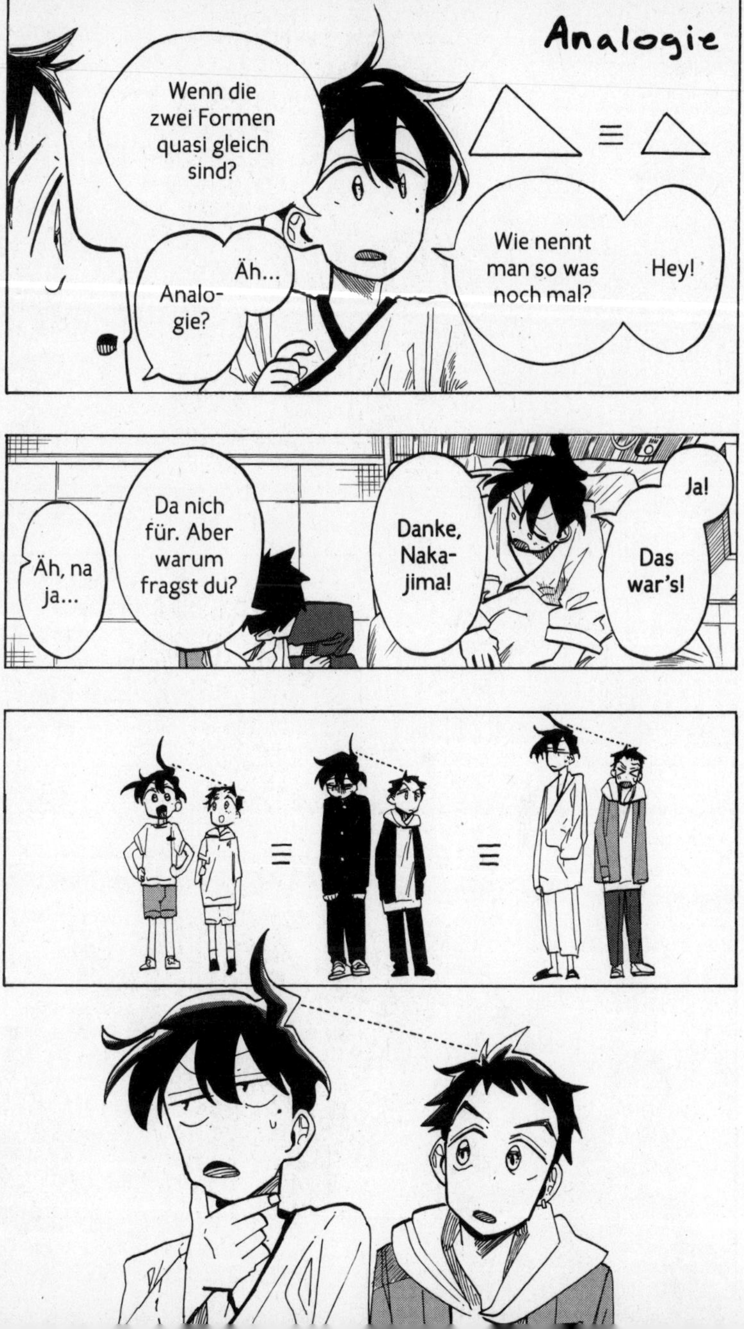

Analogie
Hey!
Wie nennt man so was noch mal?
Wenn die zwei Formen quasi gleich sind?
Äh… Analogie?
Ja! Das war's!
Danke, Nakajima!
Da nich für. Aber warum fragst du?
Äh, na ja…

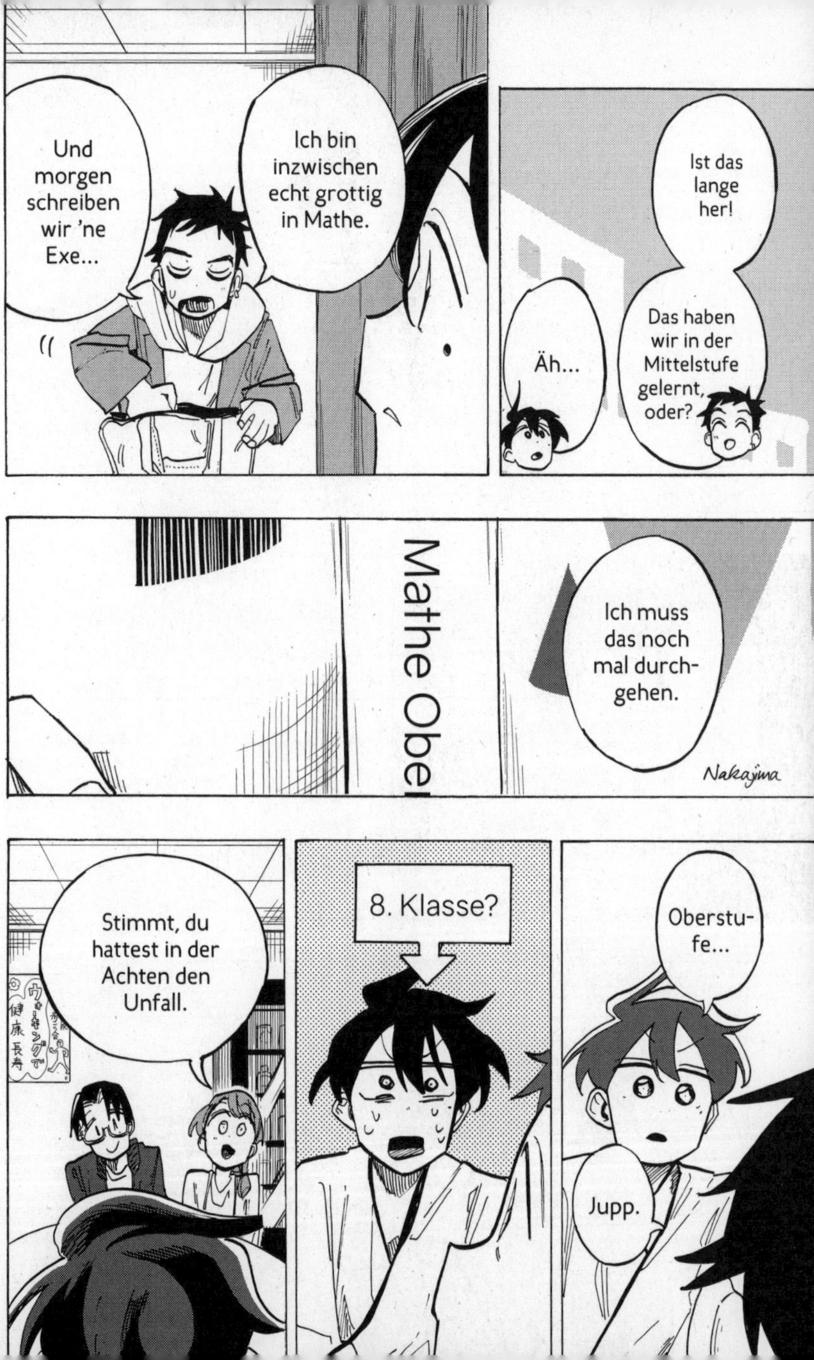
Ist das lange her!
Das haben wir in der Mittelstufe gelernt, oder?
Äh…
Ich bin inzwischen echt grottig in Mathe.
Und morgen schreiben wir 'ne Exe…
Ich muss das noch mal durchgehen.
Nakajima
Mathe Ober
Oberstu-fe…
Jupp.
8. Klasse?
Stimmt, du hattest in der Achten den Unfall.
ウォーキングで
健康長寿

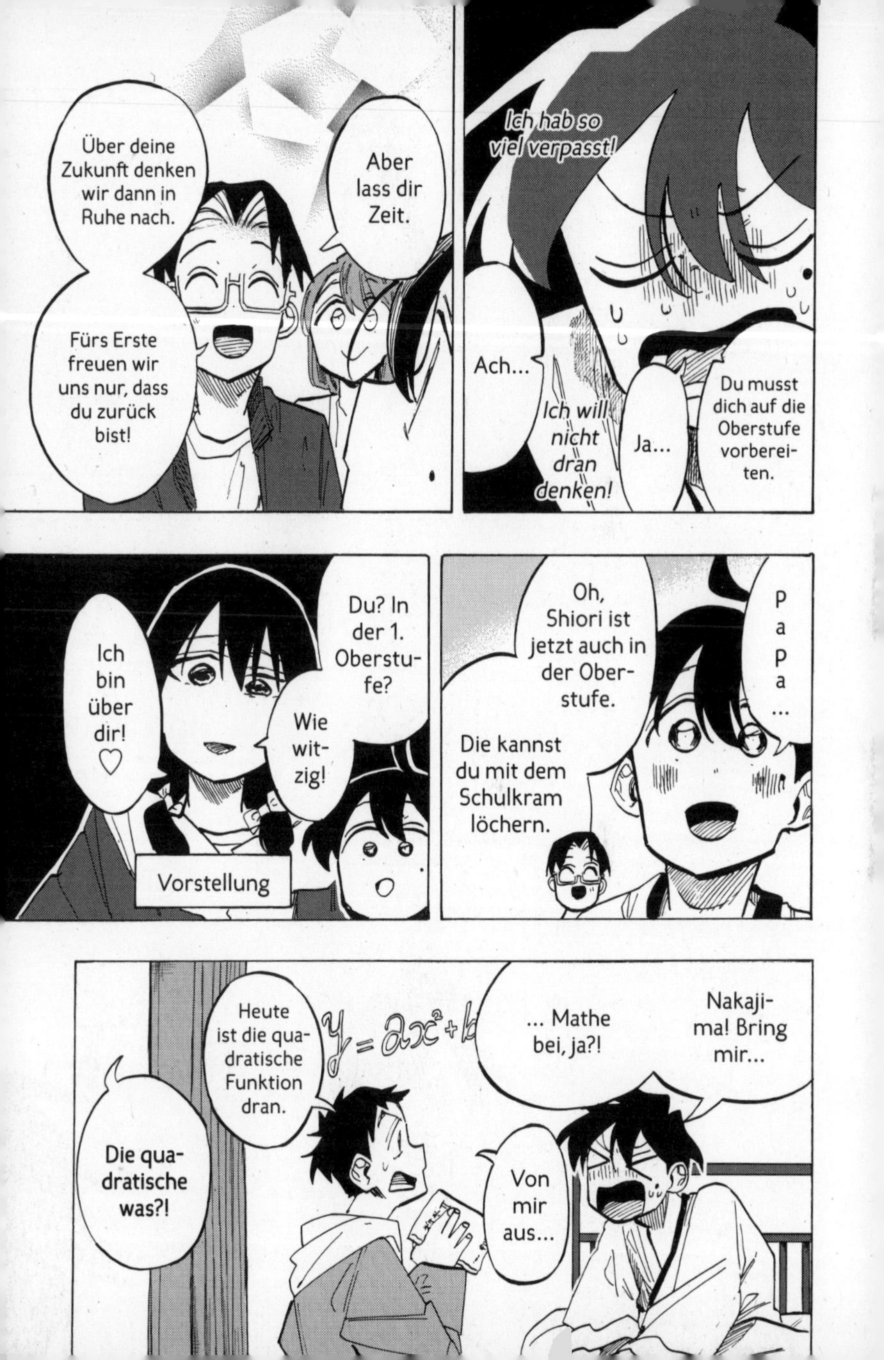
Ich hab so viel verpasst!
Du musst dich auf die Oberstufe vorbereiten.
Ja...
Ich will nicht dran denken!
Ach...
Aber lass dir Zeit.
Über deine Zukunft denken wir dann in Ruhe nach.
Fürs Erste freuen wir uns nur, dass du zurück bist!
Papa...
Oh, Shiori ist jetzt auch in der Oberstufe.
Die kannst du mit dem Schulkram löchern.
Du? In der 1. Oberstufe?
Wie witzig!
Ich bin über dir! ♡
Vorstellung
Nakajima! Bring mir...
... Mathe bei, ja?!
Von mir aus...
Heute ist die quadratische Funktion dran.
Die quadratische was?!

THE ICHINOSE FAMILY'S DEADLY SINS

THE ICHINOSE FAMILY'S DEADLY SINS

THE ICHINOSE FAMILY'S DEADLY SINS

HALT!

ist eine japanische Serie, die originalgetreu von »hinten«nach »vorne« und von rechts nach links gelesen wird! Schlagt das Buch also »hinten« auf und blättert Seite für Seite nach »vorne« weiter! Auch die Bilder und Sprechblasen werden von rechts oben oben nach links unten gelesen, wie es in der Grafik gezeigt wird! Hayabusa wünscht gute Unterhaltung!

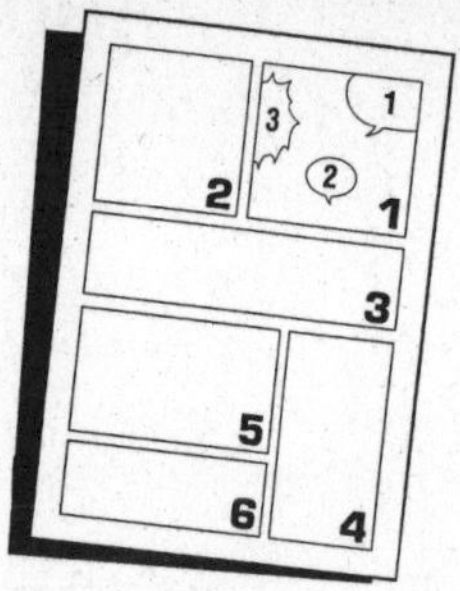

HAYABUSA

2024 Carlsen Verlag GmbH, Völckersstraße 14-20, 22765 Hamburg

Aus dem Japanischen von Gandalf Bartholomäus

First published in Japan in 2022 by SHUEISHA Inc., Tokyo.

German translation rights in Germany, Austria, Luxembourg and German-speaking Switzerland arranged by SHUEISHA Inc. through VME PLB SAS, France.

Covergestaltung: Sonnenfisch Production – Laura Bartels

Redaktion: Lisa Duty

Herstellung: Maria Niemann

ISBN: 978-3-551-62456-7

FOLLOW THE FALCON

www.hayabusa-manga.de

hayabusa_manga

HayabusaTweets